U0513961

何地不生才

明清石阡府人物与历史文献研究

杨春君 著

上海古籍出版社

铜仁学院学术著作资助专项

序　言

　　石阡之名,始于元代。元有石阡等处军民长官司,隶思州宣抚司。明初,石阡等处军民长官司改为石阡长官司,隶思南宣慰司。永乐十一年(1413),贵州建省,设石阡府,领石阡长官司、龙泉坪长官司、苗民长官司、葛彰葛商长官司。万历二十九年(1601),改龙泉坪长官司为龙泉县。康熙二年(1663),革葛彰司。康熙五十年,革苗民司。雍正八年(1730),革石阡正司。民国三年(1914),改石阡府为石阡县。

　　石阡的地理位置,《天下郡国利病书》载:

　　　　在省城东北四百八十里。东八十里至铜仁府界,西三百六十里至四川遵义府界,南十五里至镇远府界,北五十里至思南府界。东西广四百四十里,南北袤六十五里。由府治七千三百八十里达于京师。①

石阡距省会、京城远。明代吏部尚书杨博(1509—1574)言:“思州、

---

①　顾炎武:《天下郡国利病书》,上海:上海古籍出版社,2011年,第3713页。

石阡，孤悬一隅，势可隐忧。惟思南城下有江，足通舟楫，商贾行旅，比之他郡，不甚萧条。"①关山阻隔，石阡远离云贵交通线。明代贵州多有不稳定因素，影响到了石阡，影响最大者当属播州之乱。明清之际，石阡虽受到战乱的影响，但影响较小。在清代，除咸同年间号军起义、遍布全省的动乱外，石阡长期处于社会稳定中。雍正年间，因石阡"地小，安静无事"，为加强黎平、古州一带的军事力量，云贵总督高其倬等请将思南、石阡等地的驻军削减部分，将思南营兵裁调350名、石阡营兵裁调130名，共480名移于黎平，并减石阡营千总一员、把总一员移于黎平。②曾任贵州学政的晏斯盛（雍正九年至十三年在任）认为："大定、南笼、思南、石阡、平越，久经绥宁，地形虽险，而人民之繁庶可久，亦不减贵阳诸大郡。"③

　　石阡"林峦环抱，水石清幽"，④山清水秀，植被茂密，动物繁多，自然环境优美，如桃花源。县城依山傍水，府衙靠山而建，建筑鳞次，花木错杂，泉涧清幽。站在府衙之楼，可俯江仰山，听晨钟夕梵，赏恍惚云光。往来石阡的文人较少，加之石阡本土人文不盛，留下的文字较少，故关于石阡的记载不多。到过石阡的官员，有知府、学官等，常称赞者，主要是赏心悦目的景色，令人浑身舒泰和愉悦的温汤。邹一桂（1686—1772，号小山，江苏常州府无锡县人，雍正十三年至乾隆六年任贵州学政）在贵州各地考试，欣赏贵州山水风土人情，其中包括石阡山水，《由石阡至思南》言：

---

① 杨博：《总论天下郡县疏》，王锡爵、沈一贯辑：《增定国朝馆课经世宏辞》卷一四，《四库全书存目丛书补编》第18册，济南：齐鲁书社，2001年，第618页。

② 《朱批谕旨》卷一七六之四《朱批高其倬奏折》，雍正三年十一月十四日云贵总督高其倬奏，《景印文渊阁四库全书》第423册，台北：台湾商务印书馆，1983年，第718—719页。

③ 晏斯盛：《与尹制府论绥理苗疆书》，魏源：《皇朝经世文编》卷八八《兵政十九·苗防》，《魏源全集》第17册，长沙：岳麓书社，2004年，第763页。

④ 顾炎武：《天下郡国利病书》，第3720页。

谁劈悬崖作剑门，扪萝穿破碧云根。短垣修竹围精舍，流水桃花又一村。

罗甸山青春有脚，夜郎月白净无痕。数声欸乃沧洲趣，况复船头送酒樽。

昨宵雷雨过清明，十日春寒一日晴。远树云开延岫色，野田水满落溪声。

一鞭斜照穿花坞，双桨轻风到石城。汛扫轩窗谈坐久，半规明月已初更。

《将军岩》言：

孤标凌太虚，受气变霜雪。丛木不能附，点缀辞一切。

棱棱表寒谷，子子挺高节。山为仁所乐，毋乃过勇决。

那知坚壁中，泉脉出自穴。虚中涵智水，流润生膏泽。

外朴内文明，此图可观易。岂徒夸石笋，椽笔书天阙。①

将军岩在石阡城南三十里的平贯。该岩独立溪中，高数十丈。乾隆年间，石阡知府罗文思在岩上镌刻"砥柱"二字。将军岩还列入石阡八景。②成世瑄有《将军岩》诗："岩高路更高，上岩不循麓。一径蹑其天，梯接可容足。"描写将军岩的陡峭。"玲珑百尺楼，中有道人宿。道人横天趣，赌酒能餐肉。岩下南来客，惊望浮图矗。云扉不可到，

---

① 邹一桂:《邹一桂集》,杭州:浙江人民美术出版社,2019年,第80—81页。案:"将军岩",鄂尔泰等监修:(乾隆)《贵州通志》卷四四《诗》题为《石阡道中题将军陵》,《景印文渊阁四库全书》第572册,第510页。

② 周国华等修:(民国)《石阡县志》卷一七《古迹志》,《中国地方志集成·贵州府县志辑》第47册,成都:巴蜀书社,2016年,第557页(以下脚注信息从略)。

犹疑仙人屋。"①想象仙人在将军岩上的世俗生活。关于温泉，乾隆五十八年（1793）秋，贵州学政洪亮吉（1746—1809）考课石阡，在石阡沐浴温泉，其《石阡城南温泉》云：

> 石罅空濛逗烛光，访泉亭上拂衣忙。半生莫讶尘劳甚，已试人间第七汤。予所试温泉：直隶则盘山，陕西则临潼、鳌屋，江南则黄山朱砂泉及和州、句容，与此而七矣。

> 白石浑疑筑钓矶，流从壁隙漾依微。形神释后却危坐，蝙蝠吓人头上飞。

洪亮吉自石阡赴思南，在思南考课完毕后回至石阡，再浴温泉，《重浴石阡温泉》云：

> 百里装方卸，孤亭马独来。谁云此冬日，聊比坐春台。
> 磴削穿岩窦，屏虚障水隈。奚童款扉入，一线夕阳开。

乾隆五十九年春夏，洪亮吉再至石阡考课，第三次沐温泉，《雨夜至石阡温泉浴》云：

> 月黑雨声愁，穿林到岭头。似防汤谷沸，飞瀑入池流。

> 昨宵江水深，没却江干树。老鹊无处栖，从人屋檐住。②

---

① （民国）《石阡县志》卷一六《艺文志》，第548页。
② 洪亮吉：《卷施阁诗》卷一三、卷一四，《洪亮吉集》，北京：中华书局，2001年，第764、768、791页；林逸编著：《清洪北江先生亮吉年谱》，台北：台湾商务印书馆，1981年，第171、174页。

洪亮吉还将石阡温泉写入其《北江诗话》中。①沐浴石阡温泉,是洪亮吉的一段美好、难忘且值得书写的回忆。到过石阡的人,多会记住石阡温泉。1936年1月中旬,红二、红六军团长征经过石阡,随军的传教士薄复礼(鲁道夫·阿尔弗雷德·波斯哈特·皮亚吉,Rudolf Alfred Bosshardt Piaget,1897—1993)谈及石阡:"提到下一站石阡是非常令人兴奋的,那里有温泉。石阡城外的断岩处有三个温泉。"②

　　明清时期的石阡府赋税少,政务不多,地处非交通要道,属简缺。③雍正三年,云贵总督高其倬、署理贵州巡抚石礼哈等议定贵州全省文官养廉银,分配如下:

> 巡抚衙门养廉银八千五百两,学政衙门养廉银二千两,布政司四千五百两,按察司三千两,贵东道二千两,贵西道一千八百两。至各府厅州县,分别冲僻繁简,贵阳府一千三百两,镇远、安顺、威宁三府各一千一百两,平越、黎平、都匀三府各一千两,思南、思州、石阡、铜仁四府各八百两,贵阳府同知、南笼通判各五百两,正大营同知、贵阳府通判各四百两,威宁府通判三百两,贵筑县七百两,定番、广顺、麻哈、独山、大定、平远、黔西、镇宁、永宁、普安十州各六百两,黄平州五百两,开州四百两,普定、镇远、永宁、毕节四县各五百两,贵定、龙里、修文、普安、安南、安平、清镇、平越、湄潭、余庆、瓮安、都匀、清平、施秉、安化、印江、

---

①　洪亮吉:《北江诗话》卷一,《洪亮吉集》,第2255页。
②　(瑞士)薄复礼著,严强、席伟译:《一个西方传教士的长征亲历记》,北京:中国画报出版社,2018年,第103页。
③　《清高宗实录》卷一○○三,乾隆四十一年二月癸亥,《清实录》第21册,北京:中华书局,1985年,第442页。

婺川、龙泉、铜仁、永从二十县各四百两,共分给养廉银五万二千三百两……①

在府级,石阡知府养廉银800两,占首府贵阳府1 300两的61.5%,是贵州四类府的最低等次。石阡非冲非繁之地,故知府的养廉银处于末位。至民国年间,薄复礼对石阡的介绍是:

> 远远看到了石阡的轮廓,那里有一些建筑很壮观:一条河从城边经过,河两岸是繁华的集市;我们能看到城和城门的轮廓,城内雄伟的天主教堂及附属建筑耸立在平民区中,官衙则因形状四四方方很容易被识别……城外的河流从这里经过流向思南……一年中大部分时间河里都可通航。②

石阡城靠河而建,水运兴盛,县城经济繁荣,传统文化与外来文化并存。但就整个石阡的经济而言,仍不发达。红二、红六军团放弃以石阡城为中心创建新的根据地的计划,一个重要的原因是:"地理上,山大谷深,人烟稀少,经济条件差,粮食尤为匮乏,我们要站住脚是相当困难的。"③换言之,从明代到民国,石阡的经济虽有发展,但未有根本性的改变。

嘉靖年间,石阡府官民杂役817户7 411丁口,其中石阡司398户3 402丁口,苗民司91户653丁口,葛彰司132户1 394丁口,龙泉司196

---

① 《朱批谕旨》卷一七六之四《朱批高其倬奏折》,雍正三年九月初九日云贵总督高其倬奏,《景印文渊阁四库全书》第423册,第715—716页;《朱批谕旨》卷八上《朱批石礼哈奏折》,雍正三年九月十二日署理贵州巡抚印务威宁总兵官石礼哈奏,《景印文渊阁四库全书》第416册,第404页。
② (瑞士)薄复礼著,严强、席伟译:《一个西方传教士的长征亲历记》,第104页。
③ 何以祥:《血路雄关》,北京:解放军出版社,2002年,第21页。

户1 962丁口。① 万历二十五年(1597),石阡府报增824户16 792丁口,其中石阡司386户5 085丁口,龙泉司224户3 741丁口,苗民司97户3 832丁口,葛彰司116户4 134丁口。② 《嘉庆一统志》载石阡府口数为9.5万,1953年为38.5万,口的年平均增长率为10.6‰。据推测,石阡府人口总数,乾隆四十一年(1776)约为12.2万,嘉庆二十五年(1820)约15.9万。③ 从明到清,特别是在清代,石阡府的人口稳步增长。

　　自明代中后期始,官府重视科举、教育,百姓向学,石阡人文日盛。康熙初年,因战争等因素的影响,石阡参加科举者少,岁科两试附于思南,合棚并考。至道光年间,户口滋蕃,人文更盛,石阡府及所属龙泉县文武童生合计4 000余人。道光十九年(1839),石阡地方绅士呈请自行捐输经费,在石阡设棚考试,得到批准。④ 在石阡旧有书院的基础上修建考棚、书院。石阡士民捐银15 980两,其中工程用银8 380两,用银4 100两发商生息以备考试经费和岁修房屋之用,余银3 500两置产收租作为书院束脩膏火。捐输银两较多和劝捐监工出力绅士,获地方官花红匾额奖励,其中成其炳等32人捐银较多,交部议叙;原任江南道监察御史、石阡人徐培深,前任石阡知府宋庆常,前署石阡府事普安直隶同知张瀚中,各捐银200两;接署石阡府事长寨同知王兆俊捐银400两,又劝捐督办,经理有方。⑤ 成世瑄为石阡

---

① 谢东山修:(嘉靖)《贵州通志》卷三《户口》,《中国地方志集成·贵州府县志辑》第1册,第282页(以下脚注信息从略)。

② 王耒贤等修:(万历)《贵州通志》卷一七《石阡府》,《日本藏中国罕见地方志丛刊》,北京:书目文献出版社,1991年,第381页(以下脚注信息从略)。案:石阡司、龙泉司、苗民司、葛彰司共计823户,并非824户。

③ 葛剑雄主编,曹树基著:《中国人口史》第5卷,上海:复旦大学出版社,2005年,第257—258、264页。

④ 贺长龄:《石阡府岁科两试请设立考棚折》,道光十九年九月二十八日奏,《贺长龄集·贺熙龄集》,长沙:岳麓书社,2010年,第147—148页。

⑤ 贺长龄:《石阡府士民捐建考棚书院请奖折》,道光二十二年九月二十六日奏,《贺长龄集·贺熙龄集》,第204—205页。

考棚捐田八垆，后该田划归为书院田产。①经过长期的文化积淀，至嘉道时期，贵州人才辈出。在石阡百姓的支持下，石阡也涌现了以成世瑄、徐培琛、张海澜为代表的杰出人物。此三人同中嘉庆二十二年进士，被誉为"石阡三杰"。

本书通过对各类石阡人物、关于石阡的各种文献的研究，试图勾勒出明清石阡历史的某些内容，寻找明清石阡历史上的失踪者。本书以文献为基础，主要内容分为三部分：1. 在石阡任职的官员的情况，明代主要有祁顺、冯裕，清代主要有陈奕禧、严谨、孟继埙。2.石阡的家族与名人，有费氏家族、费道用和成氏家族、成世瑄。3.石阡地方文化，如地理文化等。

---

① （民国）《石阡县志》卷七《学校志》，第412页。

目　录

下编　石阡府历史文献辑存

上　编

石阡府名人、文献、文化研究

第一章　明代石阡知府祁顺

在明清贵州的众多石阡知府中,有些知府在地方志中有浓墨重彩的记载,如主持编纂方志且流传至今的乾隆年间知府罗文思;有些只有点滴记载,在《职官志》中能查到蛛丝马迹,有些甚至在《职官志》中都不能查到任何痕迹,事迹淹没在历史长河中。

除方志的记录外,想从历史中查找关于石阡府、石阡知府的记载,亦不可专靠石阡本土文人的记载。因为石阡人文不盛,留传下来的文字较少,故在方志、石阡本土人文之外,应查找历任石阡知府本人撰写的文字。

祁顺(1434—1497),明代中期的一位石阡知府,在任六年多,在石阡历史上留下了重要一笔。温建明《祁顺及其〈巽川祁先生文集〉研究》简单提及了祁顺在石阡的经历与相关文字。[①]本章主要依靠祁顺《巽川集》中的诗、文,结合实录、方志等资料,详细考述祁顺在石阡的经历、思想等内容,以对石阡、祁顺有更深入的了解。

一、祁顺生平

祁顺,字致和,号达庵,又号巽川居士,广东广州府东莞县人。

---

① 《东莞理工学院学报》2013年第4期。

祁顺生于宣德九年（1434），17岁中景泰元年（1450）举人，天顺四年（1460）进士，位列二甲第二名。《天顺四年进士登科录》有祁顺的简历：

> 祁顺，贯广东广州府东莞县，军籍，国子生。治《春秋》。字致和，行一，年二十七，九月初八日生。曾祖以泰。祖振宗。父秉刚，母卢氏，慈待下。弟项。娶钟氏。广东乡试第十二名，会试第二十八名。[①]

祁顺在天顺七年十二月升兵部主事，[②]东守山海关，回京后在户部任职，充会试同考官，累迁员外郎、郎中。成化十一年（1475）十一月，因册立皇太子，户部郎中祁顺为正使，行人司左司副张瑾为副使，赍诏往朝鲜开读、赏赐。[③]

成化十三年五月，祁顺由户部郎中外任江西左参政。[④]在江西期间，祁顺的工作能力与业绩得到肯定，拟升迁，命未下而遭变故，被贬石阡。南京翰林院侍讲学士、同年、南昌人张元祯撰写的《江西布政使司布政使祁公顺墓志铭》载："甫三载，进右布政使。命未下，以岁币诖误，左迁贵州石阡知府。"[⑤]东莞人徐兆魁（1550—1635）在《江西

---

① 《天顺四年进士登科录》，龚延明主编：《天一阁藏明代科举录选刊·登科录》上，宁波：宁波出版社，2016年，第249页。
② 《明英宗实录》卷三六〇，天顺七年十二月庚子，台北："中研院"历史语言研究所校印本，1962年，第7159页。
③ 《明宪宗实录》卷一四七，成化十一年十一月辛未，第2707页。祁顺出使朝鲜的相关研究，参见廖肇亨：《明代朝鲜诏使诗世界观探析：以祁顺为例》，《四川大学学报》2018年第5期。
④ 《明宪宗实录》卷一六六，成化十三年五月庚寅，第3016页。
⑤ 张元祯：《江西布政使司布政使祁公顺墓志铭》，焦竑：《焦太史编辑国朝献征录》卷八六，《续修四库全书》第529册，上海：上海古籍出版社，2002年，第582页。

布政使巽川祁公传》中说:"未几,升江西左参政。三载,进右布政。命未下,以织造违误,左迁贵州石阡知府。"①《明宪宗实录》载:成化十八年五月,因江西新昌县恶党毛凤案,江西布政司左参政祁顺降职为贵州石阡府知府。②三种文献关于祁顺被贬的具体原因各有不同,但均是因工作上的失误导致。祁顺自言其"得罪于朝"而被贬,③其中应有官场恩怨,恐符合实际情况。

在石阡期间,祁顺屡次以患病求归,未获批准。弘治二年,祁顺终于离开石阡。离开的原因却令人悲伤,祁顺的母亲去世了。祁顺说:"弘治己酉(二年,1489)夏四月,余守制南还,舟过常德。"④祁顺离开贵州,途经镇远府,友人镇远知府周瑛有诗《〈怀母歌〉送祁使君忧制东还》赠行:

> 君母去年七十六,齿牙未动鬓犹绿。我母今年七十九,齿牙已落面浮垢。
>
> 昨传岭表饶风霜,北堂萱草先萎黄。君得家书哭欲死,天地辽邈魂飞扬。
>
> 我昨有书来故里,书中亲致慈母语。谓我年来稍健康,弃官就养儿姑止。
>
> 闻君往日曾求归,当道满眼知心稀。病书累上格不举,六年啼遍斑斓衣。
>
> 我今为母坚陈请,疏入台司瓶坠井。此生心事何由伸,中夜

---

① 徐兆魁:《江西布政使巽川祁公传》,祁顺:《巽川集》,《四库全书存目丛书》集部第37册,济南:齐鲁书社,1997年,第404页。
② 《明宪宗实录》卷二二七,成化十八年五月壬午,第3890页。
③ 祁顺:《巽川集》卷一一《〈心交倡和诗〉后序》,第520页。
④ 祁顺:《巽川集》卷一六《杂志》,第576页。

呜咽如吞鲠。

　　君今为母东还乡，素冠素鞞复素裳。慈母音容不复见，徒劳百拜啼空堂。

　　我因送君转悲切，愁肠百解还百结。母心不识儿心悲，犹把甘言相解说。

　　孝心自古无贫难，茅檐菽水皆成欢。行当闭门卧不起，毋令后悔生愁叹。①

此诗作于弘治二年，则"去年"是弘治元年。祁顺在成化二十年、二十一年、二十二年、二十三年分别作词《水龙吟庆老母七十二》《满庭芳庆老母七十三》《沁园春寿老母七十四》《归朝欢寿老母七十五》为母庆寿。②故祁顺之母去世时，年77岁。

　　弘治初，吏部尚书王恕（1416—1508）保举官员，祁顺名列其中，"迁直如周瑛、祁顺，并皆荐用"。③江西人费宏（1468—1535）陈述祁顺的功绩："石阡自开郡来，无贡举，公亲为讲授，居六载，彬彬多秀异之士。又辟屯田，除虎害，民赖以安。抚按之使，交章论荐。三原王端毅公（王恕）在吏部亦疏引之。"④

　　弘治五年（壬子，1492），祁顺丁母忧服阕。六年七月，祁顺任山西右参政。⑤祁顺言："弘治癸丑（六年，1493）秋，余自京师之任晋藩，道过真定之境。"⑥八年正月，祁顺由山西布政司右参政升福建右布政使。九年正月，祁顺升迁江西左布政使；三月，祁顺到江西左布

---

①　周瑛：《翠渠摘稿》卷六，《景印文渊阁四库全书》第1254册，第839—840页。
②　祁顺：《巽川集》卷八，第492—493页。
③　焦竑：《玉堂丛语》卷三《荐举》，北京：中华书局，1981年，第97页。
④　费宏：《明故江西左布政使祁公墓表》，祁顺：《巽川集·附录》卷上，第582页。
⑤　《明孝宗实录》卷七八，弘治六年七月乙卯，第1506页。
⑥　祁顺：《巽川集》卷一一《赠张大参诗序》，第526页。

政使任。①十年十一月初六日，祁顺卒于任上，年64岁。②祁顺的著作有《巽川集》《使东稿》《冷庵翠渠倡和》《宝安杂咏》③《皇华集》④《宝安诗录》《天涯文会》⑤等，其中《巽川集》（又名《巽川祁先生文集》，康熙二年在兹堂刻本）收入《四库全书存目丛书》集部第37册、《明别集丛刊》第1辑第54册⑥。

祁顺为政有声，他出使朝鲜，"诏至，其主故郊迎，不拜，公谕以礼，即拜。中官偕行者，贸易素以万计，悉屏之。而女乐之奉、金帛之馈，皆麾却不受，天子嘉焉"。祁顺在石阡知府任上的作为，张元祯写道：

> 在石阡，尽心职务。蛮夷习以礼教。自国初来，始有擢科登进士者。当道数以治行荐。忧闻，士民不得留，则竞解公带以识去思。⑦

万历间，徐兆魁写道：

> 石阡僻陋，安于夷俗。公思以礼教易之，乃设馆谷，集儒生，

---

① 《明孝宗实录》卷九六，弘治八年正月戊申，第1769页；卷一〇八，弘治九年正月丙午，第1985页。祁顺：《巽川集》卷六《丙辰三月升江西左布政使》，第470页。

② 张元祯：《明通奉大夫江西左布政使祁公顺墓志》，费宏：《明故江西左布政使祁公墓表》，祁顺：《巽川集·附录》卷上，第581页。案：张德信《明代职官年表》言祁顺在弘治十年十月初六日卒（合肥：黄山书社，2009年，第3314页），与此不同；十二月初八日，朝命陈瑗接任江西左布政使，则从祁顺去世直至任命新官员接任花费一月余时间，似更合理。

③ 黄虞稷：《千顷堂书目》卷一九，《景印文渊阁四库全书》第676册，第504页。

④ 徐兆魁：《江西布政使巽川祁公传》，祁顺：《巽川集》，第405页。

⑤ 温建明：《祁顺及其〈巽川祁先生文集〉研究》，《东莞理工学院学报》2013年第4期，第12页。

⑥ 沈乃文主编，合肥：黄山书社，2013年。

⑦ 张元祯：《江西布政使司布政使祁公顺墓志铭》，焦竑：《焦太史编辑国朝献征录》卷八六，《续修四库全书》第529册，第581页。

暇则亲为讲授，不啻如文翁之化蜀。未数载，郡擢科第数人。而
谨斥堠，开屯田，广储蓄，招流移，大为郡人所利赖。居五载，当
道咸以为淹，公恬然若初至，于是咸服公卓品，以治行荐者屡。
会忧归，士民号攀弗获，竟解公衣带以志去思。语具《石阡·名
宦传》。①

徐兆魁所言"语具《石阡·名宦传》"，应指隆庆年间石阡知府李衮
所修13卷（隆庆）《石阡府志》。二人概括了祁顺对石阡的主要贡献
和石阡官方、百姓对祁顺的态度。

二、祁顺在石阡知府任上的心态与作为

作为贬谪官员，祁顺到时人认为落后之地的贵州任职。在赴任
和在任期间，祁顺的心态与作为值得探讨。这是讨论祁顺与石阡结
下不解之缘的基础。

（一）祁顺赴石阡知府任

成化十八年五月，祁顺由江西布政司左参政降职为贵州石阡府
知府。十九年，祁顺踏上赴任石阡的路途。作于成化十九年（癸卯，
1483）正月的《过乐昌》言：

> 驻节经宵便促装，天南翘首思微茫。浮云落日迷京国，远树
> 残霞接楚疆。
> 世路多岐怜我拙，青山无语笑人忙。远游亦是男儿事，弧矢
> 由来志四方。

---

① 徐兆魁：《江西布政使巽川祁公传》，祁顺：《巽川集》，第404—405页。

在贬官后，祁顺回原籍东莞，从东莞启程赴石阡。祁顺自广东韶州府乐昌县往湖广前进，经过衡州府合江亭、宝庆府、沅州后进入贵州，沿途均有诗歌。"半月山行苦未休，一尊谁与破春愁。绥宁道上频翘首，为有乡人在靖州。"途经靖州府绥宁县，祁顺有诗《怀张靖州宗美》，怀念乡人；在沅州，祁顺有诗《过沅州寄友》。①

到石阡后，祁顺《石阡述怀》言：

男儿弧矢平生志，历遍中华到石阡。椎髻卉裳荒陋境，剑牛刀犊太平年。

雨余山翠开图画，夜静泉声落管弦。俗客不来公事简，倚窗频和《白云篇》。②

祁顺《夏意》言：

残莺无语燕差池，眼底江山处处宜。倚树乘风忘举扇，读书消日胜围棋。

吟搜景物牵情远，梦绕家乡睡醒迟。五十年来闲是福，此身羞作楚臣悲。

"公事简"，说明石阡的公务不繁杂，又无迎来送往之俗务，有闲有福，过着乘风树下、读书消日的惬意生活，只是离家远，常魂牵梦萦，且不

① 祁顺：《巽川集》卷五、卷七，第453、477页。
② 祁顺：《巽川集》卷五，第453页。此诗又收入（嘉靖）《贵州通志》卷一一《艺文》，题为《述怀》，第458页。在郭子章《黔记》卷四〇《石阡知府祁顺》中，此诗为《石阡述怀》第一首（赵平略点校，成都：西南交通大学出版社，2016年，第906页），文字略有不同。此诗又收入（乾隆）《贵州通志》卷四五《诗》，题为《石阡书怀》，《景印文渊阁四库全书》第572册，第538页，文字有不同。

愿梦醒,有楚臣之悲。祁顺《端午后一日》言:

> 蒲觞宿醉尚厌厌,午枕薫风散黑甜。楚畹孤芳仍旧好,尧庭
> 开荚有新添。
> 攻医谩蓄三年艾,用世浑如六日蟾。百炼青铜闲拂拭,匣中
> 尘垢不相沾。①

端午前后,祁顺大醉酣睡。由此可知,祁顺在端午之前抵达了石阡。
准确地说,祁顺到石阡知府任,是在暮春。祁顺在《送致政曾经府
序》中说:"成化癸卯春,余知石阡郡事。"在《石阡府修仓记》中又明
言:"成化癸卯春,余至石阡甫视篆,首以仓储为问。"②祁顺任石阡知
府的命令在成化十八年下达,故又言"予自壬寅(成化十八年)岁谪
石阡"。③

(二)祁顺的生活

初到石阡,祁顺作诗多首,集中反映了他的心情。祁顺《写
怀》言:

> 世故人情不易猜,潜鳞何日起风雷。东西涂抹心犹壮,日月
> 居诸老渐来。
> 直道未应终忤世,清朝谁信有遗才。秋光并入黄花圃,晚节
> 寒香取次开。

《遣兴》言:

---

① 祁顺:《巽川集》卷五,第453页。
② 祁顺:《巽川集》卷一一、卷一二,第521、536页。
③ 祁顺:《巽川集》卷一六《杂志》,第575页。

僻郡萧条乡信疏，自甘寥落守寒株。数茎蓬鬓经霜改，一点葵心向日孤。

农圃相邻成哈伍，诗书有志慕颜徒。觉来荣辱浑闲事，懒对溪山咏八愚。

春梦难凭世患多，穷荒知己复谁何。生涯好是安蛇足，门巷真堪设雀罗。

天上几时均雨露，人间无处不风波。楼兰未斩心犹切，试把龙泉为一磨。

《和萧文明见寄》言：

浮云白日隔长安，远客多愁强自欢。草色莺声于越景，菊英兰露楚人餐。

心丹不逐风霜改，眼界应随宇宙宽。长对一樽歌复啸，欲将豪迈洗儒酸。①

《五十生朝》言：

少小奔驰今五十，铁心如旧鬓将银。知非正尔同蘧瑗，望富由来陋买臣。

浅薄几时能报国，别离何处不思亲。西风一盏重阳酒，且对

---

① 祁顺：《巽川集》卷五，第454页；陈永正主编：《全粤诗》卷一二〇《明·祁顺》，广州：岭南美术出版社，2008年，第849页。案：原文"未斩心犹切"前空白，据《全粤诗》补。

黄花作主人。①

身处陌生之地，祁顺并不愉快，多愁善感，感叹"世故人情不易猜""直道未应终忤世"，对贬官石阡有纠结、有怨言，长安的"清朝"被浮云白日阻隔。石阡政务轻简，但穷荒僻郡之地，门可罗雀，无知己，乡信亦疏。逐渐熟悉、了解石阡后，"自甘寥落"的祁顺，心情慢慢转好：一方面认识到挫折乃人生常有之事，"世患多"，"天上几时均雨露，人间无处不风波"，雨露不均、处处风波是人生常态；另一方面，意识到不可沉迷于悲苦之中，"心丹不逐风霜改，眼界应随宇宙宽"。李白"总为浮云能蔽日，长安不见使人愁"，而祁顺"多愁"但"强自欢"。于是，面对农圃、诗书、草色莺声、菊英兰露，祁顺"强自欢"。"西风一盏重阳酒，且对黄花作主人"，从"远客"到自认为是"主人"，祁顺的心情已逐渐开朗，心态发生了微妙的变化：渐渐地接受了眼前之地。祁顺生于九月初八日，成化十九年，祁顺50岁，已至知天命之年，《五十生朝》描写的正是九月的景物。

在石阡余下的日子里，体验过繁华而身置萧疏之处的祁顺的心态仍是矛盾的，既想急切以种种理由离开，又不得不屈于现实而无奈地待在石阡。实际的环境直接影响了祁顺的心态。祁顺依旧关心自己的仕途，《闻贱名被荐未允》言：

> 闻道山公启玉除，河东有赋借吹嘘。微生自分鸠巢拙，盛世谁云凤网疏。
> 过眼羲娥双转毂，阅人天地一蘧庐。功名迟速无劳问，且趁

---

① 祁顺：《巽川集》卷五，第454页。

清闲更读书。①

祁顺也希望离开石阡,《写怀》言:

　　　　恩诏频频下九天,赐环消息尚茫然。生涯在我常随分,当道
　　何人解荐贤。
　　　　鬓学积来非往日,梅花开尽又新年。临风一醉愁如扫,万里
　　乾坤入望边。②

　　成化二十三年八月,明孝宗登基,恩诏频下,被贬官员或复职或升迁,
以各种方式离开贬谪之地。一有风吹草动,祁顺心底不能自已地掀
起波澜,希望被人认为贤明,从而获荐选送,离开石阡,可等到梅花开
新年至,在弘治元年,仍未离开石阡。在一次又一次获知确定无疑的
无望消息后,祁顺又百般抚慰被希望和失望反复折磨而已经疲惫的
心灵,用读书、饮酒和不可违抗的天命麻醉自己,以求获得片刻的安
宁。而不切实际的憧憬就像影子,无法摆脱,却不时地割剥着祁顺那
颗早已千疮百孔的心。
　　石阡的生活,有利有弊:利者,极少有因公务带来的身心俱疲,
造访者少,交际少,多空闲,只能清闲读书、临风去愁;弊者,生活平
淡甚至乏味,无京城、江西和家乡东莞那样色彩斑斓。作于成化十九
年的《薄被吟》言:

　　　　霜风猎猎吹冻雨,山色凄迷路修阻。皇华使君重按部,属吏

---

①　祁顺:《巽川集》卷五,第456页。
②　祁顺:《巽川集》卷六,第462页。

奔趋畴敢侮。

土俗民风本贫窭，行台供张甚莽卤。绳床练帐竹撑拄，布被生棱寒莫御。

太守闻知不遑处，急呼里正加捶楚。里正低头呼且语，此邦朴陋传自古。

今秋又集征苗旅，尽弃农功事刀弩。仓无积粟衣无楮，村寨萧然但环堵，

那得奢华奉官府。听罢斯言吾大沮，嗟嗟夷民阙摩抚。五十衰慵惭守土，

太仓窃食将何补。使君宽洪请莫怒，禹稷忧民更艰苦。[①]

此诗堪比《石壕吏》。凛冽寒冬中，上级官员到地方公干，石阡供应粗疏不堪。祁顺慌张无措，急呼里正捶问详情。里正说：自古以来，石阡朴陋，加之今年百姓弃农功，与军务，缺吃少穿，哪还有什么堪供官府？祁顺听言颓丧。百姓生活困苦，祁顺只得恳求上级官员莫动怒。从"五十衰慵惭守土"便知，此诗是祁顺于成化十九年在石阡知府任上所作。祁顺所言，或有夸张，如官员歇息所用之布因寒冷而冻生棱角，果真如此寒酸？颇值得怀疑。此诗用白描手法再现了地方的落后现状：上级官员出巡石阡尚不能得薄被御寒，何况普通百姓！毛渊（1434—1506，浙江杭州府萧山县人）任石阡府学教授，[②]祁顺《和毛教授破屋之作》真实记录了低级官员的困苦生活：

---

① 祁顺：《巽川集》卷三，第438页。

② （万历）《贵州通志》卷一七《石阡府》，第384页。案：罗文思修：（乾隆）《石阡府志》卷三《职官》作"毛润"，故宫博物院编：《故宫珍本丛刊》第222册，海口：海南出版社，2000年，第325页（以下脚注信息从略）。

同寓边城景若何，人烟萧索草茅多。却惭太守才无补，不使
先生居有那。

愿写德馨铭陋室，还将道义障颓波。万间广庇何由得，怀古
伤今涕欲沱。[1]

知府与府学教授同居僻郡陋城，而教授居住于茅草破屋中，祁顺想起
《茅屋为秋风所破歌》，杜甫所呐喊的"安得广厦千万间，大庇天下寒
士俱欢颜"的理想仍未实现。怀古而伤今，祁顺有愧，只能写《陋室
铭》，以道德仁义勉励毛教授。祁顺《石阡冬咏》言：

抱拙度残年，观书友圣贤。食甘余晶饭，衣暖借黄绵。
破甑宁须顾，灰心岂复然。穷通皆定分，无用叩苍天。[2]

晶饭指米饭、白萝卜和清汤。生活艰辛，可以接受。至于现实，穷与
通，天已定，无须再问苍天，安于天命即可；但其中也充满了抗争后
的无奈：破甑不须顾，灰心不复燃。困苦尤其是生病之时，祁顺心情
仍低落。作于成化二十年的《病起》言：

天涯沦落独关情，病起惊看白发明。留咏只将山当画，攻愁
常借酒为兵。
春游野涧怜幽草，夜读残书爱短檠。三径荒芜归未得，痴儿
公事强支撑。[3]

---

[1] 祁顺：《巽川集》卷五，第457页。
[2] 祁顺：《巽川集》卷四，第444页。
[3] 祁顺：《巽川集》卷五，第455页。

漂泊天涯之人，借酒消愁。庭院长满野草，小路荒芜，仍未离开石阡，病中仍需办理公务。从读书与圣贤为伴，到残灯下读残书，祁顺百般落寞。

人非草木，孰能无情，日久必生情。祁顺在石阡待久了，逐渐有了"乐"，安于"现状"。祁顺在成化二十二年说：

> 郡居贵阳荒僻之区，山水幽胜，民稀事简，官于是者省奔趋供亿之劳，多闲雅优游之适，余心甚安之。……①

石阡虽是荒僻之地，但有山水可赏，政事清简，官场之迎来送往者甚少，闲雅优游，可以安之。如果说安于石阡是外在的自然、政治环境造成的，那内在心灵的安适则更为重要。祁顺《登楼寄友》言：

> 懒把衷情咏十离，穷边风月乐相随。闲倾六一先生酒，遍读柴桑处士诗。
>
> 云锁洞门无客过，翠交庭草有春知。君亲暌隔心明远，世路悠悠不尽思。②

祁顺以陶潜、欧阳修自居，身在官场，却似归隐林壑，饮酒吟诗，风月之乐缠身，无心诉离情。成化二十二年中秋，祁顺《丙午中秋》言：

> 边城四度赏中秋，节序惊心似水流。明月满窗人自醉，不须

---

① 祁顺：《巽川集》卷一一《送致政曾经府序》，第521页。
② （嘉靖）《贵州通志》卷一一《艺文》，第458页。此诗又收入郭子章《黔记》卷四〇《石阡知府祁顺》，第906页，文字略有不同。案：此诗祁顺《巽川集》不载。

携酒到南楼。①

祁顺的心情已平淡如水，毋庸携酒到南楼，有明月满窗便可自醉。祁顺在成化二十三年又说：

> 予自壬寅岁谪石阡，在任忽过五年矣。因记欧阳子《自勉》诗云："官居处处如邮传，谁得三年作主人。"则吾之久此，亦足为乐也。……②

三年可作主人，何况五年？祁顺效仿被贬滁州的欧阳修。时间在一定程度上消磨了祁顺想要离开石阡的雄心与决心。祁顺安于石阡，喜欢石阡，愈发来自内心，愈发心安理得。

祁顺以诗歌记录石阡的自在生活、醉人景色。《郡斋书壁》言：

> 不独桃源深复深，此中幽僻更难寻。山泉恬澹有清意，庭草低回无怨心。
>
> 晓径白云随蜡屐，夜窗明月伴瑶琴。衰迟幸与闲相称，且作先生号醉吟。③

《学宫避暑》言：

---

① 祁顺：《巽川集》卷七，第477页。
② 祁顺：《巽川集》卷一六《杂志》，第575页。
③ 祁顺：《巽川集》卷五，第455页。此诗又收入（嘉靖）《贵州通志》卷一一《艺文》，题为《书壁》，第458页，文字略有不同。在郭子章《黔记》卷四〇《石阡知府祁顺》中，此诗为《石阡述怀》第二首，第906页，文字略有不同。案：原文作"蜡履"，据《全粤诗》卷一二〇《明·祁顺》改，第852页。

壶觞环坐绿阴中，数仞门墙一亩宫。池水浸空光敛滟，野山如画碧玲珑。

黑云急送催时雨，白日凉生解愠风。愿得时平民物遂，不妨行乐与人同。①

《郡斋即景》言：

燕舞鸠啼日欲斜，郡庭浑似野人家。残书半掩开帘坐，风卷蓬花似柳花。②

山重水复中桃花源难寻，而幽僻的石阡更令人向往，也更难寻。在有山泉、庭草、晓径、白云、蜡屐、夜窗、明月、瑶琴、燕舞、鸠啼的石阡，可醉卧，可长吟。不过，祁顺似乎觉得石阡的风景过于质朴而"野"，"野山如画"，而"郡庭浑似野人家"则言府衙简陋。在弘治元年三月二十四日前，祁顺有诗三首，《石阡春望有怀》言：

春遍穷荒万物荣，临高一望眼双明。新阳散尽浮云色，幽涧频添过雨声。

花鸟不殊华夏景，江山犹是异乡情。美人别久牵惆怅，尊酒何时许合并。

春间多雨，万物向荣，然诗锋一转，石阡的景物与他地虽无别，但自己仍是久别、惆怅的异乡人。《苗民公馆和壁间韵》言：

_____

① 祁顺：《巽川集》卷五，第459页。
② 祁顺：《巽川集》卷七，第477页。

柳拂晴堤草映川，春光如画满东阡。人家半在荒烟里，山色遥连落日边。

蛮獠只今安治化，云林自古隔嚣廛。循行正欲询民瘼，一念清勤不愧天。

《苗民道中》言：

半束琴书一布袍，穿岚度箐不知劳。群见错讶并州郭，大姓全非涿郡高。

林木蔽空云拥盖，边山极望海翻涛。豚隤五马成何用，岁月虚驰禄谩叨。①

"苗民"是指苗民长官司，在石阡府西南八十里，是石阡府管辖的土司，康熙五十年裁。②"人家半在荒烟里""林木蔽空云拥盖"，言苗民司林深草茂如荒野。苗民司社会稳定，大姓除土司汪氏外，还有高氏。祁顺在弘治元年春出巡苗民司，询问民间疾苦。祁顺自责，不能使百姓丰衣足食，虚驰岁月，有愧于天。嘉靖间，思石兵备分巡思仁道佥事龙遂在《苗民公馆》中提道："林深传虎吼，雾暗讶龙藏。此地民疲甚，恫瘝未忍忘。"③龙遂直言不讳地指出苗民司百姓生活困苦。

在石阡，祁顺除公务、与友人诗文往来外，还有看山与登山。贵州多山，石阡亦然。祁顺《石阡小咏二首》言：

---

① 祁顺：《巽川集》卷六，第462页。《石阡春望有怀》又收入（嘉靖）《贵州通志》卷一一《艺文》，题为《春望有怀》，第458页，文字略有不同。《苗民公馆和壁间韵》又收入沈庠修：（弘治）《贵州图经新志》卷六《石阡志》，《中国地方志集成·贵州府县志辑》第1册，第75页（以下脚注信息从略），文字略有不同。
② （乾隆）《石阡府志》卷二《长官司考》，第306页。
③ （嘉靖）《贵州通志》卷一一《艺文》，第458页。

　　　　日日看山退食迟，满庭芳草客来稀。宦游久有思乡念，只恋
　　清闲尚未归。

　　　　四面溪山一望平，烟云缥缈树青青。黄堂不用良工笔，自有
　　新图入户庭。①

在满庭芳草的清闲衙门，可望见环绕府城的缥缈如画之山。笼罩在
溪山上、不断变幻的烟云，构成绚丽的图画，时时映入眼帘。行吟坐
卧，皆与山接，日日看山，遂成贪恋，以致误了饮食，甚至还有了为看
山而不愿返回家乡的夸张念头。祁顺说："石阡多名山，环郡治左右
前后无非山也。郡治之外东西南北无非山也。余处兹山中颇久，凡
所吟咏，必及于山。因念昔人言有云：'许浑一身水，杜甫一生愁。'
皆以诗言也。余之诗浑是山矣。至读欧阳子《题青州南楼二绝》有
云：'须知我是爱山者，无一诗中不说山。'是又先得，我心所同者。
然欧阳子寓青州只一载耳，其所得于山者孰与予之久哉？"②祁顺在
弘治二年说："顺自念谪石阡已六年，山水之游，岁无一二。"③举目皆
山，看山已与祁顺的生活融为一体，可祁顺极少登山、游山。在任石
阡知府期间，祁顺《巽川集》中记载的唯一一次登山，在成化二十二
年。成化二十二年九月初九日重阳节，祁顺登镇山。《石阡九日登山
记》言：

　　　　环石阡郡治千余里，莫匪高山。而近于郡者，为胜郡之后，
　　群山磅礴，障蔽一方。而镇山尤为雄特，盖巍然居中，势挺霄汉，

① 祁顺：《巽川集》卷七，第477页。
② 祁顺：《巽川集》卷一六《杂志》，第575页。
③ 祁顺：《巽川集》卷一二《游平冒、西溪记》，第535页。

龙山峙其左,侯山[①]屹其右,江水横其下,排衙、挂榜、三台、飞马诸山绕其前。而郡庭上距镇山半里许,一方形胜,尽钟于斯。

余守石阡以来,出入起居,视听思虑,恒与山水相接。岁遇重九,辄欲登高,以舒怀抱;然非值风雨,则为人事所妨,斯念弗遂,已三年矣。丙午季秋九日,簿书稍暇,宾客不至,凉风淡日,与山气交清,余笑曰:"三年夙念,今其偿乎!"遂命隶从举蓝舆,历崎岖嶔岩之径,以抵龙山。由龙山右麓达于镇山之下,微雨倏至,停盖少待,仰视山形,前如覆釜,峻不可登,乃从其后躐坡坨、艿草莽,凌绝顶而止。山脊一石,长不越寻,高尺有咫,槎牙怪特,如蛟龙攫拏,爪甲飞动。余步其上,徘徊者久之。仰之天空,云浮俯之,人烟一簇,江山如带。前所谓龙、侯二山以及排衙诸峰,旁侍近拱,低徊万状。其外则穷西南,极东北,万山绵亘,直与天际。盖所望者远,而知所处者高也。

嗟夫! 天下名山随在而有,匪直石阡为然。独余生于岭海,筮仕于京师,当是时安知石阡为何地,而今乃获游于斯,殆有数焉,非偶也。矧兹山密迩郡庭,举足可至;然登览一事,犹必四重阳而始遂,则夫事之远者大者,又可偶然致哉? 前人登此者不知几何,而文字弗传,无所于考,余因是记之。后来君子追余践履,必有感斯文而继作者矣。[②]

祁顺生于广东的海边,仕途始于京城,不知石阡在何地,却到石阡为

---

① 章潢编《图书编》卷六七载:"石阡府山曰知府山,秀丽雄壮,左右有山为之辅翼,盖郡之镇,府治在其下。侯山,知府山右。擒龙山,知府山左。骆驼山,石阡司西。"《景印文渊阁四库全书》第970册,第841页。

② 祁顺:《巽川集》卷一二,第537页。此文又收入(弘治)《贵州图经新志》卷六《石阡志》,题为《登山记》,第67页,文字略有不同。

官；到石阡四年，才登上距知府衙门咫尺之遥的镇山，其中或有天意。祁顺详述登山经过，望远舒怀，作文纪之，感慨万千。凌绝顶而众山小，祁顺伫立在镇山之巅，却未深有此感，因为群山重叠，此起彼落，至于天齐，只有连绵不绝、排山倒海的壮阔之感。

祁顺在石阡知府任上并无多少繁重、烦心的公务，故在诗集中，对公务的着墨并不多。"弘治戊申（元年，1488）二月二十日，余至思南府分司。"①祁顺《出巡思南》：

> 佳景逢春又喜晴，风光妆点四山明。天连直北浑疑近，路向思南渐觉平。
>
> 芳草池塘蛙习吹，绿杨村郭鸟催耕。丰年有兆吾民乐，处处芦笙助笑声。②

同年六月，祁顺在石阡祈雨，有诗《戊申六月祷雨有感》：

> 亢阳骄虐近秋初，喜得甘霖数日余。众念精诚宜有感，天心仁爱岂为虚。
>
> 名亭拟续坡翁记，志瑞无惭鲁史书。六载专城频望岁，西风禾稼满菑畲。

祁顺有《谢雨祝文》，不知是否为此次祷雨而撰。③以上是诗歌记载的为数不多的公务。经过多年的治理，无负天地，石阡民丰民乐，祁顺无愧于史书记载。整体观之，石阡地处荒陋之地，民少政简，公务

---

① 祁顺：《巽川集》卷一六《杂志》，第576页。
② 祁顺：《巽川集》卷六，第465—466页。
③ 祁顺：《巽川集》卷六、卷九，第466、497页。

不繁,祁顺在石阡的生活非常悠然自在,应切合实际状况。

祁顺也有治理石阡的收获和自豪。成化二十二年,石阡人唐必聪中举。[①]石阡有生员考中举人,实乃破天荒之事,贵州官员多致信祁顺以贺之。贵州按察司佥事李孟晅有诗贺之。[②]贵州按察司佥事周孟中《贺石阡得士诗》言:

> 石阡科第破天荒,造就君侯信有方。白日海门龙变化,青霄丹穴凤翱翔。
>
> 文翁治蜀真堪比,常衮廉闽与有光。岂特一时夸盛事,流传千载汗青香。[③]

接到周孟中的贺诗后,祁顺自为律诗二首,即《喜唐必聪中举》:

> 试罢秋闱得意回,西风传送好音来。瑞分芝草非由种,香入梅花独占魁。
>
> 天上有梯还进步,人间何地不生才。自惭作郡无裨补,为尔成名一笑开。
>
> 黄槐催动马蹄忙,千百人中选俊良。文采旧曾评月旦,科名新喜破天荒。
>
> 寒窗灯火真无负,僻郡山川倍有光。从此诸生知奋励,白袍争作绿衣郎。[④]

---

① （乾隆）《石阡府志》卷六《选举》,第359页。
② 祁顺:《巽川集》卷六《送李佥宪之京,次原寄〈石阡得士〉韵》,第460页。
③ 祁顺:《巽川集·附录》卷上,第584页。
④ 祁顺:《巽川集》卷五,第457—458页。

唐必聪寒窗夜读换来了科名，石阡山川增辉。处处可生人才，在祁顺的治理下，石阡终于有了第一个举人，这是实打实的政绩，祁顺发自内心地喜悦。祁顺提出希望，当以唐必聪为榜样，奋励进步。贵州按察司副使陈琦亦以书信贺之。祁顺寄信与陈琦，感谢陈琦在成化二十二年春季对唐必聪的嘉许，并请陈琦和诗。[①]

（三）祁顺在石阡的作为

处边城、居草茅、浇酒愁、阅残书、度残年的祁顺，在各种典籍的记载中，无一例外是正面的。(弘治)《贵州图经新志》载：

> 祁顺，字致和，广东东莞人。成化十九年以江西左参政左迁本府知府。才智丰敏，有守有为，尝著《石阡府志》十卷及他制作，皆伟丽，为时所重。寻升参政。[②]

(嘉靖)《贵州通志》载：

> 祁顺，成化十九年以江西左参政改任知府。才智丰敏，有守有为，尝著《石阡府志》十卷及他制作，皆伟丽，为时重。[③]

(万历)《贵州通志》载：

> 祁顺，成化间以参政改任知府。才智丰敏，有守有为，曾纂府志及他制作，皆伟丽，为时推重。[④]

---

① 祁顺：《巽川集》卷一三《答陈粹之》，第541—542页。
② (弘治)《贵州图经新志》卷六《石阡志》，第73页。
③ (嘉靖)《贵州通志》卷九《名宦》，第417页。
④ (万历)《贵州通志》卷一七《石阡府》，第387页。

《黔记》有祁顺的传记,其言曰:

> 祁顺,字致和,东莞人,天顺四年进士。事陈白沙先生,为高弟。成化十九年,以参政左迁石阡。才智丰敏,文学优赡,石镇山川,多所题咏。公余之暇作宦适轩,为之记。记曰……
>
> 又曾纂郡志及他制作,皆伟丽可传。历官布政使,所著有《巽川集》。
>
> ……
>
> 蟫衣生曰:《粤大记》载,天顺四年,读卷官先定祁顺为第一,以其姓名近御讳,不便传胪,乃以一夔卷易之,置顺二甲第二名。《陈白沙集》载《与祁致和》诗:"六年饱读石阡书,习气于今想破除。雪月风花还属我,不曾闲过邵尧夫。"则其人品、文学大概可见。
>
> 子二,敏、敕,俱举进士。①

郭子章还强调,至万历年间,祁顺与周瑛仍被人怀念。《黔记》言:"是时,石阡祁知府顺,文学、才器,几与(镇远知府)周(瑛)埒,至今称镇石知府曰周祁云。"②

至清代,祁顺依旧让人怀念。鄂尔泰监修《贵州通志》对祁顺有简单介绍:

> 祁顺,字致和,东莞人,进士,为名儒陈献章高弟。成化十九年知府。才敏学优,多所题咏,纂郡志,兴学校,为名太守。③

---

① 郭子章:《黔记》卷四〇《石阡知府祁顺》,第905—906页。
② 郭子章:《黔记》卷四〇《镇远知府周瑛》,第905页。
③ (乾隆)《贵州通志》卷二〇《名宦》,《景印文渊阁四库全书》第571册,第548页。

罗文思修(乾隆)《石阡府志》载：

> 　　祁顺，字致和，广东进士，名儒陈献章高弟。成化十九年任。
> 才敏学优，多所题咏，为名太守。《省志》载纂郡志，兴学校。
>
> 　　乾隆二十八年，(罗)文思搜陈龙岩旧册中，只存祁公《文笔
> 山》五言律一首，外只字无有。他如余公之传、胡公骂贼遇害
> 以及王烈女传、鬼洞龙洞辨，皆关风化，有光郡志，今俱遗失，
> 可惜。①

综上所言，各种方志对祁顺在石阡的记载均较简单，传记内容有明显
的重复。祁顺"才智丰敏，有守有为"，"为"的内容主要是：编纂《石
阡府志》，题咏石阡山川，建宦适轩，兴学校。

今据《巽川集》等资料，将祁顺在石阡的主要作为论述如下：

1. 编纂《石阡府志》

在祁顺编纂《石阡府志》前，石阡已有府志。杨士奇(1366—
1444)编纂的《文渊阁书目》中，收录有《石阡府志》。②

祁顺《巽川集》载《重修〈石阡府志〉序》：

> 　　山川人物，在在有之，而其显也待乎时，其久而不泯者存乎
> 书，是故天下平则文物盛，图志具则纪载明，从古然也。石阡隶
> 贵州，在京师西南七千里外，山溪险阻，蛮獠杂居。秦汉而后悉
> 羁縻之，宋元或置官属，终不能同于内地。自国初率土归附，统

---

① (乾隆)《石阡府志》卷六《名宦》，第351页。案：罗文思言只存祁顺《文笔山》
　五言律诗一首，然在其编纂的(乾隆)《石阡府志》卷八《艺文》中，还收录了祁顺
　的七言律诗《石阡书怀》，第407页。
② 杨士奇：《文渊阁书目》卷四，《景印文渊阁四库全书》第675册，第230页。

以宣慰使司，永乐间始设郡治，百十年来，仁化旁洽，于是学校兴，人才出，风俗为之丕变，山水为之光华，典章文物骎骎乎与中州等矣。向使时不遇乎圣明，治不际乎隆盛，则强酋争据之区而已，夷獠耕牧之地而已，烟云水石之厓，荆榛灌莽之丛而已，人物何所闻，风教何所征耶？

郡昔有志，失之太略。成化庚子，前守余君重修一帙，比旧为详。然篇章错杂，文字细碎，亦有可书不书、不当录而录者。夫记载不明，曷以传远。顺为是虑，乃因余君旧志，再加修纂，芟繁撮要，正谬补遗；庚子而后，有可采者，次第增入。于是一邦事实，粲然备具，可以闻于四方，可以信于后世，无复昔时之湮晦矣。

嗟乎！文物关乎世运，志载系乎风教，尚愿同志君子相继修辑，俾之愈传愈远，而愈不穷，是亦为政之当务也。语曰：莫为之先，虽美而弗彰；莫为之后，虽盛而弗传。用书以为将来者告。[1]

石阡府设于永乐十一年，至祁顺任知府时的成化十九年，已过去71年。经过数十年的治理，石阡之典章文物日盛，可与中原媲美，有纂修方志的必要。成化庚子（十六年，1480），石阡知府余志在前志的基础上重修方志，较前为胜；但仍有瑕疵，如篇章错杂、文字细碎、当载而未载，存在体例不精、文字未优、选材不当等问题。祁顺在余志版府志的基础上，重新编辑，删繁就简，去误补遗，并增添新内容，修成新的《石阡府志》，成石阡历史上的第三版《石阡府志》。编纂府志，属于"文物"事务，关系世运风教，祁顺希望后来者继续修辑，使石阡的文化传之久远。

祁顺亦请好友镇远知府周瑛撰序，周瑛《重修〈石阡府志〉序》言：

---

[1]　祁顺：《巽川集》卷一一，第524—525页。

石阡故夷壤也，文人墨客鲜至焉。成化壬寅，江西左参政祁公改知是府。公仕江西有重望，部使者按事，牵联公，故有是命。公来，辑和夷夏，宣布德泽，修举废坠，不一二年，政通民怀，乃以余力周旋文事。以为郡之有志，系一郡之体统，郡志不修，何以示天下传后世？矧旧有所序述，庞杂不类，吾不为理谁为理。因别为义例，重加采辑，繁乱以删，讹谬以正，脱略以补，间有后人所当绍述者，则引其端以待诸后。通为郡志十卷，司志隶焉。既成，瑛自抚州改知镇远，属瑛序之。

瑛阅《周礼·职方氏》，见周分天下为九州，皆志其镇曰某山，其川曰某江，其浸曰某湖，其民、其畜、其利、其俗各以其州而别。盖当是时，因土以制职，因职以制贡，职贡不修，天子讨之，此职方所以志也。我皇明统驭天下，无远弗届，而石阡邈在古荒服之外，其山川、土田、人物、货产皆周职方所不载者，公能佐天子以宣德化，且为之志，使有考焉，其有补于治道不小矣。

公东莞（莞）人，姓祁氏，名顺，字致和，王一夔榜，第二甲进士。初为户部郎中，时天子重公学行，遣使朝鲜，朝鲜人扣公以文字，公如响斯答。至于却金却妓，尤足以厌服人心。比归，朝鲜人上公使事，天子且赋诗赠公，比公"中州孤凤凰"云。①

据周瑛的序可知，祁顺到石阡后一二年即约在成化二十年重修府志，成10卷。在编纂完毕，成化二十三年周瑛任贵州镇远知府后，②祁顺请周瑛撰序。周瑛之序，概括了祁顺版《石阡府志》的纂修过程、主要内容，强调了祁顺修志的意义，"有补于治道不小矣"。

---

① 周瑛：《翠渠摘稿》卷二《重修〈石阡府志〉序》，第755页。
② 周瑛：《翠渠摘稿》卷三《石崖书室记》，第776页。

祁顺版《石阡府志》在明代得到流传，并被书目著录。清人黄虞稷（1629—1691）《千顷堂书目》载："祁顺《石阡志》十卷。"《明史·艺文志》亦载："祁顺《石阡府志》十卷。"[1]

在祁顺之后，隆庆三年，推官王朝用[2]署理石阡知府，查阅石阡府图籍，得一成化初年的写本，"大抵潦略舛讹，文俚而不雅，事杂而无叙"，于是令府学教授吴、冯二人"相与博采群搜，将掇拾而成稿"。换言之，祁顺所修《石阡府志》在隆庆年间已经散佚，只有余志版《石阡府志》的残本。同年夏，余姚人李衮到石阡知府任，王朝用嘱李衮"重加删订"，最终形成（隆庆）《石阡府志》，其内容是："为图者一，为志者十，诰敕之附者一，诗文之附者一，总之为卷者十三，彪分胪列，亦颇详整而刻成矣。"[3]王朝用、李衮所修府志，在乾隆年间"已多散失"。[4]万历年间，石阡知府江大鲲编纂《石阡府志》。[5]由于战乱影响，明代的各种《石阡府志》只剩下片语只言。康熙初年，石阡府又重修府志。[6]康熙十九年、二十年，查慎行在贵阳幕府。康熙四十三年，陈奕禧（字子文）外任石阡知府，查慎行作《送陈子文出守石阡八首》为其送行，其中言道："归舟不载葵花石，要使清名过郁林。"查慎行自注言："《石阡府志》：城南龙洞有两石，如盘形，类葵花，洞中产纹石，俗名醮果，任人赏玩，不得携归。"[7]查慎行引用的

---

① 黄虞稷：《千顷堂书目》卷八，《景印文渊阁四库全书》第676册，第197页；《明史》卷九七，北京：中华书局，1974年，第2415页。

② （乾隆）《石阡府志》卷三《职官》，第323页。

③ 郭子章：《黔记》卷一四《艺文志上》，第362页。

④ （乾隆）《石阡府志》卷六《名宦》，第352页。

⑤ 唐立宗：《明代石阡府的方志及其编纂：兼论黔东地区府志的编刊历程》，《政治大学历史学报》第57期，2022年5月，第18—21页。

⑥ （乾隆）《石阡府志·总论》，第293—295页。

⑦ 查慎行：《敬业堂诗集》卷三一《送陈子文出守石阡八首》，《查慎行集》第5册，杭州：浙江古籍出版社，2014年，第696页。

《石阡府志》恐是康熙版。

　　乾隆时期，石阡知府罗文思在《创修郡志禀》中肯定地说道："乃二百余年以来，曾无郡志，然故老传闻以及碑碣所留尚堪采访，若复不创修，世远年湮，必至荒唐莫稽。"[1]罗文思认为石阡府自明永乐十一年设府以来无府志，于是创修府志，使石阡历史不至湮没无闻。事实上，在罗文思于乾隆三十年三月撰写《石阡府志·自序》[2]之前，石阡已有6种府志，由于多种因素的影响，这些府志已经失传。罗文思主持编纂的（乾隆）《石阡府志》成为石阡现存的第一部方志。

2. 建宦适轩

　　宦适轩在石阡府治内后堂，为休闲之所，建于成化二十年。[3]祁顺《宦适轩记》言：

　　　　成化壬寅，予自江右藩司来知石阡府事。石阡属贵州，在京师西南七千里外，古夜郎、牂牁之域，朝廷使有罪者居之，盖欲其尝险阻，履忧危，而省躬思咎也。幸今天下太平，四夷百蛮罔不从化，而贵州自入职方百有余年，民乐耕稼，士知问学，顽犷之俗变为衣冠礼义久矣。石阡为郡，阻而僻，其民朴而少争，贡赋易完，宾客罕至，吏于是者无迎送之劳，无催征之迫，无狱讼之扰，而山水登临之乐乃兼有焉。是故仰而观山则适乎目，俯而听泉则适乎耳，优游于诗书文艺，觞咏之间则适乎心，出入、起居、动作、食息，盖无往而不适也。

　　　　夫务繁华者必于都会之邦，志幽静者必于穷僻之境。吾从

---

①　（乾隆）《石阡府志》卷八《艺文》，第399页。

②　（乾隆）《石阡府志·自序》，第290—292页。

③　（弘治）《贵州图经新志》卷六《石阡志》，第70页；郭子章：《黔记》卷二四《公署志下》，第591页。

仕中外二十余年,都邑之雄富,人物之盛丽,固尝览之矣。然或朝谒之拘,或宣理之勤,所职有甲兵焉,有钱谷焉,有讼狱焉。凡耳目之所接,心思之所及者,皆是事也。簿书期会之余,则宾客往来之交也。当其冗剧之际,虽欲放情物外,求一日之适,何可得耶?兹获脱彼之劳,安此之佚,自适其适,而忘其有罪之忧,上之为赐也大矣。昔之人有居清华之秩,而以烦剧妨其赏适为恨者,夫彼此不能两兼,而赏适尤吾性之癖耳。失乎彼,得乎此,夫岂谓之不遇耶?虽然,吾不敢以己之适而忘悔艾之心,亦不敢不思己之所以适而图报上恩于万一也。于是名其退食之轩曰"宦适",且为之记,以自观省焉。[①]

石阡远离京城,多为有罪者任职,以使"尝险阻""履忧危""省躬思咎"。祁顺认为,石阡政务简少,易于治理,而得其乐:有耳鼻等感官之乐,有诗书文艺等精神之乐,"无往而不适",故造轩名之曰"宦适"。祁顺从都会之邦、冗剧之职赴穷僻的石阡,虽尝其苦,更得其乐,放情物外,自适其适。从劳到佚,从都会到穷僻,从繁华到幽静,从烦剧到赏适,祁顺的心态发生了巨大变化,虽有罪有忧,而得自然。"失乎彼,得乎此",祁顺真正理解了老子所说的"祸兮福之所倚"的真谛。

嘉靖九年(1530),冯惟敏作《宦适轩赋》,宦适轩仍在,"郡故有轩在厅后,往祁守题其额曰'宦适'"。[②]

---

① 祁顺:《巽川集》卷一二,第532—533页。此文又收入(弘治)《贵州图经新志》卷六《石阡志》,第70—71页;(嘉靖)《贵州通志》卷八《宫室》,第401页;(万历)《贵州通志》卷二二《艺文志》,第540页,文字略有不同;郭子章:《黔记》卷四〇《石阡知府祁顺》,第905—906页。

② 谢伯阳编纂:《冯惟敏全集·赋·宦适轩赋》,济南:齐鲁书社,2007年,第130页。

3. 扩建仓库,增加仓储

编纂方志有益地方发展,但与普通百姓的距离较远。仓储,直接关系百姓生活,关系地方社会稳定,为地方重要政务,祁顺对此很重视。祁顺《石阡府修仓记》言:

> 成化癸卯春,余至石阡甫视篆,首以仓储为问。经历曾仲贵进而言曰:"黄堂后数十步有仓者二,其一岁受民粮二百石有奇,为官吏师生俸给;其一贮稻谷六百余石,以备民间荒歉之需。二仓皆竹椽茅茨,仅蔽风雨而已。"余曰:"嘻,陋哉!"明日躬视之,果如所言。仲贵复曰:"兹仓逼临后山,每秋冬野烧延蔓,风荡灰烬,乱堕茅茨中,可骇可惮。若易以瓦,则无虑矣。"余识其言,欲经营而力未逮。
>
> 甲辰之秋,视公帑微有所积,遂以请于当道。既得允,即市材募工,撤其旧而一新之,为预备仓二联凡七间,为秋粮仓四联凡八间,皆壮其楹,厚其础,陶瓦上覆,密板四周,宏敞坚固,可历永久。明年,稻谷积至二千五百余石,又广其仓二间。盖民粮岁入如常,预备之数,二三年来,增其旧数倍矣。
>
> 于乎食者,民之天,斯郡虽小,而储蓄亦不可后。吾荷朝廷恩命,守于斯,廪于斯,万一仓储空乏,官吏小民无所仰给,夫岂异人咎哉! 此仓所由作也。或曰:"子尝官于户曹,出佐方岳,养民之政,储蓄之道,讲之有素,而阡郡不足施也。方今天下虽富足,然水旱在在有之,而三边所费尤大。子盍推平昔所知,画筹建策,行之天下,以为经久利耶?"余笑曰:"君子思不出其位,吾知理吾郡而已,他非所能,亦非所敢知也。"于是记斯仓而并及焉。[①]

---

① 祁顺:《巽川集》卷一二,第536—537页。

祁顺在成化十九年春到石阡履职，首问仓储，其因有二：一是他曾在北京户部任职，外任江西后又任左参政，均是关乎仓储、钱谷等财政事务，故首问仓储乃职务惯性使然；二是外任一府之职，仓储等财政事务关乎考核，关乎民生，不得不问。石阡的仓储设施十分简易，且靠近后山，秋冬之际有火灾之虞。

到任之初，祁顺有心无力，仓储只能维持现状。成化二十年秋，石阡财政有余，且得上司批准，祁顺撤旧而新建仓库，设施扩大，建筑材料坚固。更重要的是，仓储存粮增加，由成化十九年的粮800余石增至二十一年的2 100余石，增加一倍半多。岁粮有常，仓储存粮主要是备民间荒歉之用的地方自用粮大量增加，表明祁顺在积极应对可能出现的灾荒，也显示了祁顺治理石阡已取得了不小的成绩。

有人认为，石阡地小，不足以施展祁顺在财政管理方面的才能。祁顺对此不以为然，认为在其位谋其政，履职当尽心竭力，可造福于民，可报朝廷恩命。

4. 续修石阡府学

石阡府学在府治南，中为明伦堂，左右翼有"居仁""由义"二斋。石阡府学建于永乐十三年，毁于正统十四年（1449），后历任石阡知府不断重修，如成化十六年有余治重修，但未完工。祁顺也参与到修建之中。

按察司佥事周孟中《重修记略》言：

石阡居荒外之地，唐宋以前声教所示未暨也。皇明永乐十有一年癸巳，肇开郡治。时郡守贵溪李君炉道建于郡治之左，堂舍率皆茅茨而已。正统己巳遭兵燹，自后守者相修继起，未克完美。至西蜀杨君荣，乃于文庙讲堂设圣贤像，咸用究心，仅有可观。成化庚子，闽濉余君志撤旧更新，文庙讲堂俱易茅以瓦，而两斋、仪门未立，廨舍仍复以茅，犹未称观圣明建学立师导民成俗之意。

岁癸卯，东莞祁公致和由江西大参来守是邦。爬梳提抱，夷情感孚，遂谋诸推官张荣，鸠工抡材，"居仁""由义"两斋及仪门、廨宇凡若干楹，悉陶瓦代茅，计可经久。若文庙两庑、讲堂，皆易其朽腐，饰其漶漫，焕然翼然，气象一新。而笾、豆、罍、爵、钏、盘、筐之类，靡不既完且洁，有以称报功报德之典。盖始事于乙巳冬十一月，迄工于明年春二月也。公博学好修，由名进士任地官郎，尝与考会试，第服公明出使朝鲜，却金不受，一时朝野隐然有公辅之望。故其为政，尤孜孜布宣德意，扶树教化，未尝鄙夷其民。而民之秀者，争先激昂磨濯，萃萃向进。丙午乡试，诸生唐必聪袞然前列。盖自设学以来七十余年，今始有之，非本于公之教而然哉！

孟轲氏曰："舜生于诸冯，东夷之人也；文王生于岐周，西夷之人也。舜、王，古今称圣，未有能过之者也，乃生于东西夷焉。"由是观之，天之生人，曷尝有彼此远近之间，赋予之善，盖人人同也，其向背善恶之殊途者，特系所教所学之异耳。不然，石阡僻在荒服万里外，自有天下以来，何落落无才而今始有之？公之教岂诬哉！诸生由是而益勉焉。曰："舜，何人也？文王，我师也。"希之则是，庶几圣朝建学导民，贤守只承作兴之意为不负矣。教授毛渊辈请记以示久远，遂书。①

---

① 赵平略等点校：(弘治)《贵州图经新志》卷六《石阡府》，成都：西南交通大学出版社，2018年，第108—109页。案：(弘治)《贵州图经新志》卷六《石阡志》所载该文不全，故用赵平略等点校本，第72页；(嘉靖)《贵州通志》卷六《学校》收录此文，但只收录部分，第343页。

祁顺在成化十九年到石阡知府任后，便与推官张荣筹划修茸府学，最终于二十一年十一月动工，二十二年二月整修完毕。从历任知府的重修力度看，祁顺的修建力度最大，不但完善建筑设施，而且完善祭祀器具。在修茸石阡府学完工的当年，石阡人唐必聪便中举。据此可知，周孟中《重修记略》撰于乡试榜发之后。周孟中回顾祁顺任知府前的德行，褒奖祁顺在石阡的作为，尤其是其重视教化。在祁顺的努力下，石阡终有人获得举人功名。周孟中认为：在石阡从荒服边徼而"进于中国"的过程中，作为"立师导民成俗"的学校，尤为重要，扮演了人才成长、向善背恶的关键作用。

5. 建府学岁贡题名碑

祁顺《石阡府学岁贡题名碑》言：

> 科目之外，每岁贡士，我国家常事也，曷为而志之？在中国不志可也，在夷邦不容以不志也！志之何也？见圣朝文运之隆超于古，而人才之出不限于地也。石阡属贵州，即古三苗、鬼方之域，汉唐而下，为牂牁、夜郎之表。舜舞干羽，七旬有苗格；高宗伐鬼方，三年克之。当时人才固未闻也。周有宾兴之典，汉有劝驾计偕之令，隋唐宋元取士之制不一，斯时斯土曾贡士于上国乎，抑有之，而无志可考乎？皇明六合混同，威德遐布，贵阳入国初即附版图，驭以戎闽，永乐癸巳始建藩建郡，而学校兴焉。于是文教渐渍，日盛月深，科贡取人，无异中国，以故石阡士子刮磨奋励，乐应时需。
>
> 自永乐甲辰选贡至成化戊子，得四十一人；自成化己丑考贡至今，又得二十人，皆游于太学，上于铨曹，登于仕版。其间有列朝班者，有为郡守者，有宾莲幕佐花封者，他如笕庾诸职，未易枚举。而循资待用者，尚多有之。噫，亦盛矣！以既往计之，而

方来者可从知矣。以一郡等之而同省者，可类推矣；以兹省观之，而凡远方士习无有不同者矣。

所谓文运之隆超于古，而人才之生不限于地者，非欤！是诚不可以不志也，故为书其大概，而列贡者姓名、岁月以及仕迹之详，庶后之人于斯有考而方来者，源源书之，与国家文运相为无穷者，盖自兹碑始云。①

祁顺回顾了石阡选贡的历史：从永乐二十二年（1424）选贡至成化四年（1468），共45年，得贡生41人；从成化五年（1469）至立此碑时，得贡生20人。换言之，作为古之三苗、夜郎之地的石阡缺少人才，但自洪武以来特别是永乐十一年设贵州省、石阡府以来，文教日盛，人才日多，与中原无异。"人才之出不限于地"，祁顺立《石阡府学岁贡题名碑》，书姓名、年龄、仕迹，鼓励后来之人。

6.重修城隍庙

永乐十一年设立石阡府，于府南建城隍庙。其时，制度初创，城隍庙较为简陋。正统十四年，城隍庙毁于兵燹。

成化二十二年，祁顺主持重建城隍庙。祁顺《重修石阡府城隍庙碑》言：

城隍之祠，未详所从始。唐李阳冰谓祀典无之，宋陆务观言："自唐有祭，至宋尤谨。"然考之元魏间，梁人攻郢，编苇箦绝上水流以阻舟道，郢守慕容俨即庙祈之，须臾，风浪大作，苇箦断绝，梁人遂却，则唐以前尝有庙矣。宋之时，城隍或称某神，如镇江府祀汉将军纪侯之类，而他郡不皆然者。大抵高城深隍，自有

---

① 祁顺：《巽川集》卷一五，第568—569页。

神以主宰之，不必其为谁也。我朝着令天下郡邑咸祀城隍，每岁两配山川之享、三主厉坛之祭，与凡祷祈报赛，必于是焉。神之尊崇，尤非前代可比。

石阡自永乐癸巳设郡，即建庙于郡南百步许。其初制度苟简，正统己巳，复毁于兵。是后，结茅数间，随葺随坏，风雨侵陵，几不可支。成化丙午秋，贵阳握兵者将有事于苗，郡集民兵数百为之助。臬司金宪庐陵周公行部适至，睹斯庙之敝，慨然欲图之。以民兵未行，乃招而谕之曰："城隍奠兹一邦，尔民阴受其庇，而庙貌若兹，非所以事神也。矧用师征苗，尚资神祐，盍因尔众之暇为之修理乎？"众感激，咸愿效力。遂委推官张君荣[1]督理其事。伐木于山，陶瓦于冶，材用不足者官为经画，不烦于民。修正殿及大门、仪门各三间，建后堂及左右司房凡九间，坚朴宏敞，焕然一新。缭以周垣，植以嘉木，神安人悦，向仰益虔。盖兴工于是年秋九月，落成于是冬十一月，以数十年废陋之余，而完美于旦夕之顷。善哉！金宪公之使民有道也。夫崇明祀以福生灵者，朝廷之典；明礼度以淑人心者，有司之责。石阡僻陋在夷，凡宫室祭祀之礼，皆未甚备。其民喜巫信鬼，而于所当祀者或忽焉。虽习俗使然，亦礼教奉行有未至尔。

余守兹土以来，惟加意于祀典所载之神，而未尝一迹他祠下。是故孔子之宫、社稷山川诸坛，咸以次修举。至城隍一祠，又幸公倡率成之。国制之明，民俗之正，或由于此，夫岂直为观美哉！郡人士咸谓斯役不可忘，愿一言纪其成，以垂诸后。乃序而诗之。诗曰：

繄维城隍，灵应夙彰。祀事尊严，遍于遐荒。

---

[1]　张荣任石阡推官在成化二十年，见郭子章：《黔记》卷二九《守令表》，第672页。

> 兹郡有祠，久敝弗治。忽正暗邪，俗尚则夷。
>
> 远邪必斥，崇正宜力。协众经营，庙貌乃饬。
>
> 正直惟神，感通惟人。弥患降祥，百福用臻。
>
> 祠事载蕆，国家常典。制度修明，俗由以腴。
>
> 神赐孔多，民居则那。勒词诏后，永世不磨。①

祁顺概述了城隍庙的历史、在明朝的地位以及石阡城隍庙的残破状况。成化二十二年秋，贵州按察司佥事周孟中巡行石阡，目睹城隍庙之衰败，号召兵民修理。于是，从九月至十一月，不到三个月，石阡城隍庙重修完成，有正殿、大门、仪门、后堂、左右司房等建筑。修建城隍庙，既是朝廷之典，又可教化百姓，移风易俗，意义重大。虽然此次重修城隍庙是在周孟中的倡导下完成的，但作为知府的祁顺，支持、主持之功不可磨灭。

祁顺有《修城隍庙落成祝文》："兹邦有祠，久敝弗治，吏之愆也。爰役吾民，撤旧为新，宏且坚也。"应是为重修石阡城隍庙落成而撰写的祝文。②

7. 立科举题名碑

成化二十二年，石阡人唐必聪中举，这是石阡历史上第一个举人。在唐必聪之前的景泰四年（1453），有石阡龙泉司人安康以思南府学生员而非石阡府学生员的身份中举，故虽有方志将安康列在石阡的科举题名录上，但他不能算是石阡历史上"第一个"真正的举人。③

---

① 祁顺：《巽川集》卷一五，第569—570页。此文又收入（弘治）《贵州图经新志》卷六《石阡志》，第71页，文字略有不同。（弘治）《贵州图经新志》的记载不全，赵平略等点校本（弘治）《贵州图经新志》记载全文，第111—112页。

② 祁顺：《巽川集》卷九，第497页。

③ （弘治）《贵州图经新志》卷六《石阡志》，第74页。案：（弘治）《贵州图经新志》将唐必聪中举的年份写为"成化一十二年"，误。

祁顺非常高兴,立题名碑以纪之。祁顺《石阡科举题名记》言:

　　成化丙午,岁当大比之秋,石阡府学诸生唐必聪以《诗经》举云南乡试第二十名,石阡之有科目自唐生始。仰惟国家建学育才,设科取士,百二十年于兹矣。中州文献之地,人才众多,计偕接踵;至于退方僻壤,有数十年始占一第者焉。或曰山川使然,或曰气运所关也。于乎山川清淑之气,何处无之? 圣朝右文致治,德教丕隆,重熙累洽之运,何所弗届? 而学校成才,不能皆同者,譬之膏田沃野,百谷易生,春夏之间,阳气克动,土脉滋腴,物无不茂者矣。然岂有不耕而获,不植而实者哉? 故土之弗举,由弗学也,非山水、气运实然也。石阡自建学以来,七十年间,士循旧习,补廪应贡者,惟以日月为偕梯而已。器之弗利如鏖战,何至唐生能用其力于诗书六艺之文以为掇科之具,余固躬程其业,目睹其成者也。

　　昔荆州号天荒而刘蜕及第,袁州称鳖肭而卢肇夺标,琼山限隔沧海而姜唐佐不负二苏期待。噫! 若此者,果山川欤? 气运欤? 抑人事欤? 余观阡郡多名山胜水,士生其间,钟灵孕秀,犹中州也。遭逢太平,涵濡圣泽,亦犹中州也。顾科第独无如蜕如肇如唐佐者乎? 今唐生既有以倡之,后之力学进修取捷秋闱者,当未易数计。由兹而登进士,以跻显融,建勋立业,为国家报称、乡邦增重者,亦将彬彬乎,与中州人才等矣。于是立石题名,列唐生于首,而虚左方以俟。然则观斯名,读斯记者,尚亦兴起乎哉。[1]

---

[1]　祁顺:《巽川集》卷一二,第537—538页。

此题名碑只有唐必聪一人而已。祁顺认为：石阡之山水、社会环境可比中原，人才却不能比中原，原因在于士循旧习而不学，然唐必聪出类拔萃，致力于学而中举。祁顺立碑题名，目的是鼓励后来之石阡士人效法唐必聪，奋进有为，为国家效力，为乡邦增重。

8. 立石阡官员题名碑

除岁贡题名碑、科举题名碑外，祁顺还立官员题名碑。祁顺《石阡府题名记》言：

> 孔子欲居九夷，不以为陋，后之君子行乎夷狄者，于是而取法焉。文翁之于蜀，韩愈之于潮，宗元之于柳，皆其人也。夫天下无不可化之人，亦无不可居之地，而况太平之世，一视同仁，无间遐迩者哉！
>
> 石阡属贵州，在古荒服之外，三代以前，鄙而不治，汉唐而后，大抵羁縻之耳。皇明德威声教，无远弗届。贵州自洪武初已归版图，而石阡犹置长官司，为思南宣慰所统。永乐癸巳始郡其地，设官以抚治之。列圣继统，仁渐义摩，易椎卉以衣冠，变刀剑为牛犊，民安其生，士奋于学，宛然中州之俗矣。是固本于圣神绥来动和之妙，而作郡者奉扬宣导，其功亦岂少哉！
>
> 郡初置守佐凡四员，宣德间裁减同知，景泰中复裁去通判，以民稀事简也。然自开府至今七十余年，题名之典未立，前任人已有不能尽知者矣。予治郡之暇，恒有意于斯，适同寅节推张君世华①始至，忻然赞成其事。乃命工砻石，刻今昔官僚名氏与凡历履之概，其所不知者则阙焉。于戏！石阡僻在边徼，自昔无闻，所幸遭际清朝，进于中国。而官斯郡者，又多伟人君子，有用

---

① 张世华即张荣，字世华。

夏变夷之功,信乎蛮貊之可行,九夷之非陋也!予因是记之,一以见皇明统御之大,德化之隆,超汉唐而轶三代;一以见为政在人,不以居夷而损,如文翁辈,自足垂于不泯矣。若夫因姓名以考其人之贤否,则劝惩之道亦或有小补云。①

祁顺回顾了石阡、石阡府官员设置的历史。明朝以前,石阡的官员已不可考;即使自永乐设郡以来,七十余年,时间较长,任职者已不能尽知。为政之暇,祁顺欲立碑列官,得到推官张荣的支持。于是,雇工刻石,题官员姓名和简要履历,阙者仍阙。题官员事迹,实是编纂方志的一部分工作。祁顺点明立题名碑的原因:一是肯定石阡的发展,表明明朝统治之效。石阡从荒服之地、不治之地,到羁縻之地,再到明朝时的郡县之地。在明朝,经过朝廷施仁,官员抚治,石阡风俗丕变,百姓安居乐业,士子向学,与中州侔矣。他借此认为,天下无不可居之地、天下无不可化之人。二见为政在人,当以孔子、文翁、韩愈、柳宗元为榜样,不以居夷而损,不因任职边徼而妄自菲薄;此是祁顺勉励自己。

9. 题咏石阡山川

除《苗民道中》和《石阡九日登山记》等诗文,祁顺撰写的关于石阡山川的文字还有下列篇章。

文笔山在石阡司北,祁顺有《文笔山》诗记之:

巨笔卓晴峰,天然制度工。云霞妆五色,风物助三红。

---

① 祁顺:《巽川集》卷一二《石阡府题名记》,第535—536页。此文又收入郭子章:《黔记》卷二四《公署志下》,第592—593页,题为《石阡题名记》,文字略有不同。

脱颖非囊底,生花似梦中。流年多少恨,终日谩书空。[①]

在苗民司北的大龙潭,祁顺作诗言:

千尺飞流下九天,碧潭深处有龙眠。俗尘远隔清幽境,灵气长浮紫翠巅。

鳞甲倒涵松影晃,骊珠凉浸月华圆。兴云致雨寻常事,不管江湖帝所专。[②]

在葛彰司西的瀑布泉,祁顺有诗言:

石崖接幽涧,飞瀑出山外。源从河汉来,派与沧江会。

长虹垂碧电,白练挂林蔼。雨后鸣春雷,风前响天籁。

我欲洗尘颜,几时一倾盖。[③]

大龙潭、瀑布泉在石阡府所辖土司之地,此两诗应是祁顺在弘治元年春出巡时所作。

---

① (弘治)《贵州图经新志》卷六《石阡志》,第67页。此诗又收入(万历)《贵州通志》卷一七《石阡府》,第380页;郭子章:《黔记》卷一〇《山水志下》,第276页;(乾隆)《贵州通志》卷四五《诗》,《景印文渊阁四库全书》第572册,第528—529页;(乾隆)《石阡府志》卷八《艺文》,第405页。案:此诗祁顺《巽川集》不载。又案:镇远亦有文笔山,此诗被认为是为镇远文笔山而作,见蔡宗建修:(乾隆)《镇远府志》卷二二《艺文》,《中国地方志集成·贵州府县志辑》第16册,第210页。

② (弘治)《贵州图经新志》卷六《石阡志》,第69页。案:郭子章:《黔记》卷一〇《山水志下》引此诗,只引一句,"鳞甲倒涵松影潸,骊珠凉浸月华圆",与(弘治)《贵州图经新志》所载"鳞甲倒涵松影晃,骊珠凉浸月华圆"略有不同,第279页。又案:此诗祁顺《巽川集》不载。

③ (弘治)《贵州图经新志》卷六《石阡志》,第68页。案:此诗祁顺《巽川集》不载。

10. 文庙植树

石阡府学左前有生长六十余年之柏树,高过40尺(约13.3米),府学教授毛渊认为应再植柏树一株以配之。弘治元年三月二十四日,祁顺在已存柏树之西另植一株,作诗纪之。《学宫栽柏》详述其事:

> 阡学文庙之左有柏树焉,郁然森茂,高越五寻,前人植之六十余年矣。郡博毛先生谓"斯树孤挺,宜有与之并秀者",乃于戊申(弘治元年)三月廿四日别移一本,植其西以配之。余惟二柏之植虽有先后,而将来成材当不异也。然非善于封殖,其能俾勿坏乎?育材之道亦犹是尔。因为之咏,以示后人。
>
> 庭东老柏拂云孤,庭右初栽第二株。学校人材新气运,庙堂梁栋大规模。
>
> 岁寒贞操冰霜共,天上殊恩雨露俱。欲赋角弓知不忘,殷勤封植在师儒。[1]

序言交代植树原委,诗歌表达希望。

除编纂方志、立各种题名碑、扩充仓储、增修府学等外,祁顺还修公馆。公馆是官方住宿之所。石阡府公馆在府城内南,"成化末知府祁顺重修"。[2]

综上所述,祁顺在石阡的建设,既有编纂方志、增修府学等文教建设,也有扩充仓储、修建公馆等地方经济与设施之建设。方志、仓储、府学、城隍庙等,在前代的基础上进一步完善,使之尽善尽美;而

---

① 祁顺:《巽川集》卷六,第462页。
② (弘治)《贵州图经新志》卷六《石阡志》,第72页。

立岁贡、科举、官员三种题名碑，则是创举。石阡府自设立至祁顺任知府时，已过70年，石阡日有所进，文化日盛，有总结的必要。祁顺的举措，顺应了历史发展潮流。传记所载祁顺在屯田、招徕流民等方面的举措，于史无资料可稽考。

祁顺作为贬谪官员，有较充足的理由得过且过，甚至自暴自弃。但很明显，以上在石阡的建设，是祁顺主动的、自觉的作为。一方面，祁顺在石阡有寥落、苦闷、甘于天命的心态；另一方面，祁顺不因居边地便不求进取，而是在其位谋其政，不断勉励自己，并付诸行动，多方建设石阡、发展石阡，并取得不俗的、可铭刻的成绩。祁顺在不时泛起的消极心态与持续的积极行动的反复纠葛中，度过了6年多的知府时光。

三、祁顺的交际圈

祁顺多朋友，可从他自江西布政司左参政降任石阡知府以窥其情。祁顺赴任石阡，江西官员多有送行诗。江西布政使、同年陈炜赠诗：

> 一命由天下，孤舟冒暑行。升沉应有数，得失见平生。
> 物望从来重，蛮烟此去清。倚间人望久，便道且娱情。
> 薇省关心处，章江送客行。炎风天际起，晴雪浪头生。
> 志气乾坤大，襟怀水月清。斯人颠倒用，圣主有微情。①

江西布政司左参议、同年林同②赠诗：

---

① 祁顺：《巽川集·附录》卷上，第584页。
② 成化十七年七月，户部郎中林同任江西布政司左参议，见《明宪宗实录》卷二一七，成化十七年七月戊寅，第3760页。

当宁忧民率旧章,铨曹择守为退荒。万言已试经纶策,千里
何老抚字方。

粉署才名高北斗,薇垣节概凛秋霜。几回默诵停云句,离恨
悠悠章水长。①

江西按察司佥事陈琦赠诗:

进不为欣退不忧,果然豪杰在儒流。东坡岭表诗尤妙,韩子
潮阳化更优。

阡郡儿童迎去马,楚天魂梦落孤舟。皇恩浩荡宽如海,此去
宁教久滞留。②

江西按察司佥事方中③赠诗:

天书下薇省,遥向石阡行。道在身何屈,官闲乐自生。
驿程千障隔,风月万家清。去去章江水,难禁此别情。④

祁顺好友、江西南安知府张弼赠诗《送祁大参左迁石阡守和韵》:

随天行止乐天真,岭有周行海有津。薇省衣冠犹念旧,石阡
雨露顿更新。

---

① (弘治)《贵州图经新志》卷六《石阡志》,第74页。
② 祁顺:《巽川集·附录》卷上,第584页。
③ 成化十六年八月,方中任江西按察司佥事,见《明宪宗实录》卷二〇六,成化十六
年八月壬戌,第3596页。
④ (弘治)《贵州图经新志》卷六《石阡志》,第74页。案:此诗未言送何人,应是送
祁顺。

清诗漫写陶韦兴，直道难移卫霍新。闻说郡斋幽绝甚，青松翠竹四边邻。①

除张弼是地方官员外，陈炜、林同、陈琦、方中等，于祁顺而言，非同僚即同年，日常接触较多。送君章江，伤如之何！或伤感，或安慰，或祝福，或期盼，依依不舍，真情毕见。从"冒暑行"可知，祁顺离开江西当在夏季。正因为与江西官员关系融洽，祁顺到石阡知府任后，有诗怀江西诸友。祁顺《寄江藩旧僚友》：

方岳衣冠忆旧游，远情难托致书邮。云迷南浦几千里，月满西江第一楼。

作郡也能兼吏隐，著书应不为穷愁。归闲尚有经过约，共拉麻姑泻玉舟。

又《谢江西旧同寅寄书》言：

千里洪都一念悬，寻盟消息尚茫然。孤灯细雨难成梦，芳草王孙易隔年。

花鸟阑珊诗兴外，溪山岑寂酒尊前。高情远逐云缄到，不说穷荒道路偏。②

石阡与江西相隔万水千山，与朋友们日渐疏远，祁顺虽在官场，实则隐居。祁顺也向朋友们展示了在石阡惬意但孤单的生活。

---

① （弘治）《贵州图经新志》卷六《石阡志》，第74页。
② 祁顺：《巽川集》卷五，第454、455页。案："孤灯"，原文作"孤镫"，据《全粤诗》卷一二〇《明·祁顺》改，第851页。

延续了在江西的交游习惯与爱好,祁顺在石阡知府任上,联系旧朋友,结交新朋友,与朋友多有联系,诗文唱和。

考察《巽川集》等资料,祁顺的朋友主要有:

1.湖广常德知府梅愈

成化十七年(辛丑,1481),祁顺因考绩入京,结识兵部武选司员外郎梅愈(江西九江府湖口县人,字宗韩)。梅愈以山水画求题,祁顺偶书一绝,末句言:"恍惚武陵溪上景,桃花流水钓舟闲。"成化十九年,梅愈果真外任湖广常德知府,管理武陵溪、桃花源。祁顺听闻,欲作诗寄之,未果。后梅愈解官。弘治二年夏,祁顺解官南还,舟过常德,而梅愈已经去世了。①

2.贵州镇宁州同知萧显

成化十七年五月,兵科给事中萧显(1431—1506,字文明,号履庵,更号海钓,山海卫人)因言事忤旨,被贬任贵州镇宁州同知。②成化十九年,萧文明有诗寄祁顺,祁顺和之,诗题《和萧文明见寄》,时间在端午之后、九月初八日之前。③

成化二十年夏,萧显到铜仁署理知府,铜仁府推官李椿(字永年)刻其草书,祁顺有《跋萧文明草书刻本》。④祁顺《寄萧文明》:

> 东望铜江五日程,相思何处可寻盟。白云满地不堪赠,芳草连天无限情。
>
> 缄就素书难托雁,歌残伐木忍闻莺。朝天想趁西风早,欲办新诗为送行。⑤

① 祁顺:《巽川集》卷一六《杂志》,第576页。
② 《明宪宗实录》卷二一五,成化十七年五月戊戌,第3738页。
③ 祁顺:《巽川集》卷五,第454页。
④ 祁顺:《巽川集》卷一六《跋萧文明草书刻本》,第579页。
⑤ 祁顺:《巽川集》卷五,第455页。

由"东望铜江五日程"可推测，此诗作于成化二十年萧显到铜仁署理知府后。

陈琦有《梅花十咏》，祁顺撰写跋文，提道：

> ……前兵科给事中山海萧君文明获睹是诗，击节而叹赏焉。文明素知言，且善草书，谓"斯作不宜秘也"，忻然为书一通，将梓行之，间寓书属为之跋。先是，余得是诗，读之，爱其韵格高绝出乎梅花之上……①

萧显读陈琦的梅花诗而草书之且刻之，并嘱祁顺作跋。细观文意，此跋恐作于成化二十年。

此后，应是在成化二十二年，祁顺与萧显有诗歌唱和。祁顺《自述用萧文明韵》：

> 才艺空疏德最凉，全生恩重荷吾皇。贵阳谪地殊儋耳，庾岭飞云近太行。
>
> 不为鼎珍题杂兴，懒将江水比愁肠。养慵颇觉山中静，翻笑从前吏事忙。

《和韵送萧文明》：

> 大才宜作济川舟，岂谓因循滞一州。直谏朱云曾折槛，思归王粲惯登楼。
>
> 胸中学业兼精博，笔底文章扫缪悠。亲炙无能还远别，海天

① 祁顺：《巽川集》卷一六《梅花十咏跋》，第579页。

云树总生愁。①

同为贬谪之人，祁顺与萧显有着共同的兴趣和话题。在贬谪之地，思乡有愁但静，可精学业、著文章。

成化二十三年十一月，巡按直隶御史姜洪陈时政八事，其中言"给事中王徽、萧显、贺钦，主事王纯，员外郎林俊，俱忠直敢言"，请任用，孝宗"嘉纳之"。②（天启）《衢州府志》载："萧显，弘治初任。山海卫。进士。给事中左迁。"③萧显离开贵州赴浙江衢州同知任应在弘治元年。萧显自镇宁同知转衢州同知，祁顺有诗送别。祁顺《次萧文明见寄韵时萧文明自镇宁赴衢州别驾》：

> 戊戌仲冬都下会，相将已是十年来。别离不奈关河隔，老大都缘节序催。
>
> 山海往还忻有便，石阡留滞笑多灾。达人不向穷途哭，公道今逢泰运开。
>
> 四海正悬安石望，三衢先借孔恂才。疏从北阙陈《无逸》，诗向南山咏《有莱》。
>
> 邂逅壶觞娱客邸，笑谈珠玉落诗台。明朝判袂仍惆怅，目送文星彻上台。
>
> 使君特被征书起，匹马遥从贵竹来。山鬼揶揄谁见笑，银青

① 祁顺：《巽川集》卷五，第457页。
② 《明孝宗实录》卷七，成化二十三年十一月甲子，第151页；《明史》卷一八〇《姜洪传》，第4790页。
③ 林应翔修：（天启）《衢州府志》卷二《职官志·同知》，台北：成文出版社，1983年，第301页。

消息自相催。

由来得丧皆天命，谩道青黄是木灾。傲雪苍松饶晚翠，倚云
红杏任先开。

从今妙手宜医国，自古明君不负才。却笑生成同雨露，未应
踪迹尚蒿莱。

行当考绩朝京阙，便拟乘风问粤台。白发慈亲欢菽水，此情
应不换三台。[1]

"戊戌仲冬"是成化十四年（戊戌，1478），"相将已是十年来"则指
弘治元年（戊申，1488）。祁顺追溯二人到贵州之前的交往、在贵州
的觥筹交错与谈笑风生，为萧显今日离开镇宁、来日可发挥才能和
获得通达仕途而感到由衷的高兴。当然，最令祁顺羡慕的是，萧显
可侍奉父母，以尽孝道。此外，祁顺还有诗两首送萧显。祁顺《送
萧文明》：

镇宁别乘黄门彦，早有贤声在庙堂。五色词章云锦烂，万言
忠疏日星光。

乡园展墓驰心极，京阙朝正去路长。料得九天雷雨动，卧龙
追逐起江湘。

又《次韵送萧文明》：

垆锤风水事非难，老我羞弹贡禹冠。对酒独忘身外事，论诗
同慰客中欢。

---

[1] 祁顺：《巽川集》卷八，第488页。

> 宦情未必羁张翰，人望先当起谢安。重到玄都应有感，碧桃
> 零落不堪看。①

诗歌往来，祁顺追昔抚今，嘉许萧显。

3. 贵州布政司右参政、左布政使吴中

成化十七年正月，广西梧州府知府吴中（字时中，江西饶州府乐
平县人，曾任东莞知县②）升贵州布政司右参政。二十二年九月，吴中
升任贵州左布政使。③祁顺《次吴大参时中韵》：

> 细听徽音耳欲倾，诗来先慰别离情。从知郢下难为和，却愧
> 邯郸强学行。
>
> 问俗几番劳驻节，看山何处不题名。笑谈未许重亲炙，茅塞
> 春蹊剪又生。④

大参是参政的别称。从"诗来先慰别离情"可知，吴中首先主动联系
到任后的祁顺，诉离别之情，祁顺次韵回诗。"问俗几番劳驻节"，吴
中或数次到石阡处理公务。而由"春蹊"可知此诗或作于春季。

弘治元年闰正月，科道官宋琮、俞俊等弹劾官员，词连吴中，言其
"老懦无为"，吴中遂致仕。三月二十七日，吴中离开贵阳，贵州官员
送行，有《送吴方伯致政还乡序》。⑤弘治六年，吴中卒，享年75岁，

---

① 祁顺：《巽川集》卷五、卷六，第455、463页。
② 谢旻等监修：（雍正）《江西通志》卷八九《吴中传》，《景印文渊阁四库全书》
　第516册，第68页。
③ 《明宪宗实录》卷二一一，成化十七年正月丙申，第3682页；卷二八二，成化
　二十二年九月癸卯，第4753页。
④ 祁顺：《巽川集》卷五，第456—457页。
⑤ 《明孝宗实录》卷一〇，弘治元年闰正月乙酉，第229—230页；（嘉靖）《贵州通
　志》卷一一《艺文》，第465页。

祁顺撰《方伯吴公墓表》。作为东莞人的祁顺，对曾任东莞知县吴中的任职情形非常了解，他说："余生东莞，知公为令之政迹为详，自公后未有能继之者，其推之广梧、贵省皆此道也。"[①]高度赞扬了吴中的为官之道和循良政绩。

4. 贵州布政司左布政使彭韶

成化十八年六月，广东左布政使彭韶（字凤仪，福建兴化府莆田县人）调任贵州，继续担任左布政使。彭韶尝言事忤旨，留中不下，吏部尚书尹旻承风旨，言"司府州县官员才力不一者，有例调用"，于是彭韶调任贵州。[②]

彭韶曾在广东任职，算是祁顺半个同乡。祁顺到贵州任职，他乡遇故知，有诗寄彭韶，倾诉复杂心情。彭韶有诗回寄祁顺：

> 累承教墨兼，以佳什期许之，意至深至重，非韶所可当也，故弗敢答。虽然，盛意不可虚辱，谨以近时鄙作录呈，庶见方寸万一云。
>
> 人过中年百事休，声名进退上滩舟。古廉罢系无忠谏，贞一成章少壮猷。
>
> 何处为山真壁立，几时凿井及泉流。昔贤盛美应难继，轩冕忘情任去留。
>
> 人过中年百事休，自知涯分更何求。红尘紫陌无新梦，秋鹤春猿有别愁。

---

① 祁顺：《巽川集》卷一五，第567—568页。案：祁顺说吴中在弘治六年去世，享年75岁，而孔镛《送吴方伯致政还乡序》言吴中在弘治元年才65岁，二者记载不同。

② 《明史》卷一八三《彭韶传》，第4855—4858页；《明宪宗实录》卷二二八，成化十八年六月辛酉，第3914—3915页；林俊：《见素集》卷一九《明资善大夫太子少保刑部尚书彭惠安公神道碑》，《景印文渊阁四库全书》第1257册，第201—204页。

云洞远钟山舍静,玉湖疏雨草堂幽。在官未敢轻言去,且寄
闲愁与白鸥。[①]

祁顺心绪不佳,同是被贬贵州的彭韶安慰道:人过中年,声名、仕途
已至不上不下、不能追求之境,但即使如此,不能轻言挂冠。总之,是
去是留,听之任之便好。

祁顺随即回信彭韶,《答彭方伯》言:

曩以小诗渎听,不蒙指其瑕颣,而乃褒饰之,感愧愈甚。所
示高作五章,宛然刚大之气见于辞表,信有德之有言也。顺去年
奉集句十首,其中多思归之情。今睹来句云"轩冕忘情任去
留",又云"在官未敢轻言去",斯言诚合君子之道,乃觉顺之言
归者过矣。然阁下秩高望重,无所累心,顺卑微多病,老母在堂,
其情固不同也。幸亮之。[②]

"顺去年奉集句十首,其中多思归之情",祁顺在石阡第一年是成化
十九年,应多有思归之情,故此信当作于成化二十年。"曩以小诗渎
听",是指在集句诗十首之外,祁顺另有诗寄彭韶,彭韶指示瑕疵并褒
奖之。对于彭韶的回诗,祁顺赞同其意,于仕途应顺其自然但不能轻
易去职,方合君子之道;但又认为,自身位卑多病,老母在堂,而彭韶秩
高望重,二人境况天差地别。祁顺对自己所处的位置有冷静的认识。

祁顺闻彭韶被荐未升,作《闻彭方伯凤仪荐侍郎、都宪皆未遂,
诗以寄意》:

---

① 祁顺:《巽川集·附录》卷上,第585页。第二首诗又见(弘治)《贵州图经新志》
卷六《石阡志》,第74页,文字略有不同。
② 祁顺:《巽川集》卷一三《答彭方伯》,第541页。

廊庙深期第一官，锋车何事尚盘桓。才优屏翰今为最，道合明良古亦难。

一代正人关世运，百年公论满朝端。扶摇指日培风便，极目青霄送羽翰。

又《次彭方伯述怀》：

浪拍长江雨未休，何人不望济川舟。风流岂但谢安石，博洽宁论殷践猷。

常许丹心坚似铁，生憎簧舌巧如流。沙堤几度催行色，却念边氓为少留。

四海清宁兵甲休，君臣同德两交修。如公正合归台辅，令望从来迈等流。

斩佞尚闻存故槛，济寒争愿盖长裘。参芝术桂堪防疾，药笼还当取次收。①

祁顺称彭韶是"第一官""一代正人"，可比谢安，堪任台辅，虽一时盘桓，终能扶摇直上。而祁顺，正在病中，需服参芝术桂。祁顺坚定地认为，二人的境遇始终不同。

成化二十年四月，彭韶由贵州左布政使擢都察院右副都御史，巡抚南直隶苏松等处，总理粮储。②祁顺有诗《贺彭方伯升都宪》：

---

① 祁顺：《巽川集》卷五，第454—455页。案："簧舌"，原文作"黄舌"，据《全粤诗》卷一二〇《明·祁顺》改，第850页。
② 《明宪宗实录》卷二五一，成化二十年四月甲申，第4255页。

四灵克觌未为祥，共喜真才入庙堂。盛代明良忻有遇，全闽
山水倍增光。

云霓不负苍生望，汗简当流百世芳。正气微茫今复振，为公
填就铁心肠。①

彭韶离黔，祁顺以词代贵州诸官员送行，有《归朝欢》代巡镇送，有
《满庭芳》代藩臬送。祁顺自有《满江红》送彭韶。②

5. 贵州布政司左参议吴裎

成化十九年十月，贵州左布政使彭韶等主持扩建布政使司公堂，
历两月而成。事后，布政司左参议吴裎(湖广永州府零陵县人)③寓书
嘱祁顺为记，于是祁顺写下了《贵州布政使司增修公堂记》。④

6. 贵州按察司副使陈琦

成化八年五月，陈琦(字粹之，号冷庵，苏州府人⑤)任江西按察
司佥事。⑥祁顺与陈琦同在江西为官，二人交往颇多，情谊深厚，"识
荆之后，道同义合，如夙契然"。祁顺贬官石阡，陈琦有诗赠别，"眷存
独厚"。自此之后，天各一方，"不通音问者久之"。

成化十九年三月，陈琦升任贵州按察司副使。⑦到贵州后，陈琦
贻书、诗于祁顺，"蔼然故旧之念"。"逾年，始按节阡郡，获叙平生欢，

---

① 祁顺：《巽川集》卷五，第455页。
② 祁顺：《巽川集》卷八，第492页。
③ 成化二十三年二月，贵州左参议吴裎升迁四川右参政，见《明宪宗实录》卷
　二八七，成化二十三年二月戊寅，第4848页。
④ 祁顺：《巽川集》卷一二《贵州布政使司增修公堂记》，第531—532页；(嘉靖)
　《贵州通志》卷一二《艺文·贵州布政使司增修公堂记》，第485页。
⑤ 祁顺：《巽川集》卷一三《冷庵先生传》，第543页。陈琦的传记，见王鏊：《震泽
　集》卷二八《贵州按察司副使陈公墓志铭》，《景印文渊阁四库全书》第1256册，
　第425—426页。
⑥ 《明宪宗实录》卷一〇四，成化八年五月甲子，第2050页。
⑦ 《明宪宗实录》卷二三八，成化十九年三月辛亥，第4041页。

升沉荣辱，两不介意。既而或别或会，会即随事唱酬，篇章交错；别亦驰缄往复，如元白之为。期月间，又得诗共二百余首，皆心交道义，形于声律中，将来有作，未计也。顺恐久而散逸，乃命笔吏编录成帙，遂请于公，以《心交倡和》名之。"祁顺将见证二人深情厚谊的诗篇汇编整理成册，请陈琦撰序，并自撰后序。①此是成化二十年祁顺、陈琦在石阡交往并往还唱和赠答的详情。今《心交倡和诗》未见，而所存二人之唱和诗，总计不超过20首。

　　陈琦于成化二十年在石阡期间及前后一段时间，祁顺与陈琦诗歌往返非常频繁。祁顺的回诗，应是如下七首：其一《次陈宪副粹之见寄》：

　　　　山石崎岖路屈盘，使君行部不辞难。车乘鹭羽辛勤到，匣有龙泉子细看。
　　　　甘雨满天春共照②，清冰出壑夏犹寒。豺狼远遁风尘息，见说边人处处安。

陈琦不辞辛劳，走过崎岖盘绕的山路，翻过连绵起伏的群山，方抵达石阡。陈琦此行，目的是维护社会秩序，安定地方，故言"豺狼远遁风尘息"。据诗意判断，在未到石阡之前，陈琦已寄诗祁顺，故祁顺回之，回诗撰于春末夏初。其二《粹之诗多慰奖，用韵为谢》：

　　　　远山奔放近山盘，郡僻民稀客到难。不谓愁多凭酒遣，且乘公暇借书看。

---

① 祁顺：《巽川集》卷一一，第520页。
② "照"，《全粤诗》作"煦"，见《全粤诗》卷一二。《明·祁顺》，第853页。

　　百年身世乾坤大，一点心丹铁石寒。鹏鹖高卑咸有适，天涯宁厌一枝安。

其三《又和粹之见寄》：

　　短发萧萧对镜盘，壮年功业老来难。政因太拙殷勤补，书为多忘反复看。

　　学道不嗟原宪病，苦吟真觉孟郊寒。乡园倘遂投闲愿，容膝衡茅亦易安。

其四《粹之过访》：

　　萧条门巷为君开，急唤苍头扫绿苔。蹇拙自怜知己少，谦光重见使旌来。

　　便斟泉水烹山茗，更摘菘心伴芥台。情重不嫌风味薄，笑谈终日共迟徊。

其五《粹之山行，和宋人刘改之韵，言备尝辛苦。而羡二疏勇退，因借韵慰之，吾非薄二疏者也》：

　　使君卓特人中骥，步上云霄未计程。落落襟怀孤月皎，纷纷势利一尘轻。

　　苏公敬狱堪垂法，杜老忧时欲洗兵。莫为勤劳思勇退，清时谁不事功名。[1]

---

[1]　祁顺：《巽川集》卷五，第456页。

其六《答陈粹之用旧韵》：

> 荒僻阡南路，劳君几度行。云霓因旱望，草木向春生。
> 宪度驰声远，诗怀到骨清。海山聆妙曲，安得不移情。

"萧条门巷为君开，急唤苍头扫绿苔"，化用杜甫《客至》"花径不曾缘客扫，蓬门今始为君开"。陈琦不止一次到石阡，故言"劳君几度行"，而"草木向春生"则表明陈琦此次至石阡应在春季。以上四首诗，言目前的生活、工作状态，诉心中所想和对朋友的欢迎。如《粹之过访》，不加雕饰，按照时间线，叙述洒扫迎接、以茶相待、共话竟日、笑吐郁积的温馨场景，纸短情长终究不及咫尺之间的促膝长谈。而《答陈粹之用旧韵》，言陈琦向南沿着草木葱茏的山路返回贵阳，祁顺目送渐行渐远的身影，依依不舍。其七《〈答陈粹之用旧韵〉又和》：

> 微官淹岁月，幼学未能行。健以穷愁愽，吟应太瘦生。
> 风霆随剑吼，山水与琴清。归计何时遂，谩驰丘壑情。[①]

滞留石阡，徘徊于低级的职位，归期无计，穷愁不堪：此是祁顺向朋友倾诉的牢骚之言，也是苦闷的真实写照。

此外，祁顺还有以下与陈琦往返赠答之诗。其一《次粹之见寄韵》：

> 耕读生涯有旧丘，可能憔悴滞荒州。常怀元亮篱边菊，不羡

---

① 祁顺：《巽川集》卷四，第445页。

王戎手上筹。

青鬓忽随蓬梗老，朱门争似草亭幽。裁书便约渔樵侣，岁晚相寻夙愿酬。

左官荒徼称闲行，懒把词章作楚声。五斗折腰惭靖节，一言知己慕酦明。

画蛇岂在能安足，待兔那堪久辍耕。亦欲乘风问真宰，宦途巇险几时平。

其二《答粹之清平献捷》：

献馘声腾泮水边，将坛儒老握兵权。刻期三日果如此，一笑众军皆粲然。

天遣云霓苏大旱，人看图画上凌烟。嗟余莫效戈矛力，空咏蓝关马不前。

祁顺《〈贵阳雅颂〉二十四首同翠渠作》第一首为《清平擒贼》，[①] 应是咏此事。其三《和粹之见寄》：

宦海茫茫懒问程，且凭杯酒叙心盟。静看天地都如寄，吟对江山独有情。

世上画图空索骏，古来深树惯啼莺。结亭拟作三秋计，肯待钟鸣恣夜行。

---

① 祁顺：《巽川集》卷二，第429页。

其四《和粹之〈病起晒书〉》：

> 百年心力为书迷，多病非缘数不齐。杨子赋成惊凤吐，杜陵
> 诗苦值鹃啼。
> 带围渐复愁围减，药价虽腾酒价低。行部重来应慰我，小窗
> 谈笑更分题。①

祁顺似对茫茫宦海已心灰意冷，而对如画江山情有独钟，静观天地流
逝。祁顺也盼望着陈琦能再因公事赴石阡，两人在窗前推杯换盏，谈
笑风生，拈韵赋诗，一释愁苦。其五《和陈粹之宪副见寄》：

> 百年身事一扁舟，风便须行止即休。自许壮怀包宇内，不教
> 愁态上眉头。
> 圣涯万顷优游泳，艺苑群芳积渐收。后世子云应有合，夜光
> 宁肯暗中投。
>
> 别来惆怅欲沾衣，望入遥天碧四垂。醉梦支离莺唤后，远书
> 珍重雁回时。
> 耽吟杜老真成癖，断饮吴公未是痴。想到浙西寻旧隐，湖山
> 无处不清奇。②

知己之间，和诗往来，无话不谈，喜则贺之，病则抚之，忧则慰之，既吐
心声，又安流年。此时的祁顺，似乎有说不完的心里话。在天涯沦落

---

① 祁顺：《巽川集》卷五，第457页。
② 祁顺：《巽川集》卷六，第460页。

之地、荒徼憔悴之所,有知已相伴,飘零险途中可谓幸矣。

成化二十二年,石阡人唐必聪中举,祁顺《答陈粹之》言:

> 敝府生员唐必聪幸中乡试,承为生致喜,走简示报,非眷恋
> 斯文之厚,奚以及兹。记今春诸生听考台下时,辱许唐生文字可
> 以有进,思南诸生周邦亦在见许之列。顺皆读其文而信之,今二
> 生果占科矣。藻鉴之明,岂易得哉!周诗可(时可,即周孟中)
> 作《石阡得士诗》见寄,生亦自为二律。盖阡郡自前乏科目,而
> 唐生初破天荒,故喜而形之言也。倘蒙和示,尤荷雅怀。[①]

祁顺说陈琦"尤善吟咏,凡天时、人事、山川、景物,形诸篇什甚富,或
朋游倡和,一韵数十首,愈出而愈不穷",又说陈琦"行部所至,以兴
学奖士为急",于上列诗文可见一斑。从此信的语气和内容可以看
出,在成化二十二年春,陈琦到过石阡,并褒奖过石阡生员唐必聪、思
南生员周邦;周邦也在成化二十二年中举。[②]

陈琦于成化二年中进士,"释褐,为南京大理寺评事","历官
执法二十余年"。陈琦在外官大计中遭报复而休致,离贵州按察
司副使任,当在成化二十二年乡试之后。祁顺撰《冷庵先生传》,
叙述陈琦的生平经历,重点介绍陈琦的政绩,表彰陈琦的道义、德
政,所载事件的截止时间大概是陈琦被黜离开贵州之时。祁顺与
陈琦"相知尤深",见陈琦著作之多、晚节之全,故打破不为生人立
传的常规而为陈琦立传,目的是"述其梗概,为作斯传,用以信于
将来"。[③]

---

① 祁顺:《巽川集》卷一三《答陈粹之》,第541—542页。
② 郭子章:《黔记》卷三〇《文武科第表》,第700页。
③ 祁顺:《巽川集》卷一三《冷庵先生传》,第543—547页。

陈琦致仕，与祁顺互赠别诗。祁顺《赠陈冷庵归田》：

> 缔交元不为黄金，爨下焦桐遇赏音。宇宙纲常今古事，江山风物短长吟。
>
> 知时鲍叔深怜我，识面醅明早见心。南北分携从此远，旧盟何日许追寻。

祁顺《又次陈冷庵见寄韵，送其东归》：

> 远道逢人只寄梅，相思心切恐成灰。歌余白雪高难和，望断浮云暗不开。
>
> 千古是非何日定，一生荣辱自天来。忘愁且醉春江酒，更叠糟丘百仞台。

祁顺《次冷庵〈归田〉韵》：

> 投簪慷慨问归程，直向山中隐姓名。删后有诗追大雅，醉来无梦到承明。
>
> 舟移别渚收残钓，春及西畴报晓耕。回首宦途人扰扰，白头奔走负生平。[①]

陈琦与祁顺的交往，是管鲍之交。虽千般缱绻，万般留恋，朋友依旧别离，相见不知何期。对于致仕回籍，祁顺安慰陈琦："千古是非何日定，一生荣辱自天来。"当面对现实，顺从天命。致仕后的生活，祁顺

---

① 祁顺：《巽川集》卷五，第458页。

已为陈琦做好规划：在山中隐姓埋名，泛舟垂钓，春畴晓耕。

弘治八年，祁顺赴福建右布政使任，道经苏州，有《次陈粹之见赠韵》。[①]祁顺卒后，陈琦有挽诗。[②]

7. 江西布政司右布政使陈炜

陈炜，字文曜（文曜、文耀），别号耻庵，福建福州府闽县人。成化十七年六月，陈炜由江西按察使升江西布政司右布政使。[③]陈炜是天顺四年进士，与祁顺为同年，又曾同在江西和江西布政为官，较为熟悉。祁顺赴任石阡，陈炜有诗送别。陈炜有《耻庵集》十卷，《四库全书总目》有提要，[④]但今未见。

成化二十年八月十六日，陈炜卒于任。[⑤]陈炜去世后，陈献章有《陈方伯耻庵挽诗》；[⑥]祁顺亦有诗吊之。祁顺《闻陈方伯文曜作古，用韵吊之》：

> 哀讣遥从江右来，西风萧飒动寒埃。百年交谊忽中断，一日愁肠空九回。
>
> 滕阁鸣銮闲落月，延津宝剑化惊雷。古今勋位皆前定，祗系遭逢不系才。
>
> 年过五十苦思归，明哲由来识事机。江海多愁华发早，庙堂

---

① 祁顺：《巽川集》卷六，第470页。
② 祁顺：《巽川集·附录》卷上，第586页。
③ 《明宪宗实录》卷二一六，成化十七年六月己未，第3754页。
④ 永瑢等：《四库全书总目》卷一七五《集部二十八·耻庵集十卷》，北京：中华书局，1965年，第1559页。陈炜的传记，见李清馥：《闽中理学渊源考》卷四三《布政陈文耀先生炜》，《景印文渊阁四库全书》第460册，第501—502页。
⑤ 彭韶：《彭惠安集》卷四《陈文耀方伯公墓志铭》，《景印文渊阁四库全书》第1247册，第66页。
⑥ 陈献章著，陈永正笺校：《陈献章诗编年笺校》，广州：广东人民出版社，2018年，第341—342页。

无路壮心违。

　　甘棠楚甸遗思远，归旐闽天带恨飞。前日得书今日讣，伤心疑是又疑非。①

勋位、才能皆天定，不可违拗，但若有门路，不是可以更多地发挥才能吗？此是咏陈炜，亦是在自咏。祁顺的壮心雄志，何尝不是在无路的困境中被消磨，早生白发，虚度年华？这是一种温柔无声的谴责与反抗。据诗可知，陈炜在去世前，曾遗书祁顺。鱼书才到讣音随，祁顺得到陈炜书信和其去世消息之间的间隔很短，故不敢相信老友去世，半信半疑，"伤心疑是又疑非"，悲伤之情，溢于言表，感人肺腑。

8.贵州按察司佥事李孟旸

李孟旸（字时泰，河南归德府睢州人），成化二十二年二月由监察御史外任贵州按察司试佥事，二十三年实授，弘治四年升云南按察司副使。②唐必聪中举后，李孟旸有诗贺之。后李孟旸进京，祁顺有诗《送李佥宪之京，次原寄〈石阡得士〉韵》送行：

　　圣主尊亲诏八荒，宪臣朝贺自炎方。三边政肃群豺遁，万里秋高一鹗翔。

　　表献御筵天咫尺，身依仙禁日辉光。炉烟两袖携来满，散作人间雨露香。③

---

① 祁顺：《巽川集》卷五，第455页。
② 郭子章：《黔记》卷二八《总督抚按藩臬表》，第638页；《明宪宗实录》卷二七五，成化二十二年二月己亥，第4633页；《明孝宗实录》卷一七三，弘治十四年四月戊戌，第3160页。
③ 祁顺：《巽川集》卷六，第460页。

成化二十三年四月上皇太后徽号,李孟晔进京朝贺。从"万里秋高"可推测,李孟晔进京当在秋季。

9. 贵州镇远府通判高鉴

成化二十二年二月,兵部主事高鉴(河南汝宁府信阳州人)被贬为贵州镇远府通判。[1]周瑛有诗《高克明左迁镇远府判,自号铁溪主人,及内移,为赋此》《予有事平冒,通判高君鉴、推官杨君钦继至,因相与泛舟为乐》,[2]可知高鉴字克明,[3]自号铁溪主人。

祁顺与高鉴有诗歌往来。祁顺《次高克明韵》:

> 郡城潇洒近岩扃,乐对琴书适性灵。原宪贫身非谓病,次公
> 狂态本来醒。
> 朝山拄笏千层碧,夜阁然藜一点青。疏钝无能裨治理,发硎
> 新刃愧庖丁。
>
> 郡僻人稀日日闲,柴门虽设不须关。石边流水自清浅,林际
> 白云时往还。
> 圣主恩波深似海,逐臣踪迹饱看山。龙泉紫气冲牛斗,怪得
> 光芒五色寒。

祁顺自谦地贬低自己无能,无益于地方。镇远有着同石阡一样清浅、

---

① 《明宪宗实录》卷二七五,成化二十二年二月辛丑,第4639页。高鉴的传记,见何景明:《大复集》卷三六《明故夔州府知府铁溪先生高公墓志铭》,《景印文渊阁四库全书》第1267册,第327—328页;孙奇逢:《中州人物考》卷二《高知府鉴》,《景印文渊阁四库全书》第458册,第45—46页。
② 郭子章:《黔记》卷九《山水志中》,第268页;周瑛:《翠渠摘稿》卷六、卷七,第843、858页。
③ 何景明:《大复集》卷三五《赠清溪子序》,《景印文渊阁四库全书》第1267册,第310页。

潇洒的山水，祁顺借石阡的山水安慰同病相怜的高鉴：高鉴被贬镇远，祁顺被贬石阡，只是贬谪地不同罢了，应安于原宪之贫而有次公之狂，顺应自己的本心。在山水缠绕、琴书相伴的幽僻之地生活，祁顺感到了满足。祁顺不无调侃地说道，要感谢皇帝的似海深恩，感谢作为贬谪之臣，有机会到流水白云之地一饱眼福。祁顺闲适安逸的生活、自醒乐观的心态，跃然诗外，让人羡慕，也令人钦佩。祁顺《秋夜言怀，次高克明韵》：

> 草木萧萧万籁号，边山无际楚天高。绕枝庭鹊时三匝，警露胎禽彻九皋。
>
> 尘世炎凉惊俗态，诗家风月属吾曹。如何宋玉悲摇落，也把才情学屈骚。
>
> 吏隐从容际盛时，东华车马任奔驰。天生性分穷何损，雪作襟怀涅不缁。
>
> 客邸秋光闲里度，故园山色望中疑。黄花旧有柴桑约，岁晚相寻莫遣迟。①

与春间万物复苏的欣欣向荣相比，秋日萧萧，秋夜万籁，草木摇落，更显落寞，是集中展现悲伤、孤独的季节，更是抒发个人不良情绪的触点。此首《秋夜言怀》，不出以往文人秋日情感的窠臼，与上一首诗的格调、心态，断然有别。两诗均是祁顺和高鉴之诗。弘治元年，高鉴转任山东青州府通判，离开了贵州。②

---

① 祁顺：《巽川集》卷五、卷六，第459、460页。
② 何景明：《大复集》卷三六《明故夔州府知府铁溪先生高公墓志铭》，《景印文渊阁四库全书》第1267册，第327页；孙奇逢：《中州人物考》卷二《高知府鉴》，《景印文渊阁四库全书》第458册，第46页。

10.贵州按察司佥事周孟中

周孟中(1437—1502,字时可,号畏庵、韦斋、畏斋,江西吉安府庐陵县人)在成化十四年二月由南京吏部主事出任福建按察司佥事,提调学校,[①]与祁顺相会于章江,匆匆别过。成化二十年正月,周孟中调任贵州按察司佥事,[②]二人始有往返之作。"既而数会阡台,谈接甚欢。公暇或对景联诗,或因事赠答,平生衷曲,各形于言。斯文气谊,茂有过之矣。"祁顺将二人文字唱和之作编辑成册,并撰写序言,题为《〈天涯文会诗〉序》。祁顺言:"以吾二人生同时,仕同朝,既幸闻名识面,而又素知心矣。然二十年间,莫能亲炙,乃今得会合于天涯数千里外,以缔文字之交,是岂偶然者乎?"[③]特别是成化二十二年秋,周孟中至石阡按事,[④]与祁顺相见。祁顺有《夜酌同周金宪联句》,提到"登高转觉重阳近,更把黄花共一觞"。又在八月三十日作《秋夜重会联句》,"良会不可数,其如缱绻情"。[⑤]可见二人相会于八月,诗酒唱和,畅叙友情。然不知《〈天涯文会诗〉序》中"二十年间,莫能亲炙"之"二十年"是何时。

祁顺《次周畏斋韵,赠敖气完贰尹》:

> 事君论道不论官,沥血书辞见肺肝。自昔朝阳争识凤,如今枳棘暂栖鸾。
>
> 江湖远念悬双阙,霄汉贤声动百蛮。公论到头应有定,莫将荣辱眼前看。

---

① 《明宪宗实录》卷一七五,成化十四年二月辛丑,第3155—3156页。
② 《明宪宗实录》卷二四八,成化二十年正月辛亥,第4203页。
③ 祁顺:《巽川集》卷一一《〈天涯文会诗〉序》,第521—522页。
④ 祁顺:《巽川集》卷一五《重修石阡府城隍庙碑》,第569页。
⑤ 祁顺:《巽川集》卷八,第489页。

柱石由来异楚砧，栋梁应向豫章寻。片言悟主难为力，万里
投荒不易心。

雨露几时均沛泽，云山满地结层阴。怀贤叵奈通津隔，尊酒
无由得共斟。

身虽去国义偏荣，懒写离骚吊屈平。匹马不嫌滇服远，双眸
顿向楚山明。

吟哦未必妨公事，赋讽还须籍墨卿。一点忠诚天所畀，纲常
为重利名轻。

读书非但富文章，浩气真成隘八荒。阊阖排云余谏草，江山
搜景满诗囊。

才名不负三场选，忠爱焉能一饭忘。却笑江州沦落者，琵琶
声里泪沾裳。[1]

二尹是县丞或府同知的别称。周孟中有诗赠敖气完，祁顺依韵亦赠
敖气完，惜未查明敖气完为何人。"栋梁应向豫章寻"，言周孟中为出
自江西的国之栋梁。雨露有不均之时，山峦有阴云笼罩之日，祁顺以
为，纲常为重，故事君之道不以官位、地点论，人生发展不以目前一时
不顺的现状论，读书、吟诗不仅不会妨碍公事，反能增益浩然之气，当
以江州的白乐天为戒，不效琵琶声中泪下沾裳衣的忧愁凄苦之举，当
曲而不折。

成化二十三年八月，明宪宗去世。消息传到贵州，祁顺哀挽，其

---

[1] 祁顺：《巺川集》卷五，第458页；《全粤诗》卷一二〇《明·祁顺》，第858页。
案："妨公事""天所畀"，原文作"妨分事""天所畀"，据《全粤诗》改；"籍墨
卿"，《全粤诗》作"借墨卿"。

《大行皇帝挽词用周宪佥韵》言：

> 天崩杞国日西颓，一梦华胥竟不回。秦使谩劳东海药，周诗徒咏北山莱。
>
> 五弦音断薰风奏，万姓情同薤露哀。至德难名功更大，编摩谁是马班才。
>
>
> 华封三祝爱长年，岂料飞龙返九天。神禹俭勤今有继，圣尧巍荡古无前。
>
> 星收虹渚云空暗，剑堕桥山迹已仙。老泪尽随江汉水，西风吹作碧漪涟。[①]

周孟中与祁顺还有和诗，提及石阡，言"五袴歌声一郡祥""石阡草木尽芬芳"。[②]"五袴歌"称颂东汉时期蜀郡太守廉范施行善政，造福于民，周孟中将祁顺比作廉范。二十三年十月，周孟中升任广西按察司副使。离黔之际，贵州官员送行，有《赠周时可升广西按察司副使序》。[③]

11. 云南姚安军民府姚州判官、云南按察司副使林俊

祁顺与林俊有过来往。成化二十年十月，林俊（字待用，又字大用，号见素，福建兴化府莆田县人）因言事由刑部员外郎外贬为云南姚安军民府姚州判官。[④] 祁顺有《和林秋官待用见寄》：

---

① 祁顺：《巽川集》卷六，第460—461页。
② 祁顺：《巽川集·附录》卷上，第585页。
③ 《明孝宗实录》卷四，成化二十三年十月己巳，第58页；(嘉靖)《贵州通志》卷一一《艺文》，第465页。
④ 《明宪宗实录》卷二五七，成化二十年十月丁巳，第4338页。林俊的传记，见《明史》卷一九四《林俊传》，第5136—5140页。

仕路闻名夙有年，忽劳佳句到穷边。斯文骨肉我何幸，薄俗炎凉君不然。

唐介召还终报国，曼容知分合归田。无由相送偏相忆，目极江湖万里天。①

秋官指刑部官，林俊由刑部贬到云南，主动寄诗于祁顺。祁顺早已听闻林俊之名，但未见其人。在得到林俊的佳句后，祁顺回诗，将林俊比作北宋刚正不阿的御史唐介，终会被召回京。后林俊自云南回南京任职。

弘治元年闰正月，林俊由南京刑部员外郎外任云南按察司副使。②祁顺有《林宪副大用偕周梁石游铁溪，有联句见示，因次其韵》，此诗应在林俊赴云南任途经镇远与知府周瑛游铁溪后所作。其后，祁顺有《次林大用见寄韵，同翠渠作》。祁顺又有《临江仙和林大用四调》，言"极目滇南迷使节"，③与林俊赴云南任有关，不知作于何时。

12.贵州布政司右参政林迪

成化二十二年九月，湖广布政司右参议林迪（字允吉，福建福州府闽县人④）升任贵州布政司右参政。⑤祁顺《寄林太参允吉》：

地暑同官早见知，十年重会楚天涯。升沉宦迹怜今日，尔汝交情似昔时。

① 祁顺：《巽川集》卷五，第456页。
② 《明孝宗实录》卷一〇，弘治元年闰正月丙子，第219页。
③ 祁顺：《巽川集》卷六、卷八，第463、493页。
④ 喻政主修，福州市地方志编纂委员会整理：(万历)《福州府志》卷四七《选举志三》，福州：海风出版社，2001年，第266页。
⑤ 《明宪宗实录》卷二八二，成化二十二年九月癸丑，第4760页。

问讯恍疑身是梦,相看都觉鬓如丝。无端又动停云思,谩拂
焦桐候子期。①

太参(大参)为参政别称。林迪与祁顺曾同在户部为官,早已熟悉。
十年之后,二人又同在贵州为官,友情依旧,只不过宦海沉浮,如在梦
中,年已渐老。祁顺主动寄诗林迪,林迪和之。祁顺又有和诗《和林
大参见酬》:

山斋疏散少人知,信步寻幽遍水涯。沉李浮瓜残暑日,清风
明月早秋时。

功名底事争蜗角,保障无心问茧丝。却忆薇垣少方伯,一尊
谁与话襟期。②

从"残暑日""早秋时"可推知祁顺的和诗作于夏末秋初。祁顺向林
迪告知自己目前的生活内容:处于较为封闭、相对隔离的社会状态,
平日作为,只道是,寻水涯之幽,啖沉李浮瓜,醉拥清风,静赏明月。
然诗锋一转,祁顺似乎看透了人生:功名之事都是蜗角之物。祁顺
回忆与林迪把酒诉衷肠的美妙时光,期待下一次的相聚。成化
二十三年四月上皇太后徽号,林迪进京恭贺。祁顺《送林大参上京
贺太后尊号》:

薇省风清秋正深,朝天匹马去骎骎。九重大举尊亲典,四海
同倾祝圣心。

---

① 祁顺:《巺川集》卷五,第458页。
② 祁顺:《巺川集》卷五,第459页。

　　　周雅思齐传自昔，虞廷至养亦如今。鹓班拜舞承恩重，洗耳
归途听好音。

　　　圣母尊崇万国钦，贺章驰献见忠忱。青霄红日瞻依近，湛露
需云宠渥深。
　　　暂别忍裁知己赋，遄归期慰小民心。使旌重过湖湘路，旧憩
甘棠绿满林。①

从"薇省风清秋正深"可推测林迪进京应在深秋，林迪或与李孟晅
同行。

　　13. 贵州总兵官吴经、彭伦

　　弘治元年正月二十四日，镇守贵州总兵官、都督金事吴经致仕；
二十八日，令都督金事彭伦接任镇守贵州总兵官。②吴经与彭伦在贵
州共事多年，彭伦常接替吴经之职，二人"契谊甚笃"。受彭伦委托，
祁顺有《送总戎吴公致政序》。③

　　14. 贵州思南府推官王纯

　　成化二十二年九月，工部主事王纯（字弘文，别号一斋，成化十七年
进士，浙江台州府仙居县人）因言及南京兵部尚书王恕事，被降二级调
外任为贵州思南府推官。④（嘉靖）《思南府志》未载王纯任推官事。⑤
成化二十三年末、弘治元年，有奏疏12道荐举王纯，其中重新获得重

---

① 祁顺:《巽川集》卷六,第460页。
② 《明孝宗实录》卷九,弘治元年正月己未(二十四日)、癸亥(二十八日),第197、
　199页;(万历)《贵州通志》卷二《题名》,第41页。彭伦的传记,见《明史》卷
　一六六,第4494—4495页。
③ 祁顺:《巽川集》卷一一,第523—524页。
④ 《明宪宗实录》卷二八二,成化二十二年九月丙辰,第4777—4778页。
⑤ 钟添纂:(嘉靖)《思南府志》卷五《官师志·推官》,《天一阁藏明代方志选刊》,
　上海:上海古籍书店,1962年。

用的吏部尚书王恕亦举荐王纯,于是王纯调任南京都察院经历。应是在弘治元年,王纯离开思南赴南京,途经石阡,拜访祁顺,以平昔所著《一斋集》示祁顺,并请作序。祁顺欣然作序,言及王纯之人品、学术和贬官思南之事。祁顺《赠王弘文》言:

> 识面馤明已见心,新篇来往得规箴。百年浩气充天地,一缕斯文自古今。
>
> 南徼青山怜远别,中天明月照孤吟。论交愿保坚贞操,雪后松筠翠更深。

祁顺读王纯《一斋集》,得知王纯生平履历,从中获益良多,赞王纯"慷慨就任,无几微愠色,而赋诗攻文日,恬然于萧条沦落之乡"。[①]祁顺愿王纯继续保有坚贞正气,品节如雪后松筠。

15. 贵州石阡府经历曾仲贵

祁顺于成化十九年到石阡时,曾仲贵(字天爵,湖广衡州府常宁县人)任石阡府经历已六年。成化二十二年二月的外官大计,曾仲贵已经任职九年,"秩盈三考"。曾仲贵先期称病,祁顺等以曾"年未甚老,历官已有成"止之而不获,最终休致。石阡府推官张荣、府学教授毛渊请祁顺写序送行,于是祁顺有《送致政曾经府序》。[②]

16. 贵州石阡府经历刘清

成化二十二年七月,给事中张雄、刘昂、刘清因妄议朝廷得失,被贬官西南,其中刑科给事中刘清(字孔廉,山东青州府益都县

---

① 祁顺:《巽川集》卷一一、卷六,第525—526、462—463页;林俊:《见素集》卷一三《故湖广按察佥事王公墓志铭》,《景印文渊阁四库全书》第1257册,第142—143页。
② 祁顺:《巽川集》卷一一《送致政曾经府序》,第521页。

人①）被贬为石阡府经历。②在石阡期间，往往有人致信祁顺，为刘清延誉。弘治元年，刘清调离石阡府，任山西代州节判。祁顺有《赠经府刘君孔廉序》。祁顺说"余守石阡五年而孔廉始至"，③则刘清到石阡府经历任在成化二十三年。（弘治）《贵州图经新志》载："刘清，字孔廉。山东人。成化十三年以刑科给事中左迁本府经历，寻以课最升山西代州判官。"④（乾隆）《石阡府志》卷三《职官》载："刘清，永乐十一年任。山东。进士。以给事中降任。入《名宦》。"同书卷六《迁谪》载："刘清，山东益都。进士。成化十三年以刑科给事中谪石阡经历。文章、政事为时所称。"⑤（弘治）《贵州图经新志》记载错误，其后（乾隆）《石阡府志》等的记载也随之错误且自相矛盾，将刘清贬官石阡的年代从成化误作永乐，贬官时间从成化二十三年误成十三年。

后祁顺在山西为官，与刘清同省，其《寄刘孔廉》言："阡南昔日同沦落，冀北今朝感别离。"⑥

17. 贵州按察司按察使钱钺

祁顺还为贵州按察使钱钺（字大用，浙江杭州府仁和县人）题诗。成化二十三年二月，陕西左参政钱钺调任贵州按察使；弘治

---

① 《成化十一年进士登科录》，龚延明主编：《天一阁藏明代科举录选刊·登科录》，第457页。

② 《明宪宗实录》卷二八〇，成化二十二年七月庚午，第4729页。

③ 祁顺：《巽川集》卷一一《赠经府刘君孔廉序》，第524页；《明孝宗实录》卷一〇，弘治元年闰正月甲戌，第216—217页。

④ （弘治）《贵州图经新志》卷六《石阡志》，第73页。（嘉靖）《贵州通志》、（万历）《贵州通志》的记载与与（弘治）《贵州图经新志》的记载略同，见（嘉靖）《贵州通志》卷九《名宦》，第417页；（万历）《贵州通志》卷一七《石阡府》，第389页。

⑤ （乾隆）《石阡府志》，第324、357页。

⑥ 祁顺：《巽川集》卷六，第468页。

元年二月，钱铖升任右佥都御史，巡抚山东。[①]祁顺《荣寿堂为钱宪长作》：

> 堂外湖山画不如，堂中人物胜蓬壶。九重褒显丝纶涣，八十康宁伉俪俱。
>
> 家庆尚传钱武肃，天公偏厚蔡君谟。贵阳此日瞻云切，并写恩光入寿图。[②]

宪长是按察使的别称。在明代，"荣寿堂"多为感恩父母、弘扬孝道而作。

18. 贵州布政司左参议邓琪

成化二十三年二月，刑部郎中邓琪（福建福州府闽县人）任贵州布政司左参议。[③]祁顺《送邓少参上京贺圣节》：

> 通表金门祝御筵，勤劳谁似大夫贤。龙飞喜际亨嘉运，虎拜同瞻咫尺天。
>
> 华渚光中开寿域，箫韶声里和薰弦。蓬莱宴罢承恩重，带得甘霖下日边。[④]

"圣节"指皇帝生日，"龙飞"指皇帝继位，即此诗是祁顺在弘治元年为邓琪进京恭贺皇帝生日而作。少参是布政司参议的别称，此时任

---

① 《明宪宗实录》卷二八七，成化二十三年二月癸未，第4851页；《明孝宗实录》卷一一，弘治元年二月壬寅，第246页。
② 祁顺：《巽川集》卷六，第462页。
③ 《明宪宗实录》卷二八七，成化二十三年二月己丑，第4855页。
④ 祁顺：《巽川集》卷六，第462页。

参议者为邓琪。

19. 贵州布政司右参政何淡

成化二十三年十二月，允贵州布政司右参政何淡致仕。[①]何淡，字中美，广州府顺德县人，[②]与祁顺为同乡。祁顺有诗《送何大参进表之京》。祁顺又有《寄何大参》：

> 流落他乡少故人，粤台名宦独逢君。忘年契谊由来重，当面音书不厌勤。
>
> 深夜有怀时见月，荒山无伴只怡云。西风吹送朝天旆，南北迢遥惜袂分。[③]

何淡还因公事到过石阡，祁顺《与何大参中美》言：

> 蒙行部石阡，正喜亲炙，以聆教言，而匆匆又别，不能无凄凉之思。庄子云："逃虚空者，闻人足音跫然而喜。"况同乡知己者乎！羲之云："中年与亲友别，辄作恶怀。"况今皆衰暮者乎！以生之情观之，知阁下亦悬念于生也。所索《荔庄记》，已勉强为之。闻时可宪签先为作序，恐黄钟在前，瓦缶难为声矣。不具。[④]

何淡因公务到石阡，又因他事匆匆离去，祁顺欲与之畅谈，亲聆教诲，终不得成，悲伤冷落之感油然而生。祁顺在书信中将何淡看成知己，

---

① 《明孝宗实录》卷八，成化二十三年十二月壬申，第161页。
② 郝玉麟等监修：(雍正)《广东通志》卷四五《何淡传》，《景印文渊阁四库全书》第564册，第127—128页。
③ 祁顺：《巽川集》卷五，第458、459页。
④ 祁顺：《巽川集》卷一三《与何大参中美》，第542页。

诉说同乡、知己之情。何淡请祁顺作《荔庄记》，祁顺已撰写；只是与周孟中所撰相比，祁顺所撰恐为瓦缶。以上二诗一信，应在何淡致仕离开贵州前。

20. 贵州镇远府知府周瑛

在《巽川集》中，祁顺与镇远知府周瑛（1430—1518）的唱和诗文最多。换言之，周瑛是祁顺在黔期间排名第一的知己，这是毋庸置疑的。周瑛，字梁石，号翠渠，福建兴化府莆田县人。[①]成化二十年，周瑛由南京礼部郎中外任江西抚州知府；成化二十三年，周瑛调任贵州镇远知府。[②]

弘治元年冬，祁顺自石阡出寓镇远。十二月十三日，祁顺已到镇远，周瑛以宴会、南戏款待，祁顺有诗《十二月十三日夜，周翠渠请饮，有为南戏者》。十二月二十六日立春，镇远府举行立春活动，进春花、土牛，祁顺有诗《腊月二十六日，镇远府送春花、土牛，作诗以谢》；周瑛和诗，祁顺再和之。[③]

弘治二年正月，二人赴贵阳纂修《宪宗实录》。祁顺自镇远赴贵阳，是难得的出差机会，"颇有余暇"，[④]创作了大量诗文，详细记录了旅途生活和所见所闻。

弘治二年早春，周瑛《早春出郭呈祁石阡》：

> 侵晨出郭喜联镳，马首人家入望遥。云暝孤城微见堞，雪消春水欲平桥。

---

① 周瑛的传记，见林俊：《见素集》卷一九《明进资善大夫四川右布政使致仕例进一阶翠渠周公墓志铭》，《景印文渊阁四库全书》第1257册，第212—213页；《明史》卷二八二《周瑛传》，第7253页。
② 周瑛：《翠渠摘稿》卷三《石崖书室记》，第776页。
③ 祁顺：《巽川集》卷七，第478、484页。
④ 祁顺：《巽川集》卷一二《游铁溪记》，第533页。

山田鸣雉麦犹短，野箔初蚕桑未条。经国有谋劳相度，议将
封事上清朝。①

在镇远教场，祁顺《镇远教场，和周翠渠韵》：

平冒坡前烟雾开，光风送暖入亭台。当筵宾主三人共，映座
江山四面来。
曲遇周郎频着眼，酒因何逊更传杯。遨游不是耽行乐，自有
阳春被草莱。②

"周郎"代指周瑛，"何逊"代指何氏。镇远城西三里有平冒山，"江
水环其前，下有平原宽敞，演武场在焉"。③ "宾主三人"，则参加宴
会者有三人：祁顺、周瑛与镇远何氏。周瑛《演武亭小酌，和石阡韵
二首》：

百年怀抱此时开，野酌山歌傍将台。村落无期留客醉，管弦
有意送春来。
雪消波影侵诗笔，云破山光落酒杯。最喜四郊无战垒，共追
周雅赋童莱。

箫鼓声中又此年，客边情况只依前。梅癯竹瘦何曾俗，水腻
山柔还自妍。
一觉未成犹是梦，万缘若了亦成禅。琵琶不识此何泪，我欲

① 周瑛：《翠渠摘稿》卷七，第859页。
② 祁顺：《巽川集》卷六，第464页。
③ 蔡宗建修：(乾隆)《镇远府志》卷五《山川志》，第57页。

停杯问乐天。①

正月,祁顺、周瑛赴贵阳纂修实录,镇远府、镇远卫官员践行。祁顺《纂修出钱遇雨,因柬翠渠》:

> 话别从容溪水湄,东风料峭雨垂丝。杯倾竹叶微成醉,手折梅花便有诗。
>
> 道路倭迟山不断,阳春流动物先知。同行喜得聆清论,天与斯文一段奇。②

周瑛《贵藩聘修实录,府、卫诸公皆出祖,石阡有作,次韵》:

> 纷纷簪组满江湄,袅袅东风吹鬓丝。春草绿波南浦路,轻尘细雨渭城诗。
>
> 投荒万里愁无伴,倾盖片时逢故知。丽泽此行知有益,子云识字喜多奇。③

启程之日遇雨,祁顺作诗,周瑛和之。十二日,二人自重安寺出发,晚至清平卫住宿。祁顺《自重安至清平》:

> 重安江上水平桥,西入清平一舍遥。城堡高低劳戍卒,溪山远近杂诸苗。
>
> 随车细雨沾衣湿,扑面寒风速酒消。一段诗情何处写,粉窗

---

① 周瑛:《翠渠摘稿》卷七,第859页。
② 祁顺:《巽川集》卷六,第464页。
③ 周瑛:《翠渠摘稿》卷七,第859页。

红烛伴清宵。①

周瑛《晚宿清平卫,和石阡〈午发重安寺〉韵》:

> 十里长亭五里桥,太平道路不知遥。人家处处皆桑树,山陇
> 重重尽麦苗。
> 岩雪逢春犹自结,林霏过午未全消。平生惯作江湖梦,纸帐
> 梅花又此宵。②

自重安江西行至清平卫,路程一舍即三十里。十三日晓,二人从清平
卫出发,午时在杨老堡观音堂小酌。祁顺《正月十三日自清平至杨
老堡,午酌观音堂,东翠渠》:

> 晓发清平西,春早多阴雨。辕门具壶觞,车马纷出祖。
> 杯停速分袂,意不尽宾主。边城息烽烟,道路忘修阻。
> 吟哦声呜呜,太瘦为诗苦。山塘近清溪,驻节暂容与。
> 一饷即驱驰,天寒日过午。③

“自清平至杨老堡”是自东向西前往贵阳,杨老堡之西是平越卫。两
人一路前行,过桥绕山,欣赏山景,观察民情风俗。冬雪未消尽,春日
多细雨,沿途仍觉寒冷。祁顺、周瑛清晨从平越卫出发,周瑛有诗三
首,分别是《平越晓发,麾使林锦与祁石阡同乡,忽以酒肴至,因相与

---

① 祁顺:《巽川集》卷六,第465页。案:“水平”,《全粤诗》卷一二一《明·祁顺》
作“水准”,第870页。
② 周瑛:《翠渠摘稿》卷七,第859页。
③ 祁顺:《巽川集》卷二,第428页。

尽欢,石阡有作,和韵时寓按察分司^①《平越道上喜晴,次韵》《倒用前韵二首》,其中第一首言:

> 满道风霜照此堂,夜来偶尔寄行装。还家有梦应嫌短,听漏无眠却恨长。
>
> 人为故乡情转剧,酒因好况手频将。风萍聚散原无据,回首云山又夕阳。^②

即在平越卫的按察司分司,祁顺遇到同乡林锦,二人携酒肴邀周瑛宴。在去贵阳的途中,祁顺有《途中柬翠渠》:

> 作郡无能忽六期,公家移檄费驱驰。江山助我诗何补,日月催人老不知。
>
> 青眼难忘东道德,时移家寓镇远,故云。白云常动北堂思。旧时松菊荒芜久,相约投簪莫更迟。^③

年华易逝,老之将至而人不知,不经意间,从成化十九年至弘治二年正月,在石阡任知府已六年。因公出差,旅途劳顿,欣赏山水可助写诗,但阻挡不住匆匆时光。孤身在外,感谢东道主周瑛的盛情,仍止不住对母亲的思念。祁顺的心情,如大海之浪,此起彼伏,波荡不定。

---

① 按察分司在平越卫城内西南隅,见(弘治)《贵州图经新志》卷一二《平越卫军民指挥使司》,第134页。
② 周瑛:《翠渠摘稿》卷七,第859—860页。
③ 祁顺:《巽川集》卷六,第464页。

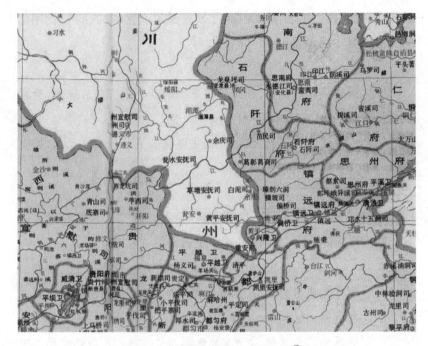

图1.1　祁顺贵阳行所涉之地图[1]

在贵阳纂修实录未费多长时间，二月十五日，祁顺、周瑛自贵阳启程返回镇远。祁顺《二月十五日别贵州贡士汪汉、陈玑[2]辈，饯于驻节亭》：

> 春初来贵阳，春半即回首。群英集亭馆，劝我尊中酒。
> 斯文意味深，谈笑不知久。仆夫催出门，风动河桥柳。[3]

---

① 谭其骧主编：《中国历史地图集》第7册《明·贵州》，北京：中国地图出版社，1982年，第80—81页。

② 汪汉为成化十六年贵州举人，陈玑为成化十九年贵州举人，见（乾隆）《贵州通志》卷二六《选举》，《景印文渊阁四库全书》第572册，第14页。

③ 祁顺：《巽川集》卷二，第428页。

"春初"指正月，"春半"指二月。群英聚于驻节亭，饮酒而别。祁顺《憩龙里卫步月》：

> 来时曾此憩，归日复登临。雨度月皆半，一年春又深。
> 城阖通远道，楼阁对遥岑。散步银蟾下，怀人劳寸心。[1]

祁顺去程时在正月十五日宿龙里卫，回程时在二月十五日又宿龙里卫。祁顺《宿新添卫》：

> 朝从龙里来，夜向新添宿。静思平生事，岁月徒碌碌。
> 把酒浇素怀，题诗刻红烛。行藏信自然，无待詹尹卜。[2]

十七日，祁顺等自新添卫出发。周瑛《次石阡〈晓发新添〉韵》：

> 山脊如铓半插空，西南道路此时通。《汉书·王会》今初见，
> 《周礼·职方》旧不同。
> 目送孤云天际白，手遮初日马头红。宦情羁思相催促，因笑
> 浮生太遽匆。[3]

祁顺《过清平喜晴》：

> 清平路崎岖，开凿资神斧。西来接滇蜀，南下通吴楚。
> 峰峦渺云汉，林木蔽烟雾。怪石惊龙蛇，崩崖斗熊虎。

---

① 祁顺：《巽川集》卷四，第445页。
② 祁顺：《巽川集》卷二，第432页。
③ 周瑛：《翠渠摘稿》卷七，第860页。

> 我昨经过时，春寒值风雨。朱幡隔油幔，咫尺不可睹。
> 旋装趁阳和，万景纷呈露。天空山献奇，春好花欲语。
> 悠然骋遐瞩，倏尔成短句。阴晴固无定，所遇良有数。
> 逢人重咨询，一笑青天暮。①

在清平道中遇见自京城入黔的使者，祁顺《清平道中遇京使问讯》：

> 两骑驰驱自帝畿，途中相问故迟迟。旧年人去今年返，正月
> 音来二月知。
> 执政尚留文彦博，除书未有介之推。湖川岁歉民饥甚，大旱
> 云霓今属谁。②

周瑛《纂修竣事，自贵藩东归，路逢京使，次石阡韵》：

> 问君何日出京畿，马上相逢话转迟。朝野喜闻多善政，庙堂
> 误说有相知。
> 病躯只合淮阳卧，散木何烦匠石推。四海和平宗社固，盐梅
> 不必问伊谁。③

与去程相比，返程时的气温已经升高，生机勃勃，春色摇曳。与前一
样，二人诗兴高昂。道逢京城之使，从中得知朝廷的信息。

在清平卫和兴隆卫之间的香炉山，在清平卫南数十里，"晓出清
平门，怅望西南天。一日二日行不尽，千山万山遥相连。香炉一山在

---

① 祁顺：《巽川集》卷二，第428页。
② 祁顺：《巽川集》卷六，第464—465页。
③ 周瑛：《翠渠摘稿》卷七，第860页。

云表，巍然独立无与先"。祁顺有诗《望香炉山》，周瑛和之，有《香炉山怀古，和祁使君韵》。① 抵达清平，陈宪副、王都阃二人遣使迎接祁顺、周瑛。祁顺有诗谢二人，周瑛《东归至清平，陈宪副、王都阃相与遣使迎劳，用祁石阡韵奉谢》：

> 堂陛多年形势分，台臣阃帅两殷勤。旧时宰相不轻士，今日将军能好文。
>
> 马首青山情恋恋，路旁草木意欣欣。来宵有梦落何处，月照梅花疑见君。②

二月二十日，祁顺抵达偏桥卫。祁顺《二十日至偏桥》：

> 城郭巍巍镇大荒，一溪环抱众山降。太平人物今全盛，不信偏桥是外邦。

祁顺《偏桥夜雨》：

> 身事蹉跎愧此生，六年踪迹滞边城。惊回半枕思乡梦，酒醒更阑闻雨声。

祁顺《至镇远》：

> 一麾犹未脱蛮荒，造物无情日月忙。贵竹此时旋使节，镇阳

---

① 周瑛:《翠渠摘稿》卷六，第844页；祁顺:《巽川集》卷三，第442页。
② 周瑛:《翠渠摘稿》卷七，第860页。

依旧寄行装。

　　　心同漆室忧宗国，人忆并州是故乡。儿女牵衣频借问，为谁
　　添却满头霜。①

祁顺、周瑛自龙里卫、新添卫、清平卫、偏桥卫返回镇远。岁月如梭，
自贵阳返回镇远，仍在客中。儿女频频询问归来的父亲，本该高兴的
祁顺，却又有忧国思家的哀愁笼罩在心头。从"儿女牵衣频借问"可
知晓，祁顺从石阡携带家眷到镇远。家人慰藉归来的祁顺，周瑛《归
至镇远，次祁石阡〈答家人相慰藉〉韵》：

　　　一官飘泊共遐荒，文事驱人偏自忙。藜杖远分天禄火，梅诗
　　旋入镇阳装。
　　　形骸莫逆怜同道，萍水相逢忘异乡。为语家人莫惊讶，鬓毛
　　原带去时霜。②

往返贵阳期间，在黄丝堡，周瑛梦见其母，有诗记之，祁顺和诗，题为
《和周翠渠宿黄丝堡梦母之作》：

　　　同作天涯客，萱堂白发新。贤劳空自念，流落为谁嗔。
　　　计别始知远，梦归犹未真。平生学忠孝，相对各沾巾。③

出差在外，既辞家别乡，又离开熟悉的任所，易动思亲之念。祁顺在

---

① 祁顺：《巽川集》卷七、卷六，第478、465页。案："贵竹"，《全粤诗》卷一二一
　《明·祁顺》作"贵筑"，第871页。
② 周瑛：《翠渠摘稿》卷七，第860页。
③ 祁顺：《巽川集》卷四，第445页。

出差中未梦见其母，但也常思母念母。祁顺能够体会周瑛的怅然心绪，因为二人的处境一样：天涯流落之人，同在一省为官；均有白发老母在堂，俱不得奉养。梦中归见母在前为真，梦醒母不在前亦为真。自幼学忠学孝，到头来只能在外为国尽忠，不能在母亲前尽孝。忠孝不能两全，祁顺、周瑛相对哀叹垂泪，互相安慰而已。

　　回到镇远后，祁顺继续停留，在镇远小住，与周瑛及镇远府官员游山玩水。弘治二年二月二十五日，祁顺同周瑛、镇远贰守（同知）何骐（字健之）游镇远名胜铁溪。祁顺《游铁溪记》言：

　　……弘治戊申冬，余自石阡出寓镇远，时周君梁石实守兹郡。己酉春正月，偕至贵阳纂修而还，颇有余暇。贰守何君健之以游山约，诺之。是月二十有五日，相拉步出河浒，登小舟，顺流一里许，见道左两山为衅，水从中出者，即铁溪也。遂舍舟跨马沿溪而上，梁石指路东一岩曰："是吾旧酌之所。"与健之各命从者置酒肴于此伺焉。……及返，余从者持壶酒随行，而肴与杯皆未至。梁石命解壶盖倾酒，各于马上再饮……[1]

考之后文，"是月"是二月，不是正月，《黔记》也明言游铁溪是在二月。此日，祁顺与周瑛联句，有《山中即景，同翠渠联句》。[2]铁溪旁有铁山，祁顺有诗言：

　　寻幽远溯溪上流，中道久立凝双眸。三峰峭拔势相侔，奇形参列成匹俦。

① 祁顺：《巽川集》卷一二《游铁溪记》，第533—534页。此文又收入郭子章：《黔记》卷九《山水志中》，第268页，文字略有不同。
② 祁顺：《巽川集》卷八，第489—490页。

初疑累甑成高丘，又似砥柱排空浮。巍然鼎立千万秋，直与天地同去留。

品题苦把枯肠搜，五马为尔行夷犹。[①]

周瑛有和诗《予归自贵藩，与何贰守健之、祁使君致和同游铁溪。入溪既深，见路左三山鼎立如画，祁君有作，予和韵》：

同骑瘦马涉清流，浓光泼绿惊诗眸。一山却立如寡俦，二山前出成朋俦。

东溟紫云笼蓬丘，南海白日迷罗浮。天造地设知几秋，奇胜似为吾人留。

诗逢劲敌劳冥搜，居然智伯忘仇犹。[②]

虽然看惯了石阡的山水，但祁顺对镇远的景致仍有极大的兴趣。吸引祁顺驻足凝神观看的，是雄健挺秀、巍然鼎立的镇远之山，它们缘自天成，与天地同立。两人在欣赏山水的同时，搜肠刮肚，斗诗取乐，诗逢对手。

游铁溪后五日，即二月三十日，三人又游镇远长潭。祁顺《游长潭记》言：

既游铁溪之五日，余邀周君梁石同何健之小酌酒再行，健之起曰："春景晴明，公私多暇，盖携此以出游乎？"梁石询其所之，

---

① 郭子章：《黔记》卷九《山水志中》，第263页。此诗又见（嘉靖）《贵州通志》卷一一《艺文》，第458页；惟字迹漫漶，用郭子章《黔记》所载，二书所载此诗文字略有不同。案：此诗祁顺《巽川集》不载。

② 周瑛：《翠渠摘稿》卷六，第843页。

曰长潭,在郡东三里许,泛舟而渔,甚可乐也。先是,西川人有育群獭捕鱼者,健之易以百金,獭分名号,随所呼使,取鱼取适,盖两兼之。是日,命家人载獭而往。健之之弟骥①,其亲朋郝千兵庆及浙人周警之,皆与游焉。……②

此日,祁顺与周瑛联句,有《二月三十日游长潭联句》。③獭善捕鱼,祁顺有诗咏之,周瑛和之。④

游长潭后三日,即三月初三日上巳节,三人又游镇远之平冒山、西溪。祁顺《游平冒、西溪记》言:

> 既游长潭之三日,是为三月上巳。梁石周君暨何健之昆仲各携酒肴邀余为修禊故事,遂命驾出西郭。周与何循溪并行,余独由教场穿田径而往,彼此相失。既乃偕至平冒,平冒地土饶衍,可容数十万家,后山拥翠,前溪拖绿,溪外诸山环抱,如开画图……⑤

此日,祁顺作诗十六首,各种文献记载的有八首,其中《巽川集》有《游黄凯,翠渠循溪行,余历郊村即景,因次其韵》《过溪,翠渠陆行,

---

① 据此可知,何健之应是何骥,见蔡宗建修:(乾隆)《镇远府志》卷一七《官师》,第125页。
② 祁顺:《巽川集》卷一二《游长潭记》,第534页。此文又收入郭子章:《黔记》卷九《山水志中》,第264页,文字略有不同。郭子章《黔记》所载何骥的亲朋为"仲弟骥、季弟骠,与其中表兄弟郝庆、周警"。
③ 祁顺:《巽川集》卷八,第490页。
④ 祁顺:《巽川集》卷七,第478页;《全粤诗》卷一二二《明·祁顺》,第895页。
⑤ 祁顺:《巽川集》卷一二《游平冒、西溪记》,第534—535页。此文收入(万历)《贵州通志》卷二二《艺文志》,题为《镇远游西峡记》,文字与祁顺《巽川集》有不同,第547—548页。此文又收入郭子章《黔记》卷九《山水志中》,题为《游西峡纪略》,第266—267页,文字与祁顺《巽川集》、(万历)《贵州通志》又有不同。

余上舟，即景而作》《舟人以竹取火，与翠渠同咏》①《过黄凯溪》②
《至黄凯》《过十万囤山顶可容十万人，故名》③等。祁顺《平冒山》：

> 平冒山前宿雾开，凭高喜有此亭台。一川花柳四时好，十里
> 溪山八面来。
> 诗到兴浓方得意，酒因怀好更添杯。遨头行乐非无事，要使
> 春风到草莱。④

祁顺在《镇远游西峡记》中言："梁石衣葛，余赋诗嘲之，梁石用韵解
嘲。"⑤周瑛《祁石阡嘲予着敝裘，依韵解嘲》：

> 新裘到箧稀，敝裘藏箧久。视旧如视新，心自忘可否。
> 读书慕前哲，晏生是吾友。一裘三十年，见重鲁东叟。

周瑛《和祁顺〈游西峡〉韵》：

> 溪洞入玲珑，寻山半是空。松篁山鬼路，烟雨水仙宫。
> 人立红尘外，马行绿水东。忽闻黄太史，诗句落黔中。⑥

---

① 祁顺：《巽川集》卷二，第428—429页。
② 祁顺：《巽川集》卷四，第445页。此诗又收入郭子章《黔记》卷九《山水志中》，无题，有诗二首，其中第一首与祁顺《巽川集》中的《过黄凯溪》文字略有不同，第二首为祁顺《巽川集》所不载，其内容为："溯舟青玉峡，坐我白云崖。地狭桑麻少，春深花木佳。溪上无俗客，杖屦有吾侪。欲识嬉游意，欧阳画舫斋。"第266页。
③ 祁顺：《巽川集》卷六，第465页。
④ （弘治）《贵州图经新志》卷五《镇远志》，第65页。案：此诗祁顺《巽川集》不载。
⑤ （万历）《贵州通志》卷二二《艺文志》，题为《镇远游西峡记》，文字与祁顺《巽川集》有不同，第547页。
⑥ 周瑛：《翠渠摘稿》卷六，第837页；（乾隆）《贵州通志》卷四五《诗》，《景印文渊阁四库全书》第572册，第524页。

除游铁溪、长潭、平冒山、西溪、黄凯溪等外，祁顺还题咏镇远府之近处山水。镇远府前有镇阳江，祁顺有《题狂澜砥柱》诗："世道日悠悠，颓波不可收。何人挺孤柱，千古屹中流。"[①]祁顺《自倡》："俯仰无惭乐有余，茫茫天地即吾庐。囊琴赵老常携鹤，弹铗冯驩非为鱼。笑把尘缨临水濯，醉携椽笔傍崖书。镇阳洵美犹吾土，满眼江山画不如。"[②]镇远山水可与石阡比美。镇远府附近有溪名小田溪，祁顺《过镇远小田溪，见路西一洞甚奇》赞美道："晓过小田溪，崆峒傍路西。巧从天地设，幽称鬼神栖。雨足苍苔润，云深白日迷。穷探吾未暇，对景谩留题。"[③]此诗作于祁顺在镇远游山玩水期间。祁顺雪后又有诗感怀，周瑛和之，题为《和祁石阡〈雪后感怀〉》。[④]

结束愉快、难忘的镇远之行，祁顺自路濑、木根坡返回石阡，有《路籁（濑）坡》《木根坡》《道逢商者》《山行写怀》《山行怀周翠渠》等诗。[⑤]

祁顺与陈琦有唱和诗。在镇远期间，祁顺作诗多首，周瑛和之；或周瑛赋诗，祁顺和之。《千顷堂书目》记载祁顺与陈琦、周瑛的唱和诗，题为《冷庵、翠渠倡和》，已经失传。[⑥]

弘治二年，祁顺回籍守制，经过镇远，周瑛有诗送行，题为《〈怀母歌〉送祁使君忧制东还》。弘治五年三月，周瑛由镇远府知府升任四川布政司右参政。祁顺卒后，周瑛有《哭祁致和方伯》诗，忆及弘治二年在贵阳会修《宪宗实录》事。[⑦]

---

① 郭子章：《黔记》卷九《山水志中》，第267页。案：此诗祁顺《巽川集》不载。
② 祁顺：《巽川集》卷六，第465页。
③ 祁顺：《巽川集》卷四，第445页；(弘治)《贵州图经新志》卷五《镇远志》，第60页。
④ 周瑛：《翠渠摘稿》卷七，第861页。
⑤ 祁顺：《巽川集》卷七，第478—479页。
⑥ 黄虞稷：《千顷堂书目》卷一九，《景印文渊阁四库全书》第676册，第504页。
⑦ 《明孝宗实录》卷六一，弘治五年三月辛卯，第1187页；周瑛：《翠渠摘稿》卷七，第862页。

21. 贵州兴隆卫周瑛

在赴贵阳途中，祁顺与兴隆卫周瑛（字廷润，官至广西布政使[①]）有来往。祁顺《答兴隆周方伯次韵》：

> 惜别愁肠日九回，青山迢递有诗来。数缄珍重披云锦，五色光芒烁斗魁。
>
> 郢下阳春真妙曲，濂溪风月属多才。疏愚独幸承清教，山径蓬茅次第开。[②]

周瑛有《次石阡韵寄兴隆周方伯》。[③]

22. 贵州巡抚孔镛

在贵阳期间，祁顺有《寄题圣泉》《过瓮城河》等诗。圣泉在贵州城南五里许，祁顺与周瑛欲游不果。祁顺《登贵州城鼓楼，次孔都宪先生韵》，[④]为和孔都宪先生诗。"孔都宪先生"是右副都御史、贵州巡抚孔镛。孔友谅，长洲人，永乐十六年进士，任四川成都府双流县知县，曾上言六事。双流有遗爱祠，祀孔友谅。孔镛是吴县人，[⑤]吴县、长洲是苏州府附郭县。周瑛有《双流遗爱祠为孔都宪乃翁题》，[⑥]祁顺有《双流大尹赠都御史孔公遗爱》：

---

① 关贤柱点校：《黔诗纪略》卷二《周布政瑛》，贵阳：贵州人民出版社，1993年，第63页。

② 祁顺：《巽川集》卷六，第463页。

③ 周瑛：《翠渠摘稿》卷七，第859页。

④ 祁顺：《巽川集》卷六，第464页。

⑤ 《明史》卷一六四《孔友谅传》，第4442页；黄廷桂等监修：（雍正）《四川通志》卷二八上《祠庙》，《景印文渊阁四库全书》第560册，第527—528页；郭子章：《黔记》卷三六《副都御史孔镛》，第801页。

⑥ 周瑛：《翠渠摘稿》卷七，第851页。

霄汉飞腾见羽毛,花封抚字不辞劳。生前德政舆人诵,身后贤名圣主襃。

流水汪洋遗爱远,青山崒嵂故祠高。堂堂肖貌今殊昨,换得中丞獬豸袍。

大尹是知县的别称。据此两诗可知孔友谅是孔镛之父。祁顺还代贵州左布政使王诏作诗,题为《双流遗爱代王方伯作》。[1]

23. 贵州镇远府土同知何骐

在镇远期间,祁顺与镇远何氏有交往。除了在铁溪、长潭、平冒、西溪四处游玩与何氏有交往,祁顺与何氏还有其他交往。何骐能诗,有《东岩四咏》,周瑛有诗《题镇远何贰守〈东岩四咏〉,用林见素韵》。[2]何骐藏书,有书屋,祁顺《题何氏西溪书屋》:

插架牙签比邺侯,结茅遥占郡西头。林塘百亩宛如画,风月四时都是秋。

积善尽推家有庆,世官宜与国同休。书香一脉如溪水,今古滔滔不尽流。[3]

镇远府西的何氏西溪书屋藏书甚多,可媲美唐代藏书家邺侯李泌,书屋周围有林有塘,环境优美。何氏是土官,故称"世官宜与国同休"。

在何宅宴会中,有表演杂技者,祁顺有诗,周瑛依韵和之。周瑛《饮何贰守宅,有走索者,祁使君作〈舞絙行〉,依韵奉答》:

---

① 祁顺:《巽川集》卷六,第464页;张德信:《明代职官年表》,第3296页。
② 周瑛:《翠渠摘稿》卷七,第863页。
③ 祁顺:《巽川集》卷六,第465页。

长絙横空谁敢向，暼然见尔腾身上。风霜不动鸿雁飞，树木无声猿猱往。

笑随箫鼓行来前，且前且却坐复眠。脱胎未换人间骨，献技自比云中仙。

东笕先生最能赋，前褒后戒多警语。世情习巧方成癖，针石砭人良可取。

我因停杯呼群儿，人生须悟生杀机。万事只宜平实做，平实应无颠扑时。[①]

走索即绳技，是杂技的一种，要求高，难度大。周瑛言祁顺之诗"前褒后戒多警语"，是指祁顺的观后感。

24. 贵州石阡府学教授毛渊

萧山毛奇龄（1623—1713）七世祖毛渊（字本深，号静庵），成化六年（1470）拔贡，授山东东昌府武城县学教谕，升石阡府学教授，"以征龙保……有功，加四品服俸，崇祀名宦"。[②]毛奇龄在《自为墓志铭》中说："高祖贵州石阡府教授渊，剿许龙保……有功，祀贵州名宦。"[③]谱系较为混乱，依时间推论，毛渊当为毛奇龄的七世祖。成化末、弘治初，祁顺有《和毛教授破屋之作》，即和毛渊《破屋》诗。"却惭太守才无补，不使先生居有那。"[④]"居有那"出自《小雅·鱼藻之什》："王在在镐，有那其居。"祁顺向毛渊表示歉意，不能使府学教授有居住之地。作为学官，毛渊在续修石阡府学、文庙植树中出力，在

---

① 周瑛：《翠渠摘稿》卷六，第843页。
② 胡春丽：《毛奇龄年谱》，上海：复旦大学出版社，2021年，第5页。
③ 毛奇龄：《西河集》卷一〇一《自为墓志铭》，《景印文渊阁四库全书》第1321册，第133页。
④ 祁顺：《巽川集》卷五，第457页。

教育方面协助祁顺。

毛奇龄在其所著《胜朝彤史拾遗记》中又言：

> 予幼时得先子石阡府教授所藏《宫闱记闻》一卷，自洪武至
> 万历，凡十三朝，可谓小备。虽所阙亦无几，第载事未确，其文不
> 雅驯。……[1]

"石阡府教授"即毛渊，但毛渊所藏《宫闱记闻》不可能记载万历年间事；毛奇龄所见的《宫闱记闻》，应是毛渊之后的续修本。

25. **贵州布政司左参政钟蕃**

弘治元年闰正月，湖广郧阳府知府钟蕃（字廷芳）升贵州布政司左参政；弘治四年三月，钟蕃升任山东右布政使。[2]祁顺为钟蕃题诗，题为《红梅为钟大参题》，此诗前一首为《二十日至偏桥》，后一首为《偏桥夜雨》，[3]则此题诗恐是祁顺在弘治二年二月二十日回程途中于偏桥卫为赴贵阳就任的钟蕃所题。

26. **湖广提学副使沈钟**

祁顺有诗《和沈仲律见寄韵》：

> 几年朝市厌喧哗，此日山巅与水涯。自适也同林下鹇，寡闻
> 真似井中蛙。
> 三秋凉意轻纨素，五夜寒光见莫邪。闭户闲吟消日月，岂堪

---

① 毛奇龄：《胜朝彤史拾遗记》卷一，《四库全书存目丛书》史部第122册，第354页。
② 《明孝宗实录》卷一〇，弘治元年闰正月戊寅，第220页；卷四九，弘治四年三月癸卯，第997—998页。钟蕃的传记，见《明史》卷一八六《潘蕃传》，第4937—4939页。
③ 祁顺：《巽川集》卷七，第478页。

流播大方家。①

沈钟，字仲律，应天府上元县人，天顺四年进士，②为祁顺同年。成化
十九年五月，沈钟任湖广按察司佥事；二十三年三月，沈钟升任湖广
按察司副使，提调学校。弘治三年二月，沈钟调任山东按察司副使。③
沈钟寄诗祁顺，祁顺和之，此诗应作于成化十九年夏祁顺到石阡任
后、弘治二年祁顺离开石阡前。从"三秋凉意"可知，此诗恐作于秋
季。远离喧哗的都市，居于林下，与山水为伴，孤陋寡闻的祁顺，以为
日东月西的浅斟低唱，不适合流传到大家沈钟的耳中。

27. 前苏州知府丘霁

丘霁（字时雍，江西饶州府鄱阳县人，除刑部主事。成化八年至
十一年任苏州知府④），天顺四年进士，祁顺同年。《巽川集》收录两首
与丘霁有关的诗。祁顺《次丘时雍登庐山》：

> 曾步匡庐最上头，紫阳书院也淹留。幽寻未遍神仙窟，远谪
> 还来山水州。
> 天上羲和奔日驭，人间蛮触战蜗牛。回思五老长如旧，顾我
> 萧条鬓易秋。

祁顺又有《挽丘母太安人其子霁先守苏州》：

---

① 祁顺：《巽川集》卷五，第456页。
② 钱谦益：《列朝诗集小传》丙集《沈副使钟》，上海：上海古籍出版社，2008年，第
　295页。
③ 《明宪宗实录》卷二四〇，成化十九年五月丁巳，第4070页；卷二八八，成化二十三
　年三月壬戌，第4872页。《明孝宗实录》卷三五，弘治三年二月戊申，第764页。
④ 王鏊修：《姑苏志》卷三、卷四〇，《景印文渊阁四库全书》第493册，第70、732页。

德寿双全庆泽深,孟陶家教足规箴。封章炳耀清朝宠,色养怡愉孝子心。

忍听慈乌啼月夜,惊看吊鹤下云林。升堂一别难重见,怅望番山泪不禁。①

从两诗来看,应是丘霁丁忧离苏州知府任后登庐山,祁顺在丘霁丁忧、登庐山后两次寄诗。

28. 陈献章

陈献章(1428—1500),字公甫,别号石斋,人称白沙先生,广州府新会县人,明代大儒。在到石阡知府任前,祁顺曾有诗寄陈献章,题为《书〈剑南归〉先寄陈白沙》,诗言"流年有闰黄杨退",②可知此年有闰月。陈献章在弘治元年有诗寄祁顺,其《答石阡太守祁致和》言:

六年饱读石阡书,习气于今想破除。雪月风花还属我,不曾闲过邵尧夫。③

从成化十九年到弘治元年,正六年。邵尧夫是北宋理学家邵雍(1012—1077),陈献章称赞祁顺过着邵雍般的悠闲的读书生活。祁顺有和诗《次陈公甫先生见寄韵二首》:

不喜功名喜读书,翠深庭草懒芟除。清风散落人间去,百世

---

① 祁顺:《巽川集》卷五、卷六,第455、466页。
② 祁顺:《巽川集》卷五,第452页。
③ 陈献章著,陈永正笺校:《陈献章诗编年笺校》,第487—488页。此诗又收入(嘉靖)《贵州通志》卷一一《艺文》,第458页;(乾隆)《贵州通志》卷四五《诗》,题为《与祁致和》,《景印文渊阁四库全书》第572册,第557页,文字略有不同。

犹能立懦夫。

　　乡国诗来当远书，十年离思几时除。南归会有重论约，已辨骊驹戒仆夫。①

嗜读书而懒除庭院深草，祁顺期待与陈献章相会论约。从成化十五年至弘治元年，正十年。成化十五年有闰十月，则《书〈剑南归〉先寄陈白沙》作于此年。

　　29. 湖广沅州府黔阳县知县陈钢

　　祁顺为湖广沅州府黔阳县宝山书院题诗，为《题黔杨（阳）宝山书院》，即七言律诗三首。②宝山书院为知县陈纲重建。陈钢，字坚远，南京人，成化十七年任黔阳知县，"建宝山书院，以祀唐死节张扞、宋县令饶敏学，使民知崇德报功之意"。③吴宽（1435—1504）有诗《陈坚远新建黔阳宝山书院》。④

　　30. 东莞人陈琴窗

　　在石阡知府任上，祁顺与广州府增城县人陈琴窗有诗文交流。陈琴窗世居增城石滩，后又在增城蓝溪置别业。蓝溪"山川景物最清胜"，陈琴窗嬉游其间，寓情诗酒，赋咏"泉石烟云花木禽鱼之属"，成《蓝溪杂咏》。陈琴窗"不远数千里以其所作《蓝溪杂咏》百余篇寄于石阡郡斋"，祁顺作《题〈蓝溪杂韵〉卷》。在《巽川集》中，祁顺

---

① 祁顺：《巽川集》卷七，第479页。
② 祁顺：《巽川集》卷六，第463页。
③ 倪岳：《青溪漫稿》卷二三《明故湖广长沙府通判陈君墓志铭》，《景印文渊阁四库全书》第1251册，第316—318页。陈钢的传记，又见顾璘：《长沙通判陈公》，黄宗羲编：《明文海》卷四一○，《景印文渊阁四库全书》第1457册，第710—711册。
④ 吴宽：《家藏集》卷一八，《景印文渊阁四库全书》第1255册，第129页。

还有《〈山水图〉为陈琴窗题》《别琴窗》①等诗作。

除以上较为明确的人员外，祁顺在石阡知府任上还有其他朋友。祁顺在成化十九年赴石阡任途中，经过湖广沅州，有《过沅州寄友》，"樽酒相逢又别离"，把酒言欢，匆匆而别。祁顺又有《题沅州鼓角楼，次韵》，不知是否为此友人题。②祁顺到石阡后不久，有《和周时雍见寄》：

> 过雁新传锦绣章，笔端光焰照穷荒。高楼对酒月千里，落日看云天一方。
>
> 薄宦本来身似叶，苦吟赢得鬓成霜。相思惯有相寻梦，不管湖山去路长。③

此诗是和诗，从"高楼对酒月千里，落日看云天一方"可知，周时雍与祁顺距离很远，则周时雍不在贵州。未查到周时雍的资料，不知他是否在江西任官。祁顺《和蔡太守见寄》：

> 云山咫尺望中思，五马南来定几时。倘念穷途离索久，抱琴乘兴愿先施。

又《蔡太守复和示，遂答之》：

> 诗来两度慰深思，一日沉吟十二时。白雪调高真寡和，效颦

---

① 祁顺：《巽川集》卷一六，第579—580页；卷三，第438页；卷七，第479页。
② 祁顺：《巽川集》卷五，第453页；卷三，第463页。
③ 祁顺：《巽川集》卷五，第453—454页。

应合笑东施。[①]

未知蔡知府为何人。祁顺有诗《用韵答蔡克智暨王节推》[②]，不知此蔡克智是否为蔡太守。

《巽川集》的诗歌编排不完全按照时间顺序，如祁顺从贵阳返回镇远后在镇远游玩，在卷二的诗歌编排中，却先列《舟人以竹取火与翠渠同咏》后列《宿新添卫》，故不能十分肯定地确定某些诗歌是在石阡任上及赴任、离任前后所作，但大致无误。

除与石阡府推官张荣、贵州举人汪汉、陈玑等无诗文交流外，其他可考、有诗文交流并得到祁顺较认可的朋友，至少有31人。在31人中，来自贵州的官员有22人，占71%，其中现任官员有21人，占68%；贵州省以外的朋友有8人，占26%，其中现任官员有5人，占16%。祁顺任职贵州，因公务等缘故与贵州的官员多有交往，特别是省城官员有12人，占39%；与省外官员的结交，主要是任职湖广者。祁顺与这些朋友的交往，或因工作关系，如石阡府的曾仲贵、刘清等和布政司、按察司的官员；或他人主动交往，如萧显、林俊、王纯等；或是老朋友，如陈琦、陈炜等，交往原因多样。细绎诗文，祁顺与朋友的交往，有萍水相逢的泛泛之交，也有互诉衷肠、互视知己的莫逆之交。祁顺在与朋友们，特别是在与知己的交往中，诉真情，散忧愁，悲苦的心情得到舒缓，受伤的心灵得到慰藉，同时能够获得外界的信息，在一定程度上使单调、闭塞的生活变得五彩斑斓。交往不是祁顺生活中的聒噪和碎屑，而是必需品。从文学体裁看，除题咏山川需诗、文庙植树有诗外，祁顺在石阡的建设多用散文载之；与朋友的交

---

① 祁顺：《巽川集》卷七，第477页。
② 祁顺：《巽川集》卷六，第460页。

往,除需要用序、记等散文外,更多地使用言简意赅的诗歌表达丰富且多变的复杂情感。

值得注意的是,祁顺提及的石阡文人,只有考中举人的唐必聪,有诗《喜唐必聪中举》,再无他人;紧挨石阡府的思南府、铜仁府的文人,祁顺也未提及。贵州籍的文人,祁顺只与兴隆卫的周瑛有过一面之缘。此外,除了频繁的诗文往来,祁顺与朋友们的见面并不多,这可从迎接、送别陈琦时温馨但难过的场景可知,也没有为招待朋友而组织石阡府文人参加的雅集,因为没有相关记载,即祁顺在石阡的政务处理较为清闲、物质生活较为富足,但作为文人,社交仍受到明显的束缚和限制。除弘治元年春出城巡视,元年十二月寓居镇远府、二年正月赴贵阳公干并在二月返回后游玩镇远名胜外,祁顺极少远离府城,多是蜗居府衙,读书而已,过着半隐居的生活。换言之,在祁顺任职的成化、弘治年间,贵州人文仍不盛,在祁顺的文集中只有少得可怜的记载。

文人的交往,有公务往来的促成,但更重要的是文人趣味。如祁顺与镇宁州同知萧显、镇远知府周瑛之间的往来,诗文较多,绝非因为公务的迫切需要,而是志趣相投。

四、结论

祁顺被贬到时人视为荒僻之地的石阡任职,有着不由自主的矛盾心境:一方面,祁顺在石阡任职六年多,快快不乐,甚至有怨言。从最初的强烈到后来的平淡,时而激烈时而低沉,但都始终存在,只是程度有所不同罢了;另一方面,祁顺并非持续地阴沉暗淡和自怨自艾,而是面对现实。作为石阡知府,祁顺认真履行知府的责任,在方志、府学等文教和题名碑、仓储等设施建设方面,既为石阡做了不少实实在在的贡献,为石阡留下了弥足珍贵的文字,又借此排忧释怀,减轻心中的苦闷、压抑。

　　或感自外至,或忧从中来,祁顺始终摆脱不了贬官石阡的忧愁。在建设石阡、吟诗自赏之外,祁顺保留了前在江西任职时的交友爱好,继续在石阡交友。结交新朋友,不忘老朋友,具体可考的朋友至少有31人。此中既有推心置腹的知己之交,也有路过邂逅的点头之交,既有真情的嘉许、推崇与期待,也有出于应酬需要的泛滥褒奖。概言之,祁顺与诸友或撰序题跋,或诗文往来,其乐泄泄,为祁顺度过六年多的石阡知府职涯增添了诸多难以忘怀、值得回味的乐趣。

　　除第一位以石阡人身份考中举人的唐必聪和兴隆卫周瑛、举人汪汉和陈玑外,祁顺在石阡期间的文字,并无其他贵州人的踪迹。此非祁顺不屑于记载,而是贵州人文在祁顺任职的时代,仍然不盛。

第二章 山东临朐冯氏与石阡

冯裕（1479—1545），字伯顺，号闾山，山东青州府临朐县人，进士，嘉靖中任石阡知府。^①文献中关于冯裕及其诸子与石阡的记载较多，故本章专论之。

一、传记中的冯裕

关于冯裕的传记，文献记载较多，条列如下。(万历)《贵州通志》载：

> 冯裕，临朐人，嘉靖十一年任。先知石阡府，清介绝俗，爱民如子，历官虽久，囊无余赀。里居敝衣粝食，淡如也。并祀石阡府名宦。

> 冯裕，嘉靖间任知府，爱民如子，执法不扰。治城被火，民舍荒残破，裕多方招集，翕然成聚。平播、凯之争，二酋服罪；督芒部之饷银，三军悦心。^②

---

① (乾隆)《贵州通志》卷一七《职官》，《景印文渊阁四库全书》第571册，第464页。
② (万历)《贵州通志》卷二《名宦》、卷一七《石阡府》，第52、387页。

《黔记》载：

> 冯裕，山东临朐人。由进士嘉靖中出守石阡，清贞绝俗。城
> 中火，居民比屋延烧，多离散者。公焦然为之拊循，寻乃益集。
> 播、凯二酋交恶，兵连祸结，公讨平之。尝督芒部饷，转输神速，
> 于是军无脱巾。盘江之役，茂著奇伐，一时士民讴颂不忘。久
> 之，迁黔副使，囊装惟图书、公服，无长物。居亡何，解组，角巾东
> 归海岱，所栖萧然蓬户，衣无完襟，饭一脱粟，茂苴不自知。其惨
> 于腹，誓于口也。北海间富民，类得食胡饼鼎肵，公兼旬尚不能
> 及。终其身，啸咏清恬，荆扉昼掩，晏如也。后子孙昌炽，足世其
> 家云。

> 蟫衣生曰：临朐之冯，蔚为时望，岱宗基厚，东海源长，乃石
> 阡实始之。关西之杨，始于却金之伯起；桐木之韩，兆于割毡之
> 宗魏。谁谓清白吏，子孙不光大矣？①

欧阳德（1496—1554）《副使闾山冯公墓碑》载：

> 嘉靖初，擢知平凉府，寻以赴任后期改石阡。播、凯二酋相
> 攻，连兵十数年，被檄往为正其疆界，责偿所杀伤，皆稽首不复
> 为乱。

> 壬辰，迁贵州按察副使，整饬威清戎政，规令严明，战守有
> 备。土酋龙里死，其兄介与里妻，整兵争夺，远迩骚动，单车往谕
> 之。或请无遽行，不听。即日深入，皆意沮解散。摄司事苗叛
> 程，番众皇惧归过。郡守愤欲加兵，公不可，且谓此不足忧。徐

---

① 郭子章：《黔记》卷三九《宦贤列传》，第875—876页。

遣幕官抚定之。于是声教聿畅，威信浸行。然质直自遂，莫有为之游誉者。甲午，被论解官。……①

徐阶（1503—1583）《贵州按察副使闾山冯公墓志铭》载：

> ……迁平凉知府，以赴官后期，改知石阡。凯、播酋相攻击，为正疆界，计所杀伤偿之如其俗，即其日不复为乱。迁贵州按察副使，饬兵威清。土酋龙里死，其兄侵之，里妻率其众据险以御，兵各数万人，远近震恐。公单车往谕，皆散去。尝视司篆，熟苗犯程番，议者奋欲用师，公徐曰："无以为也。"遣断事某抚之，遂定。在威清三年，忠信惠爱，孚于其人。然公于财廉，无书问以遗贵近，又不能饰词貌为媚说，故当途之士乃鲜知公者。嘉靖甲午被论，致其事。②

李维桢（1547—1626）《冯氏家传》载：

> 冯裕，字伯顺，其先临朐人也。明兴募中国人实塞下，曾大夫思忠始徙辽之广宁……迁知平凉府，以后期改知石阡。凯、播酋相攻，为正疆界，计所杀伤偿之如其俗，遂不复为乱。迁按察副使，治兵威清。土酋龙里死，其兄侵之，里妻率众斗，兵各数万，远近震恐。乘单车往谕，皆立解散。苗犯程番，议者欲用师，不可，徐遣断事抚之，苗听命无二心。当官抗直有裁断，而貌粥

① 陈永革编校整理：《欧阳德集》卷二六，南京：凤凰出版社，2007年，第706—707页。
② 徐阶：《世经堂集》卷一六，《四库全书存目丛书》集部第79册，第696—697页。

粥若无能者,见谓不胜任,大计时予致仕归。……①

《全辽志》载:

> 冯裕,字伯顺,广宁左卫人,登正德戊辰进士,授华亭知县。性严整质朴,实心爱民,邑人称裕逢迎虽拙,抚字多劳,为大吏所不悦,改知萧县。升晋州知州,升南京户部员外郎、平凉知府。未任,调石阡府。裕有惠政于石阡。擢贵州按察兵备副使,治普安诸夷,能因俗抚定不为乱。然以财廉,不能取媚于时,寻罢归。②

(乾隆)《贵州通志》载:

> 冯裕,临朐人,进士。嘉靖中出守石阡。时播、凯交恶,裕讨平之。继督芒部饷,转输神速。盘江之役,懋著奇伐。久之,迁副使,罢归。萧然蓬户,衣食不充,处之裕如。③

(乾隆)《石阡府志》载:

> 冯裕,嘉靖十一年任。山东临朐。进士。
> 冯裕,山东进士。嘉靖十一年任。爱民如子,执法如山。时播、凯乱,命讨平。督芒部饷,挽运克有济。④

---

① 李维桢:《大泌山房集》卷六五,《四库全书存目丛书》集部第152册,第112—113页;李维桢:《冯伯顺先生传》,冯琦编:《冯氏五先生集》第1册,国家图书馆藏,刻本,第2、3页。二者文字略有不同。
② 李辅修:《全辽志》卷四《人物志》,《辽海丛书》,沈阳:辽沈书社,1985年,第623页。
③ (乾隆)《贵州通志》卷一九《名宦》,《景印文渊阁四库全书》第571册,第527页。
④ (乾隆)《石阡府志》卷三《职官》、卷六《名宦》,第320、352页。

(民国)《石阡县志》载:

> 冯裕,山东进士。嘉靖十一年,播、凯乱,裕初抵任,即奉命
> 讨平。督芒部。在官爱民如子,执法如山。①

综上所述,方志和明人关于冯裕的记载多有雷同,但都抓住了冯裕在黔的主要事迹。冯裕对贵州的主要贡献有:第一,在石阡知府任内爱民如子,具体内容是:妥善安置火灾灾民,廉洁自持。第二,平定土司凯里、播州之争。播州杨氏因嫡庶相争,嘉靖八年,朝廷令旧属四川播州的凯里划归贵州管理。②平播、凯之争,是指冯裕参与凯里划给贵州之事。第三,督芒部之银,三军悦心。

二、冯氏之石阡编年事辑

冯裕有四子成名,分别是:惟健(字汝强,1501—1554)、惟重(1504—1539)、惟敏(字汝行,1511—1578)、惟讷(1513—1572)。

嘉靖六年(1527),冯裕任石阡知府,冯惟敏随任,时年17岁。③(万历)《贵州通志》、(乾隆)《石阡府志》、(民国)《石阡县志》载冯裕于嘉靖十一年任知府,误。"继除石阡,夷方险远,不能携家以行",④冯裕赴任石阡,因路途遥远、力不能支,难以携带家眷。冯惟敏请求随父行。李维桢《冯伯顺先生传·惟敏传》载:

---

① (民国)《石阡县志》卷一二《名宦志》,第452页。
② 《明世宗实录》卷九八,嘉靖八年二月甲午,第2324—2325页;《明史》卷三一二《四川土司二》,第8044页。
③ 张秉国:《临朐冯氏年谱》,北京:人民文学出版社,2016年,第17页。
④ 冯惟健:《陂门山人集》卷八《广宁先垅建华表告文》,《四库未收书辑刊》第5辑第21册,北京:北京出版社,2000年,第644页。

　　总角时，父官石阡，力不能携家，惟敏曰："万里外，奈何令大
人独往?"从之行。暇则读六经诸子史，含咀英华，为文闳肆，万
言可立就。①

石茂华（1522—1583）《明故保定府通判海浮冯公行状》载：

　　闲山公官石阡，盖西南穷徼地也，不能携家。公时方总角，
毅然约曰："万里外，奈何令大人独往哉?"从之行。至官邸，则
朝夕温清，得其欢心。闲山公忘其身在万里外云。②

作为亲子，冯惟敏在石阡陪伴冯裕，使冯裕得享天伦之乐，忘宦游之
苦。冯惟敏熟读典籍，增长才干，并备科考之用。

嘉靖七年（1528）春，冯裕到石阡知府任。

嘉靖八年，冯惟健思念其父，③撰《拟四愁诗》，其序曰：

　　汉张衡寄意于君，作《四愁诗》，然实一愁止耳。北海冯惟
健，赋命蹇坎，守道自信，皇皇京国。于时父守石阡，母弟侨于
青，妻子还闲阳，朝夕怀念，不宁厥居。乃若所愁，真四愁矣，故
拟而赋焉。然衡托物之兴远，余述事之意多，期于道实，不论工
拙。览其作者，可以流涕矣。

冯惟健"第一愁"为思父，其诗曰：

---

① 李维桢：《冯伯顺先生传》，冯琦编：《冯氏五先生集》，第5页。
② 张秉国：《临朐冯氏年谱》，第17页。
③ 张秉国：《临朐冯氏年谱》，第18、19页。

　　我所思兮在衡阳,欲往从之湘水长。父兮驱车五马良,为国经营筋力强。

　　坐纡筹策驯蛮羌,指挥军饷收夜郎。出门四顾谁相将,瞻依斗极怀君王。

　　思之不见心烦伤。①

冯惟健与冯裕、冯惟敏有书信往来,故知晓贵州、石阡的情形。芒部在今云南昭通市镇雄县。嘉靖七年,川、贵诸军会剿芒部,改土归流,后罢兵。嘉靖九年四月,革镇雄府流官知府,改土归流失败。②从“指挥军饷收夜郎”可知,冯裕督芒部饷或在嘉靖七八年间。

　　嘉靖九年,冯惟健致书友人,请求将其父冯裕量移近地③以离开石阡,未果。冬,在石阡的冯惟敏作《宦适轩赋》,其序曰:

　　嘉靖戊子(七年,1528)春,余方束发,从家君薄游南中。盖自司徒大夫出守平凉,寻调石阡,实为贵州支郡。土夷并隶,故号难治。居亡何,骎骎乎中华风俗矣!三载政成,奏最,当行。乃郊庙复古,厄材未备;又境外屡多事,诏可久任,有擢毋移,督郡如故,由是上下安焉。

从嘉靖七年到任至九年,正三年。冯裕治理石阡,政绩卓著,故治绩奏最,可调任,但有诏仍令任石阡知府,于是冯裕及其子冯惟敏只能安心留在石阡。在石阡期间,冯惟敏除随侍冯裕外,还“学《礼》

①　冯惟健:《陂门山人集》卷二《拟四愁诗》,第581—582页。
②　《明史》卷三一一《四川土司一》,第8008—8009页。
③　张秉国:《临朐冯氏年谱》,第20页。

闻《诗》"。①

嘉靖十年，冯惟健有诗思其父。诗云："山云，望父也。父居南五年，其子思父不见，南游至七盘山而作是诗也。"从嘉靖六年离家赴石阡至十年，正五年。冯惟健又有《望远歌》："冯子居青，其父官石阡，其弟还闾阳。冯子忧思，于是作《望远之歌》。"同年，冯惟敏离开石阡，回山东完婚，带回冯裕在石阡情形的消息。②

又嘉靖十年，山东济南府新城县人宋锐任贵州铜仁知府，宋锐向冯惟健询问贵州情形。③冯惟健在《启东渚》中说："前宋铜仁遣书问风土，则告之曰云云。"④冯惟健的回信为《答宋铜仁书》。该书信言：

> 忽奉教札，知荣擢铜仁。铜仁密迩石阡，家君得以乡谊旧雅，日夕旋侍，领教言矣。幸甚幸甚！第念家君以骞(蹇)薄远适夷方，固其所宜。……尝闻家君言贵、石风土，亦自不恶，其民鄙质而畏上，其政简静而上宽，其地僻介，山谷中风气宜人。冬不沍寒，夏无酷暑，其物鳞鲜秔稻，四时蔬菜不绝。其调摄慎启，处节饮食，时作疥癣，此自北人处南常事。至疠瘴之说，绝无有也。其乐，酿酒养鱼植蒲，与僚友赋诗；其事，寅出辰退，时为上官委任，乃或奔走外郡，至淹时岁。其誉至京师，万里传播，恒后他人，其官宜守。故人当道，念且不及，其思怀君恋国，徒抱忠悃，妻子不见者四五年矣。纵言至此，不觉泪下。嗟夫！率土⑤

---

① 谢伯阳编纂：《冯惟敏全集·赋·宦适轩赋》，第130页；张秉国：《临朐冯氏年谱》，第20页。
② 张秉国：《临朐冯氏年谱》，第21、22页；冯惟健：《陂门山人集》卷一，第575页。
③ 张秉国：《临朐冯氏年谱》，第22页。
④ 冯惟健：《陂门山人集》卷六，第616页。
⑤ 原文作"士"，应作"土"，据改。

之滨,独匪人耶! 家君亦抱明农之思久矣。第以无负郭数亩,有
不才子数人,不能自奋以纾其忧。铜仁视石阡为胜,其风俗谅亦
不殊。执事第当携家以行,为久安计,庶可免此苦,余非所虑也。
自顾荒陋,明春之事万不敢望,倘得骈骥,是所愿也。……①

冯惟健此时未到过石阡,他关于石阡风土、物产、公务等方面的信息,
应得自冯裕、冯惟敏的书信和冯惟敏回山东后的详细介绍。对于石
阡,据冯惟健所述,是任职的好去处:气候宜人,政务简静,物产丰
富,而铜仁更胜石阡。冯惟健的建议是:铜仁离山东甚远,应作长期
任职的打算,当携带家眷。

嘉靖十一年,冯裕升贵州按察司副使。②秋,冯惟健奉母往石阡
省亲。此次省亲,是冯裕之妻伏氏的坚持。王崇庆《间山冯公暨配
伏氏墓志铭》言:

> 及改石阡,宜人留青州。当是时,公素未有基产,宜人率妇
> 子躬绩以业诸子。比升贵州按察副使,宜人一日谓诸子曰:"汝
> 父宦游中州,母子咸从侍,今久处炎荒,久不赴,无乃非人情耶?"
> 惟健乃奉宜人南省,弥年同归。③

在接到冯裕升迁的消息后,伏氏下定决心南行省亲。

冯惟健奉母南下至石阡的沿途情形,多有文提及。冯惟健《寓
沅州与邦仪》言:

---

① 冯惟健:《陂门山人集》卷六,第616页。
② 郭子章:《黔记》卷二八《总督抚按藩臬表》,第647页。
③ 张秉国:《临朐冯氏年谱》,第23页。

……近者以家君叨转贵臬，仆奉母南来，涉历万里。虽未敢拟迹子长，然雄揽川岳，逆旅天地，衽席齐楚，吟咏风月，亦旺游矣。……[1]

《赠许涧泉先生考绩北上序》言：

愚仲春居京师，大人有贵臬之命。大人盖穷处裔郡者五年矣。……束装戎仆，安车奉母。发齐鲁，涉河济，历大梁之虚，并荆汉，乱于湘澧，窥九疑，蹑夜郎，自秋徂冬。冒履霜雪，穷历险阻，盖数千万里，乃始见大人牂柯之馆。[2]

《上东渚书》言：

健奉母南来，虽险阻备历，然忧患免矣。……所深幸者，家君安土加餐，视昔顾益厚胜，但须发种种耳。……

《上黄海亭书》言：

某奉母南来，得免羁□之虑。咸赖成昼，笙歌旷期，为苍生遄起，以慰霖雨渴望……某兹行，得周揽川岳，广询土风，上承严慈，下私和乐……

《与陈子羽书》言：

---

[1] 冯惟健：《陂门山人集》卷六，第617—618页。案："贵臬"，原作"贵泉"，据文意改；"子长"，原作"字长"，子长指司马迁，据文意改。

[2] 冯惟健：《陂门山人集》卷五，第601页。

　　……仆南征，周游万里，虽无昔贤高韵，然咏歌沅湘，绰履羌
笮，远翔南岳，高视海内，披拂乎长途，振迅乎末流，斯亦生人之
大观哉！……途中所得诗歌数章奉览，又序文一篇，为许涧泉师
作者，俱希为我评改……[1]

嘉靖十一年，冯惟健居京城，得到其父升迁的信息。从嘉靖七年到
十一年，正五年。冯惟健奉母赴贵州，领略沿途山水，撰写诗篇。"自
秋徂冬"，即冯惟健在冬日抵达石阡，见其父安康。

此外，冯惟健在《启东渚》中详述其父在石阡知府任的功绩：

　　……家君勤劳裔土，将无一二可指陈者。
　　往年芒部搆隙，四境震动。出总诸路薁粟，风驰电流，效力
一旅。六七月始克底定，家君与有力焉。
　　赤水迫于砧斧，祸且不测，徐抚默定，不烦刑禁，以安反侧，
家君与有力焉。
　　当道氓庶咸曰："赤水之不为芒部者，非冯公，其谁能与我？"
至凯、播黠酋，骨肉雠贼，勘者数不治。家君奉檄，焚香自誓不
私，论以国家威德，以公诚感动之。俾五六十年不轨，一旦拱手
归化，家君与有力焉。
　　还郡未及高枕，川盗猖獗，飞挽转输，日不暇食，协谋克济，
家君与有力焉。
　　石阡家君初至，不满百户，乃今不倍其初，简静严肃，民安其
业，家君与有力焉。
　　笞却馈金，夷酋奢服，使海外不知有货贿之重，家君与有力焉。

---

[1]　冯惟健：《陂门山人集》卷六，第618页。

　　家君虽未敢与古人比量功化，至乃驱服兴轸，夷难定俗，功在疆场，纡忱宵旰者，其亦有矣。[①]

冯惟健列举其父"与有力焉"的政绩六条。嘉靖十二年，冯惟健又作《南征赋》，再叙其父冯裕在石阡的功绩：[②]

　　太守之来也，六载于兹矣。不携妻子，浩然独处。崇尚简静，敦履朴素。事唯求实，不于名誉。用民如去干蛊，如骛媚上，如懦临荣，如惧官守。其法而存心甚恕，期会有程而机宜中虑。不轻举以扰扰，宁慢游而废度。宣扬诏书，劳求鳏寡，人负锄犁，家有襦袴，室庐渐野，桑麻荫宇。若乃葛彰之酋、龙泉之长，恃险岨以倨傲，侨拒命于草莽，公乃遣一介之使，驰尺檄而往，咸恐惧慑怖，奔走駃喙，交臂受事，稽颡来享。播、凯两酋之搆隙也，历年兹多，盖兵威所不能奢，知谋所不能加。我公奉辞而抚，谕以天威之浩荡，王道之不颇，离其党与，剖其藩篱，唯贞廉而无私，故能洗疆场之毒螫，静百年之干戈。又若犨铚营厉于西鄙，锋镝横流于赤水，居民反侧，应向而起，乃往替谋猷，制其军馈，抚定遗黎，恤悯贫悴，不战而固，事乃大已。继真州其震惊羽书，纷其并至，精戎械以训师，躬抚循乎战士，何民上之弗谅，挤转运使并致。匪我公之抗言，嗟吾属其无遗齿，故至今夫安其妻，父保其子，皆我公之赐。"岂弟君子，民之父母。"明上德之，如缳荡边垂之愁苦，使我民忘其夷居，如优游乎畿宇。今持宪台，省核廉墨。……[③]

－－－－－－－－－－
① 冯惟健：《陂门山人集》卷六，第616—617页。
② 张秉国：《临朐冯氏年谱》，第25页。
③ 冯惟健：《陂门集·南征赋》，冯琦编：《冯氏五先生集》第2册，第13—14页；冯惟健：《陂门山人集》卷一《南征赋》，第573—574页。案："赐，岂"，《陂门山人集》作"门，宣"。

在府内,冯裕使百姓安居乐业,慑服所属土司。在府外,奉辞而抚,平播、凯之争;军馈芒部,安抚难民;稳定真州。嘉靖十年五月,因四川真州盗秦柏等平,"赏有功参议林豫、佥事李文中各银币;失事参议何鳌等,准以功赎"。十月,赏赐四川巡抚宋沧等,"四川真州盗周天星、王打鱼、张东阳等皆蓝、鄢余孽,有众数万,剽掠真、播,转攻南川。守臣招降之,不听。巡抚都御史宋沧乃督都指挥丘岌、参议林豫等,调兵剿之,斩天星等,贼党悉平。凡斩贼首千七百余级,俘贼酋三百余人,及男女五百八十余人,马牛器械。称是,沧等以捷闻"。①《四库全书总目》载:嘉靖十年,四川巡抚宋沧平定真州剧盗周天星等,"同官于蜀者作为《凯歌》《露布》等篇,汇成一书,以纪其事",为《秉忠定议集》二卷。②今未见此书。在贵州方面,《黔记》载:嘉靖九年,真州贼周天星等寇思南府婺川县境;十年,贵州巡抚刘士元讨平之。③真州即真州长官司,隶四川播州宣慰司,紧邻石阡府,今属贵州遵义市道真县。冯裕练师慰兵,保境安民,参与平定真州盗乱,即冯裕虽未冲锋陷阵,但以另一种形式参与维护地方社会安定的行动。

　　嘉靖十一年末,冯裕携家人自石阡赴贵阳,赴贵州按察司副使任。④从嘉靖七年至十一年,冯裕在石阡知府任实际约5年。

　　嘉靖十三年,冯裕因事被论解官,离开贵州回山东。⑤

　　隆庆元年(1567),冯惟敏参与云南乡试,乡试后返回。⑥在返程中,冯惟敏在偏桥卫会见阔别已久、等候半月的契友石阡人杨云堂。

①　《明世宗实录》卷一二五,嘉靖十年五月壬辰,第2992页;卷一三一,嘉靖十年十月己丑,第3110—3111页。
②　永瑢等:《四库全书总目》卷一九二《集部四十五·秉忠定议集二卷》,第1748页。
③　郭子章:《黔记》卷二《大事记下》,第29页。
④　张秉国:《临朐冯氏年谱》,第23—24页。
⑤　张秉国:《临朐冯氏年谱》,第25—26页。
⑥　张秉国:《临朐冯氏年谱》,第65—66页。

冯惟敏有诗纪之：

> 石阡杨云堂，余契友也。阔别余三十年，乃余不辞滇南之
> 行，实图一晤。既竣事归，方将纡途入山，而云堂俟我于偏桥客
> 邸已半月矣。夜深话旧，感而赋诗。

> 故乡却认是并州，归去荒山忆旧游。垂老逢迎惟涕泪，明时
> 出处任沉浮。

> 乾坤万里谁青眼，驿舍孤灯共白头。相对只疑成梦寐，莫教
> 离别作新愁。[①]

嘉靖十年，冯惟敏离开石阡回山东，至隆庆元年，已过去约37年，诗言"阔别余三十年"，乃是概言。冯惟敏不辞劳苦入滇，实为途经贵州便于会晤友人，而友人在客店已等候半月之久。久别重逢，诉不尽相思情，话旧至深夜。天涯万里，有人挂念，可惜已白头。阔别三十多年，既相逢又匆匆别去，恐是在梦中，冯惟敏又增别离愁。

由于文献缺略，整体言之，冯裕于石阡，并无多少具体事迹可考；参与石阡之外的贵州事务，多于史可征，但亦无法得知他在这些事务中的具体开展情况、具体作用。

然从另一方面而言，无论是贵州的方志，还是时人所写的传记、冯氏家族文字，均不约而同地从不同角度、内容记录冯裕的循吏行为。冯裕于石阡、于贵州，有不可否认的贡献。

---

① 谢伯阳编纂：《冯惟敏全集·诗》，第95页。

第三章　石阡费道用

在石阡历史上，明清时期的名人，较为人熟知者当是成世瑄。成世瑄，进士出身，官至江宁布政使、护理两江总督，官高而为人熟知。除成世瑄外的其他石阡名人，知名度较小，影响范围有限。

但就出仕人数而言，石阡费氏远比成氏多。石阡费氏目前未被前人关注，故本章爬梳史料，勾勒石阡费氏及其著名人物费道用的基本情况，以对石阡历史文化有更多的了解。

一、石阡费氏概况

石阡费氏最早或可追溯到天顺年间的费广。(民国)《石阡县志》载：费广，天顺庚辰(四年，1460)进士，"官部郎时，石亨以夺门功擅权，广疏劾之，黜为县尉"。"天顺己卯(三年，1459)解元。贵州开科始于嘉靖十六年丁酉。是时贵州尚未设闱，广托籍四川，中式第一名，连捷进士。"①(民国)《石阡县志》言之凿凿，似无懈可击。然查《明清进士题名碑录索引》载天顺四年庚辰科进士，无费姓进

---

① (民国)《石阡县志》卷八《选举志》，第416、417页。

士。查景泰五年甲戌科（1454），有进士名费广；① 又《景泰五年会试
录》载第七十一名："费广，四川合川人，监生。《易》。"② （万历）《合
州志》载：

> 费广，仁爱坊人。正统丁卯（十二年，1447）解元，景泰甲戌
> 进士。任浙江道监察御史，调永宁令。

> 费广，字孟博，仁爱坊人。正统丁卯发解蜀省，登景泰甲戌
> 进士第。拜浙江道监察御史。天顺元年，以劾石亨欺罔擅权，左
> 迁江西永宁令，改祁县贵池，卒于官。为人秀伟严重，工诗能文，
> 所著有《约斋集》。③

史有费广其人。（民国）《石阡县志》所载费广资料，将费广的科
次、任职记载错误，遭贬的原因相同。明代成化年间，贵州、石阡官
方认可的石阡首个举人是唐必聪，（乾隆）《石阡府志》认可的石阡
首个举人是安康（出生在石阡、以思南籍入考）。④（乾隆）《石阡府
志》不载费广而（民国）《石阡县志》记载，其中原因不得而知。换
言之，费广是否为石阡人、是否为石阡费氏先祖，是一个值得推敲
的问题。

有确定无疑记载的石阡费氏人物，始于弘治、正德间，为岁贡生
费旦。⑤嘉靖间，思南有费恒。费恒，号竹溪，读书中和山，与敖宗庆、

---

① 朱保炯、谢沛霖编：《明清进士题名碑录索引》，上海：上海古籍出版社，1980年，
　第2457—2458、2453页。
② 龚延明主编：《天一阁藏明代科举录选刊·会试录》，宁波：宁波出版社，2016
　年，第224页。
③ 刘芳声等修：（万历）《合州志》卷五《科贡》、卷七《先哲》，《中国地方志集成·
　重庆府县志辑》第9册，成都：巴蜀书社，2017年，第37、64页。
④（乾隆）《石阡府志》卷六《选举》，第359页。
⑤（乾隆）《石阡府志》卷六《选举》，第362页。

龚冲霄并称思南三友,"三人皆人杰,先后登仕籍"。[1]石阡与思南相邻,石阡人到思南进学、思南人到石阡进学,较为常见,故思南费恒有可能源于石阡费氏。

隆庆间,石阡费氏有岁贡生费秉。万历二十年(壬辰,1592),有岁贡费世熙,"家贫好学,砥行严肃",后官浙江湖州府乌程县丞。万历二十五年,有拔贡费象约,后官乌程县二尹。天启辛酉(元年,1621)副贡生费元陛,"准作恩贡入监,官四川达州训导、新宁县教谕"。费元陛是费世熙子。[2]

天启、崇祯年间,石阡费氏出了一个重要人物——费道用。崇祯间,有岁贡生费以经,费道用子,"学甚富"。[3]

此外,在明代,石阡费氏还有岁贡生费濂、费于履、费澎等。[4]

康熙初,费道用有二子考中举人:费以诚、费以矩,同中康熙癸卯(二年,1663)举人。[5]

康熙、雍正间,费氏有岁贡生费履、费耆邵、费耆皓。[6]

经过康熙、雍正年间的沉寂,石阡费氏迎来兴盛时期,人才辈出。举人有:

　　　　费大有,乾隆辛酉(六年,1741)举人。大挑二等,官仁怀县

---

[1]　郭子章:《黔记》卷四四《右副都御史敖宗庆》,第972页。

[2]　(万历)《贵州通志》卷一七《石阡府》,第386页;(乾隆)《石阡府志》卷六《选举》,第360、361、362页;(民国)《石阡县志》卷八《选举志》,第422页。案:费世熙、费象约先后任职乌程县,恐有误,或将一人之事迹混为二人事迹。

[3]　(乾隆)《石阡府志》卷六《选举》,第363页。

[4]　(民国)《石阡县志》卷八《选举志》,第425页。

[5]　(乾隆)《石阡府志》卷六《选举》,第360页。案:(民国)《石阡县志》卷八《选举志》载,费以诚是费道用长子,费以矩是费道用次子,与(乾隆)《石阡府志》的记载不同,第418页。

[6]　(乾隆)《石阡府志》卷六《选举》,第363页。

教谕，截选河南新蔡县知县。①

　　费德音，乾隆庚午（十五年，1750）举人。官广西库大使。

　　费德潜，乾隆戊子（三十三年，1768）举人。官四川知县。

　　费钟乾，乾隆戊子举人。

　　费涵，乾隆乙卯（六十年，1795）解元。官广东韶州仁化县知县。

　　费清，乾隆乙卯举人。大挑二等，历任教谕，截选广西宣化县知县，历任马平等县，皆有政绩。详载《思南府志·循吏传》。②

　　费德慎，嘉庆庚午（十五年，1810）举人。大挑二等，官贵定县教谕，升开州学正。③

　　费钟珩，道光壬午（二年，1822）经魁。大挑二等，官开州学正。④

在副贡（副榜）方面，有：

　　费德盛，乾隆时副榜。官都匀县教谕。

---

① （民国）《石阡县志》卷八《选举志》，第419页。夏修恕等修（道光）《思南府续志》卷六《选举》载："费大有，中式三十七名，官河南新蔡县知县。品端粹。未仕时，授徒于家，姻党从学者饮食之。致仕归，营团锦堂，教子弟均有成。"《中国地方志集成·贵州府县志辑》第46册，第199页（以下脚注信息从略）。

② （民国）《石阡县志》卷八《选举志》，第419页。（道光）《思南府续志》卷六《选举》载："费清，中式二十六名，思南学，石阡龙塘人，官遵义训导，补广西隆安县，调广东仁化县知县，详《宦迹》。"卷七《宦迹》载费清传记，第199、253页。案：（道光）《思南府续志》作乙酉科，与《石阡县志》作乙卯科不同。

③ （民国）《石阡县志》卷八《选举志》，第420页。（道光）《思南府续志》卷六《选举》载："费德慎，大有子，中式十四名，现任开州学正，著有《团锦堂诗稿》。"第200页。

④ （民国）《石阡县志》卷八《选举志》，第420页。（道光）《思南府续志》卷六《选举》载："费钟珩，思南学，石阡龙塘人，中式五名。"第200页。

费建勋，道光戊子（八年，1828）副榜。

费准，道光甲午（十四年，1834）副贡。官训导。

费谦亨，同治癸酉（十二年，1873）副贡。[①]

在拔贡方面，有：

费大壮，乾隆辛酉（六年，1741）拔贡。朝考一等第一名，授小京官。

费钟珆，道光乙酉（五年，1825）拔贡。官河南光州州判，升正阳、郾城等县知县，许州直隶州知州。

费培材，宣统己酉拔贡，阡人，镇远学。官四川知县。[②]

岁贡有：费德润、费德馨、费德简、费德明（官训导）、费钟珮、费钟毅、费钟珹、费耆学、费钟琳、费嗣勋。[③]

从籍贯而言，属于石阡龙塘的有费清、费钟珩、费德盛、费建勋、费准、费大壮6人，他们入思南府学，以思南人的身份取得功名。

费氏科举风气浓厚。（民国）《石阡县志》载费氏列女的相关情形：

费谦妻安氏，遗子德音甫二岁，氏毁容誓守，教子成名，中乾

---

① （民国）《石阡县志》卷八《选举志》，第422页。（道光）《思南府续志》卷六《选举》载："费德盛，石阡龙塘人，乾隆乙酉科，官都匀县教谕。""费建勋，石阡龙塘人，道光戊子科。""费准，石阡龙塘人，道光甲午科。"第201页。

② （民国）《石阡县志》卷八《选举志》，第423页。（道光）《思南府续志》卷六《选举》载："费大壮，石阡龙塘人，乾隆辛酉科。""费钟珆，道光乙酉科，分发河南州判，署正阳县事。"第201、202页。

③ （民国）《石阡县志》卷八《选举志》，第426、427、428页。

隆庚午科举人。请旨题旌。①

费德普妻汪氏，阡解元费涵之母，青年守节，抚子成名。清乾隆五十一年奉旨旌表。

费德孚妻涂氏，守节三十四年，事翁姑以孝闻，奉旌入祠。

费德纯妻刘氏，青年夫亡，子准甫数岁。氏守节，抚子成立，中道光甲午科副榜，奉旌入祠。

费钟珹妻郑氏，江南常州知府郑其忠之女。性谨敏，晓经史，年十六适贡生费钟珹。同治四年，避乱在石家场地中，钟珹久病，思肉不得，氏夜半屏儿女，焚香祷天，刲臂肉作羹进之。夫殁家贫以纺绩度日，敬奉孀姑，责子嗣勋勤学成贡生，氏年六十六而卒，可谓妇之贤者。

费培先妻王氏，于归甫一载而夫卒。矢志守节，继子成立。题旌。

费培翼妻龙氏，于归弥月，夫卒。矢志守节，继子成立。题旌。②

6位费氏家族女性教育儿子，有4位取得科举功名，其中2人成为举人，表明费氏家族重视文化教育，有浓厚的向学之风。6位母亲含辛茹苦地培养儿子，抚子成立，更显示了抚育的成就。费氏家风之好，于此可见。

石阡费氏亦有文学成就。除费道用外，费以矩、费德慎亦有文学成就。（民国）《石阡县志》载：

---

① （乾隆）《石阡府志》卷六《节烈》载："费安氏，郡庠生费谦之妻。年十九于归，孝事双亲，顺相夫子。五载，翁姑丧；七年，夫亡，遗孤未过三岁。氏毁面誓节，抚德音训读维严，中庚午科举人。题旌。"第365页。

② （民国）《石阡县志》卷一四《列女志》，第495、496、498页。

费以矩，康熙癸卯与兄以诚同举于乡。积学笃行，尤工诗文。其生平著作甚富，悉因兵燹散失，惟城南东岳庙碑文犹存，略见一斑云。

费德慎，号徽五，嘉庆庚午(十五年，1810)举人。大挑二等，授贵定县教谕，升开州学正。幼时颖异，长而卓荦，长于讽咏，兼善诙谐。其为文，有长江大河一泻千里之势。生平多隐德，士林称之。①

到民国初年，费以矩的文字作品只有东岳庙碑保存下来，其余毁于战乱。《城南东岳庙碑记》，作于康熙二十七年菊月上浣，②即九月上旬。《黔诗纪略后编》收录费以矩诗八首，不知出自何处，《晚晴簃诗汇》选其二首，无关于石阡的内容，其中《自平溪至沅赠州守祖玉州》，载其出黔赴楚。③费德慎的文字也未保留下来。二人能进入《人物志》中的"文学传"，间接说明了他们有值得铭记的成就。

石阡费氏积极参与地方事务。清末社会动乱，费氏兴办团练，极力维护地方稳定。如费赞勋：

费赞勋，庠生。咸丰五年十一月，红巾贼毛大仙遣其党李太子陷阡城，十二月毁龙塘场。赞勋率团与战，败绩，被擒，骂贼不屈，身受数十伤而死。事平，阡守黄培杰颁"忠义可风"匾额，并饬建忠义祠，祀赞勋并阵亡团丁十九人。④

---

① （民国）《石阡县志》卷一三《人物志·费以矩传》《人物志·费德慎传》，第473页。
② （民国）《石阡县志》卷一五《金石志》，第510页。
③ 莫庭芝、黎汝谦采诗：《黔诗纪略后编》卷一，贵州省文史研究馆编：《续黔南丛书》第8辑，贵阳：贵州人民出版社，2014年，第656—658页；徐世昌编：《晚晴簃诗汇》卷三五《费以矩》，北京：中华书局，1990年，第1247—1248页。
④ （民国）《石阡县志》卷一三《人物志·费赞勋传》，第487页。

费赞勋被俘不屈，壮烈牺牲，得到石阡知府黄培杰的褒奖，建祠祭祀。

费氏家风好，助人为乐，拾金不昧。(民国)《石阡县志·义举》载费氏事迹：

> 费元陟，字鹏骞，明天启辛酉(元年，1621)副榜。生平好拯人危。尝路遇一客号泣，谓兵夺其银二十两，即代为请求，主将怜而饬还之，卒不受客谢。又尝入某司李，救活一受冤医人。归，而医人留宿，愿以妻为报，怒叱之，即去。
>
> 费德慎，相传庚午(嘉庆十五年，1810)应试时，道拾一带包银五两余，坐待失者不至，携以行。越里许，见夫妻滋闹多久，劝解不休。侧听之，因夫卖猪得银，途遇其妻采薪，付之他往。妻失之，痛加殴辱。德慎知其为所拾银还之，分半不受。是科获隽。先是，房官、主考皆梦神告以费卷当中，揭晓往谒，询其情，始知阴德之感于神明也。而不取遗金，遂成佳话云。①

在经济发展欠缺的贵州，费元陟不受谢、费德慎主动归还银两而不私吞的义举，显得尤为珍贵。

费元陟义举的发生时间，距(民国)《石阡县志》纂修完毕已过300年，却能记忆清晰；又(民国)《石阡县志》记载大量的费氏人物；(民国)《石阡县志》纂辑诸人，有采访者，其中之一是前清贡生费嗣勋。②据此三点可推测：(民国)《石阡县志》在编纂时，或参考了家谱

---

① (民国)《石阡县志》卷一九《杂志》，第567页。
② (民国)《石阡县志·纂辑衔名》，第319页。

等费氏私家资料。

在各种版本的石阡府志、县志中，民国初年所修之《石阡县志》对费氏的记载最为丰富。从（民国）《石阡县志》的记载看，石阡费氏科举人才辈出，从明到清，据不完全统计，有举人10人、进士1人。费氏科举人才出任官员者，一般在县级，或任知县，或任县级教育官员（训导、教谕等），极少数官至直隶州知州（相当于知府）。换言之，除费道用曾在中央政府的部院衙门任郎中外，其余多在地方任职，多任下级官员。

二、费道用的科举功名与任职福清

在石阡费氏家族中，文献记载较多、最有名者，是明清之际的费道用。

费道用，字闇如，号笔山，又号笔山居士、冲玄。费道用的读书地点，在洋溪的回龙寺。[1]天启四年（甲子，1624），费道用中举人。崇祯四年（辛未，1631），费道用中进士，[2]《明清进士题名碑录索引》载费道用中三甲第三十七名。[3]《崇祯四年辛未科进士履历便览》载，此科会试总裁是户部尚书武英殿大学士周延儒、户部尚书武英殿大学士何如宠，《易经》二房同考官是右春坊右庶子兼翰林院侍读掌坊事朱继祚。朱继祚取21人，费道用名列其中，同年中知名者有熊汝霖、孙承泽等人。[4]

---

① （民国）《石阡县志》卷三《秩祀志》，第364页。
② （乾隆）《贵州通志》卷二六《选举》，《景印文渊阁四库全书》第572册，第7、36页。
③ 朱保炯、谢沛霖编：《明清进士题名碑录索引》，第2608页。
④ 赵伯陶主撰：《明代科举与文学编年》，武汉：武汉大学出版社，2015年，第3123—3124页。

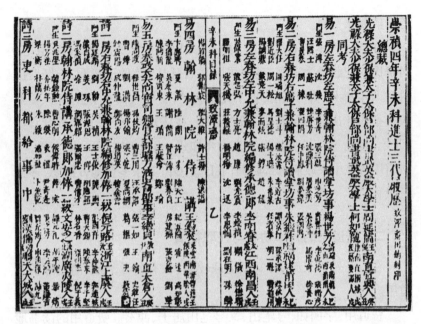

图3.1　崇祯四年辛未科进士三代履历[1]

　　《明崇祯四年进士题名碑录辛未科》载费道用的户籍是石阡司军籍。[2]石阡府有石阡长官司，雍正八年革。[3]石阡长官司是土司，却有军籍，其中恐有误。《明崇祯四年进士题名碑录辛未科》记载籍贯的体例为：省＋府＋县＋户籍性质（民籍／军籍），而对费道用籍贯的记载不符合该体例，"石阡司军籍"或是"石阡府民籍"之误。

　　费道用中进士后即任福建福州府福清县知县。在知县任上，费道用兴利除弊，善政不胜枚举，深受百姓爱戴。(康熙)《福清县志》载：

① 宁波市天一阁博物馆整理：《天一阁藏明代科举录选刊·登科录》，宁波：宁波出版社，2006年，第1页。
② 李周望辑：《国朝历科题名碑录初集：明洪武至崇祯各科》第12册，国家图书馆藏，刻本，第35页。
③ (乾隆)《石阡府志》卷三《职官》，第327页。

费道用，字笔山，崇祯辛未进士。《名宦》有传。

漆园，字剑谭，新昌人，崇祯甲戌进士。有传。[①]

费道用，字笔山，贵州合州人，崇祯辛未进士。初任福清，少年明敏。一邑之内数千万家，一见而知为某氏某子焉。词状经目难欺，审语挥毫立就。追征钱粮，尽革火耗，正项不轻那，撮诡洒，靡不肃清，吏胥莫敢上下其手，邑号"神君"。猥遭蜚语，误入弹章，阖邑老幼哀呼，海潮为不至者三日。幸直道终伸，铨曹特简，未久而卒于官矣。士民思之，请祀名宦。

漆园，字自谭，江西新昌人，崇祯甲戌进士。乙亥年（崇祯八年）莅是邑。[②]

（乾隆）《福建通志》载：

费道用，字笔山，合州人，崇祯辛未进士。知福清，清严明敏，邑号"神君"。以蜚语被劾解任，海潮为不至者三日，士民至今思之。[③]

（乾隆）《福州府志》引《福清县志》载：

费道用，字笔山，合州人，崇祯辛未进士。知福清。少年明敏，一邑之内数千万家，一见而知为某氏子。追征钱粮，尽革火

①　李传甲修：（康熙）《福清县志》卷三《官制》，国家图书馆藏，康熙十一年（1672）刻本，第8页。
②　李传甲修：（康熙）《福清县志》卷三《名宦》，第29页。
③　郝玉麟等监修：（乾隆）《福建通志》卷二九《名宦一》，《景印文渊阁四库全书》第528册，第465页。

耗，诸弊肃清，吏胥莫敢上下其手，邑号"神君"。以蜚语被劾解任，海潮为不至者三日。①

（乾隆）《石阡府志》载：

> 费道用，字闇如，号笔山，郡天启甲子举人，崇祯辛未进士。颖（颖）慧绝伦，性至孝。授福建福清县知县，莅任甫三月，能知邑之乡语。万户儿童曾经目者，即辨为谁氏子。摘奸发伏，老吏惊畏，正赋外不纳耗银。廉介荷明，听断平允，凡邑中飞粮、挑户偏颇不平之弊，力为厘剔。且亲捣海贼之巢穴而诛其党。他如崇学校，奖士类，桥梁、义冢，善政不胜书。因执法不徇，为土豪酿祸被劾。代者至，民如失慈母，值海水不潮者三日。上官闻知，叹曰："海口有口，福清真清矣。"行之日，辞城隍，震风骤起，拔屋折树，自题句云："偶然不信随潮水，却讶无情哭庙风。"后台臣杨鹗具疏白其冤，补兵部职方司郎中，转吏部考功司郎中。卒。著有《碧桃轩》各集。顺治八年，崇祀福清名宦；载闽志。②康熙三年，入阡郡乡贤；省志遗。③

（民国）《石阡县志》载：

> 费道用，字闇如，号笔山，明天启甲子举于乡，崇祯辛未成进士。颖（颖）慧绝伦，性至孝。授福建福清县知县。莅任甫三

①　徐景熹修：（乾隆）《福州府志》卷四八《名宦三》，国家图书馆藏，乾隆二十一年（1756）刻本，第49册，第44—45页。

②　李传甲修：（康熙）《福清县志》卷四《名宦》，第8页；徐景熹修：（乾隆）《福州府志》卷一一《学校》，第12册，第56页。

③　（乾隆）《石阡府志》卷六《乡贤》，第357页。

月，能知邑之乡语。万户儿童曾经目者，即辨为谁氏子。摘奸发伏，老吏惊畏，正赋外不纳耗银。廉介精明，听断平允。凡邑中飞粮、挑户偏颇不平之弊，力为厘剔。其亲捣海贼之巢穴而诛其党。他如崇学校，奖士类，桥梁、义冢，善政不胜书。因执法不徇，为土豪酿祸被劾。代者至，民如失慈母，值海水不潮者三日。上官闻之，叹曰："海口有口，福清真清矣。"行之日，辞城隍，震风惊起，拔屋折树，自题句云："偶然不信随潮水，却讶无情哭庙风。"后台臣杨鹗具疏白其冤，补兵部职方司郎中，转吏部考功司郎中。卒。著有《碧桃轩》各集。顺治八年，崇祀福清名宦；载闽志。康熙三年，入阡郡乡贤；省志遗。①

不难发现，除个别字词外，(民国)《石阡县志·人物志》所载费道用传记抄自(乾隆)《石阡府志》。在(民国)《石阡县志》中，费道用的传记又见冯翰先《吏部考功司郎中费道用传》：

费道用，字闇如，号笔山，阡郡西北乡德寨人。颖慧绝伦，性至孝。年十八，明天启甲子举人，崇祯辛未进士。授福建福清县知县。莅任甫三月，能知邑之乡语。万户儿童曾经目者，即辨为谁氏子。发奸摘伏，老吏惊畏。钱粮不取耗，词讼不取锾。凡田粮有飞洒、诡寄偏颇不平之弊，力为厘剔。遇命案，先审后验，删去株连。他如崇学校，奖士类，修桥梁，设义冢，捐俸以筑堤堰，善政不胜书。崇祯七年，海寇充斥，单骑往探其巢而诛其党，盗遂远徙。

邑绅林正亨者，北京兵科给事中也，位居要路，气焰颇张。

其子家于福建省会，因醉杀妻，妻家诉于抚按两台，首县畏势不敢捕，密饬道用捕之。此子逃外，自刺死。林正亨闻之，切齿。会新授福建巡按张正星将出京，正亨往见，属以报复事。张领之。至，即诬道用以贪庆，飞章劾之。旨下，本省巡按研审，道用以此罢官。代者至，百姓如失慈母。将行，辞城隍以明心。震风骤起，飞瓦折树。及行，百姓遮道哭泣。至省寓，犹馈送鱼米不绝。先是，失官时，海水不潮者三日，为从来所未有。清民据此事，扶老挈幼，至抚军署为公诉屈。抚军沈犹龙叹曰："海口有口，福清真清矣。尔辈不必喧哗，静听昭雪可也。"公因题句云："偶然不信随潮水，却讶无情哭庙风。"寓省六年，每一巡按至，清民皆代为鸣冤。诸上台盟神审质无验，判云："此一官者，轸念穷民而即为穷民所累，力锄奸党而反为奸党所伤，愚则有之，贪非其实也。"抚军沈公复疏云："此一官者，真负崛强本色，而不善其用者也。"适闽中浦城县令杨鹗升御史，特疏白其冤。旨下，"费道用廉明可风，朕深嘉赖。着来京"。引见，补用。由是廉名震天下。

时流寇梗北道，公至南京，而北京已陷。值福王甲申改元，调补兵部主事，转吏部考功司郎中。卒。著《碧桃轩》各集。清顺治八年，崇祀福清名宦。康熙三年，入石阡乡贤。子以诚、以矩，康熙癸卯同榜举人。自是子孙日繁，科名蝉联不替焉。①

（康熙）《福清县志》言费道用为贵州合州人，贵州无合州；（乾隆）《福建通志》、（乾隆）《福州府志》但言合州，即四川重庆府合州人。与费道用一起补辑《闽南唐雅》的福州府古田知县杨德周（字南

---

① （民国）《石阡县志》卷一六《艺文志》，第520—521页。

仲,别字齐庄,浙江宁波府鄞县人)明言"福清费令",费道用在
《〈闽南唐雅〉序》中署名为"黔阡费道用题",则(乾隆)《福建通
志》、(乾隆)《福州府志》所言合州费道用就是石阡费道用。换言
之,(康熙)《福清县志》、(乾隆)《福建通志》、(乾隆)《福州府志》
所载费道用的籍贯,都是错误的。冯翰先是光绪十一年举人,纂修
(民国)《石阡县志》时离费道用已过200多年,[①]虽费道用的事迹更
加完整、丰满,更加符合逻辑,但不可尽信。冯翰先明言费道用在天
启甲子年(1624)十八岁中举人,则费道用生于万历三十五年
(1607),但不知所据。

(乾隆)《石阡府志》、(民国)《石阡县志》言费道用诛海寇之事,
于史有征。福建巡抚沈犹龙(崇祯八年至十二年四月在任[②])在奏报
平定海寇刘香时说:

> ……储粮造船,诘奸保境,则署福州府海防、汀州府同知黄
> 色中……福清县知县费道用……连江县知县于可举等。若夫按
> 臣张应星,沉机敏断,思患预防,周旋战守之间,实多指授之烈。
> 臣以潦倒庸才,偶逢机会,精疲技竭,时亲药饵,方有福过灾生之
> 虑,虽勉图激昂,而沉顿难起,今尚未敢遽陈于皇上之前,谨先报
> 海上底定之状……[③]

刘香覆灭在崇祯八年上半年。[④]费道用虽未上阵杀敌、进帷参谋,但

---

① 周鼎主编:《贵州古旧文献提要目录》,贵州历史文献研究会,1996年,第116页。
② 张德信:《明代职官年表》,第2903—2911页。沈犹龙的传记,见《明史》卷
  二七七《沈犹龙传》,第7905—7906页。
③ 《明清史料》乙编第七本《海寇刘香残稿一》,(民国)中央研究院历史语言研究
  所编:《明清史料》乙编下,北京:北京图书馆出版社,2008年,第202页。
④ 江日升:《台湾外志》卷三,济南:齐鲁书社,2004年,第36—39页。

提供粮草、查奸保民，为平定刘香出了一份力，故巡抚在列举有功官员时也提及了费道用。

冯翰先《吏部考功司郎中费道用传》提到的福建巡按御史张正星，应是张应星。张应星在崇祯年间任福建巡按御史，《海寇刘香残稿一》载："按院张应星命将方略，威武奋扬。""巡按御史张应星，鼎铖通才，风霜峻望。"①而查(康熙)《福建通志》、(乾隆)《福建通志》崇祯年间福建巡按御史，无张应星、张正星之名，②恐是漏记。

(乾隆)《石阡府志》、(民国)《石阡县志》言费道用因台臣杨鹗具疏而白冤。杨鹗，湖广常德府武陵县人，崇祯四年进士，费道用同年。杨鹗为费道用上疏辩白，除了仗义执言的因素，还有同年、同在福建为官的关系。(乾隆)《重修浦城县志》载崇祯年间知县："杨鹗，武陵人。进士。力修废坠，政绩茂著。"③杨鹗后"官御史，有才名，擢顺天巡抚。京师陷，南归，福王以为兵部右侍郎，总督川、湖军务"。④崇祯十六年六月二十日，杨鹗由御史升右佥都御史，任顺天巡抚。⑤换言之，费道用之冤得解应在崇祯十六年六月二十日之前，至于具体年月，仍不可考。

费道用执法公正无私，遭地方土豪中伤去职，冯翰先指明是福清籍官员林正亨。林正亨，万历四十四年进士，"崇祯中官给事中，劾蓟辽总督傅宗龙不赴宣府，惬惬(怯)观望，帝不纳。又奏颖州知州尹

---

① 《明清史料》乙编第七本《海寇刘香残稿一》，(民国)中央研究院历史语言研究所编：《明清史料》乙编下，第178、188页。

② (康熙)《福建通志》卷一八《职官》，国家图书馆藏，刻本，第8册，第50页；郝玉麟等监修：(乾隆)《福建通志》卷二一《职官二》，《景印文渊阁四库全书》第528册，第99页。

③ 李藩修：(乾隆)《重修浦城县志》卷七《官制》，国家图书馆藏，乾隆八年(1743)刻本，第8册，第5页。

④ 《明史》卷二六〇《杨鹗传》，第6729页。

⑤ 张德信：《明代职官年表》，第2918页。

梦鳌守城死节状,并请赠恤,帝从之。京师陷,归,监国擢户部尚书"。①从林正亨的履历和行为看,似非陷害费道用之人。换言之,林正亨陷害费道用之事,未有证据。或得之于费氏族谱? 无从考察。

三、编辑《闽南唐雅》与撰写《〈闽南唐雅〉序》

费道用在福清任知县,除忙于政事,还参与各种文化活动。这些文化活动使费道用的人生经历更加丰满和多姿多彩。

《闽南唐雅》,概录福建唐代诗篇,搜采极详。关于《闽南唐雅》,《四库全书总目》言:

> 《闽南唐雅》十二卷,浙江汪启淑家藏本。明徐𤊻编,费道用、杨德周等补之。德周序言之甚明,而卷首题名乃称道用辑、德周订,而𤊻校之,殆𤊻为闽人,而道用、德周皆闽令,故让善于二人也。所录皆闽中有唐一代之诗,自薛令之以下得四十人。是时胡震亨《唐音统签》已出,钞合较易,故所载颇详。然秦系、周朴、韩偓,其人既一时流寓,其诗又不关于闽地,一概录之,未免借材之诮也。𤊻有《榕阴新检》,德周有《澹圃芋纪》,皆已著录。道用字闇如,石阡人,官福清县知县。②

徐𤊻(1570—1642,字惟起,号兴公),明末福州府著名文人,著述甚丰;费道用、杨德周是福州府下的知县,故徐𤊻让善于二人。在崇祯刻本《闽南唐雅》中,编辑者信息如下:"石阡费道用闇如辑,古鄞杨德周齐庄订,三山徐𤊻兴公较。"从分工看,费道用的功绩似乎最大。

---

① 李聿求:《鲁之春秋》卷八,杭州:浙江古籍出版社,1984年,第88页。
② 永瑢等:《四库全书总目》卷一九三《集部四十六·闽南唐雅十二卷》,第1760页。

与费道用关系密切的杨德周，认为费道用也有搜编之功："适得徐兴公原本，与福清费令公极力搜辑，共完此帙。"①明言徐𤊻搜集，其与费道用补辑。《徐氏家藏书目》载："《闽南唐雅》十二卷，费道用、杨德周刻。"②未言谁搜集、谁编辑。徐𤊻在《送福清令公费闇如入觐》言"诗采唐人捐俸刊"，自注："时公捐俸刻《闽南唐雅》。"③即崇祯六年刊刻《闽南唐雅》。徐𤊻认为，费道用的主要功绩是捐献刊刻费用，未提到费道用的搜集、编辑功劳。

正因三人均参与《闽南唐雅》的选编、刊刻工作，故不同的书志标明了不同的作者。黄虞稷《千顷堂书目》载 "杨德周《闽南唐雅》十二卷"，④认为是杨德周编辑《闽南唐雅》。《浙江采集遗书总录》载：

> 《闽南唐雅》十二卷，刊本。右明石阡费道用辑。所录皆唐诗人之系闽产者，凡若干家。⑤

阮元（1764—1849）《文选楼藏书记》载：

> 《闽南唐雅》十二卷，明费道用辑。石阡人。刊本。是书考唐人之系闽产者，卷录其诗，分家编文。⑥

阮元认为主要由费道用搜集、编辑《闽南唐雅》。《钦定续通志》卷

① 杨德周：《〈闽南唐雅〉序》，费道用辑：《四库全书存目丛书》集部第345册，第613、616页。
② 徐𤊻：《徐氏家藏书目》卷五，上海：上海古籍出版社，2014年，第346页。
③ 徐𤊻著，陈庆元、陈炜编著：《鳌峰集·徐𤊻著述编年考证》，扬州：广陵书社，2012年，第1500页。
④ 黄虞稷：《千顷堂书目》卷三一，《景印文渊阁四库全书》第676册，第746页。
⑤ 沈初等：《浙江采集遗书总录》，上海：上海古籍出版社，2010年，第539页。
⑥ 阮元：《文选楼藏书记》卷一，上海：上海古籍出版社，2019年，第72页。

一六三《艺文略八》载：

> 《闽南唐雅》十二卷，明徐𤊹编。

《钦定续文献通考》卷一九八载：

> 徐𤊹《闽南唐雅》十二卷。[①]

《徐𤊹著述编年考证》认为徐𤊹对《闽南唐雅》出力最多。[②]《闽南唐雅》的选编者存在争议，有将费道用、杨德周、徐𤊹三人各自列为选编者的情形。根据当事人杨德周的记载，徐𤊹编辑，费道用、杨德周补充完善，费道用捐资刊刻，使之广泛流传，应该是符合《闽南唐雅》问世的实际情况，即《四库全书总目》的说法更符合事实。

费道用《〈闽南唐雅〉序》言：

> 诗者，风也，风气有开、塞，而诗之盛衰因之，此采风者所必录也。要以塞中有开，而塞中之开犹可留开中之塞，犹之六琯飞灰，吹息微渺。噫，难言哉！闽在唐犹以辽绝天南，差逊于大国，故诗人不多，屈指而所垂诸集，亦鲜连篇累牍之传，乃历至于今。洋洋家沈，宋人钱刘，而独全唐之人，未广全唐之诗，饮河忘源，识者不能无缺陷之憾。
>
> 偶与杨古田南仲抵掌此事，辄共相搜辑，庋此全编，倘亦此土一段嘉话，采风者所必录乎？唯是百卉得春，独以蓓蕾为盛，

① 《景印文渊阁四库全书》第394册，第574页；第630册，第660页。
② 徐𤊹著，陈庆元、陈炜编著：《鳌峰集·徐𤊹著述编年考证》，第1500页。

若遂至烂漫一年花事，便尔零落随之。然则塞中之开，如叶在苞，如甲初拆，尚不足之象。夫不足，正胜有余，此诗家妙景，后人有累千百言之纆纆盈耳，而前人有短什俭幅，引而不发者，果孰胜欤？江河滔滔，滥觞靡极，所以安雅君子慨然有污樽土皷之思。然则塞中之开，所留开中之塞，如柱砥流，如绘后素，尚留有余之意。夫留余胜于求足，此诗家微旨，后人所千万维持而防其泄者，夫即前人纡徐淳涓而蚤为蓄者也，是又不约略胜一筹哉！是编虽耳目止此，不无遗漏，而所传者已十之六七，所可传者已十之八九。庶几三唐诸贤，嘘既朽之灵，于煨烬糟醨中重见其生气，而补亡识小，或亦少益涓埃云。或曰："子曷不称全唐之闽，而称全闽之唐，将毋讥向若欤？"余曰："宿丽天，渎辅海，夫唯全闽之唐不以子男废，而全唐之闽车书玉帛，益会大同矣。此编以备，既去之籍，可乎？"遂次其语而牟诸首。

　　黔阡费道用题。[1]

杨德周撰《〈闽南唐雅〉序》，时间为"崇祯癸酉孟秋吉旦"，[2]即崇祯六年七月。费道用题序的时间，应与杨德周题序的时间相同或在前后一段时间内。

　　《闽南唐雅》在崇祯六年刊刻后，迅速流传开来。崇祯十七年秋末，江西南昌府新建县人陈弘绪（字士业），[3]在新建县张氏书店阅有费道用《（闽南）唐雅》刻陈陶（字嵩伯）诗四十余叶，[4]可见《闽南唐雅》已流传至江西省城。今崇祯刻本《闽南唐雅》卷一一收录了陈

① 费道用辑：《闽南唐雅》，《四库全书存目丛书》集部第345册，第610—611页。
② 《四库全书存目丛书》集部第345册，第611、613、614页。
③ 永瑢等：《四库全书总目》卷七〇《史部二十六·江城名迹二卷》，第621页。
④ 陈弘绪：《书陈陶诗集后》，谢旻等监修：(雍正)《江西通志》卷一四三《艺文》，《景印文渊阁四库全书》第518册，第254页。

陶的诗。①（乾隆）《福州府志·文苑传》唐代部分，也引用了《闽南
唐雅》的内容。②

四、北京之行与《题杨南仲〈铜马编〉序》

崇祯六年五六月间，徐𤏶有诗，题为《送福清令公费闇如入
觐》。③费道用起程赴京入觐是在冬季，与五六月间隔时间较长，当
是在五六月间接到入觐的命令。此外，九月初九日后，曹学佺
（1574—1646，字能始，号石仓，福州府侯官县人）先后有诗送杨德周、
费道用入觐。曹学佺《西峰集》卷下《送福唐大令费仲言》：

> 看君材质自天然，领剧何曾用少年。治迹循良真汉吏，表章
> 风雅尽唐贤。
>
> 双凫冉冉趋云际，五马骎骎向日边。五骎，福唐山名。漫道贵
> 阳生美箭，更须增重在西川。君原籍合州，正予辖处。④

福唐是福清县的别称。曹学佺将费道用比为汉代循吏。曹学佺曾在四
川为官，诗中提到贵阳、西川两个地名，并指明费道用原籍合州、现籍贵
州。（康熙）《福清县志》、（乾隆）《福建通志》、（乾隆）《福州府志》言费
道用是贵州合州人、四川合州人，恐来自曹学佺的诗注。（民国）《石阡
县志》所言合州费广是石阡费广，或源于曹学佺诗注？ 不得而知。

---

① 费道用辑：《闽南唐雅》卷一一《陈陶》，第744—764页。
② 徐景熹修：(乾隆)《福州府志》卷六〇《人物十二·文苑》，第61册，第2页。
③ 徐𤏶著，陈庆元、陈炜编著：《鳌峰集·徐𤏶年谱简编》，第1339页。
④ 曹学佺：《西峰集》卷下，《四库禁毁书丛刊补编》第80册，北京：北京出版社，
　　2005年，第333、393页。案：送杨德周诗，《西峰集》目录作《送杨南仲》，正文作
　　《送杨南仲应朝》；送费道用诗，《西峰集》目录作《送费冲玄》，正文作《送福唐
　　大令费仲言》，费仲言即费冲玄。

崇祯六年费道用入觐之行的相关记录，主要依据杨德周记录此次入觐往返行程之作《铜马编》。

崇祯六年十月二十日，古田知县杨德周启程入觐。十一月十六日，杨德周宿苏州松陵，次日过苏州，继续北行。杨德周记载：

> 舟抵云阳，山带梁朝之陵，水连刘尹之宅，舣棹荒城，正苦无伴，而福清大令费闇如适至，盖原订偕行者。同心握臂，惊喜欲狂；又遇旧友荆大澈，早晤徐松溪，旅魂为苏。二十之一（日），余与闇如陆行，晚宿白兔镇，五更乘月起走句容道中，踉跄间无从寻第八洞天、第一福地。顾咫尺旧都，愧无能摹六朝，赋两京，为国侈丰镐之盛耳。晓起，风劲甚，扬帆渡江。午憩江浦，即古棠邑地，谒庄定山祠。廿有四日，过乌衣巷，止滁阳。时天尚未晚，偕闇如山行，从龙兴寺，东经太仆寺登山椒，游欧阳公醒心、丰乐两亭。亭在幽谷旁，其后祀唐宋五贤，流风余韵，前后相映。①

在应天府句容县境，杨德周、费道用结伴而行。行程匆忙，二人无缘一探茅山仙境，无缘品味南京繁华。

二十四日过乌衣巷，二十八日行宿州道中。十二月初一日晓，过韩庄闸，巳时至滕县，初二日入邹县境，拜孟庙，又行二十里而宿。初四日，自东平起程，"尔夜，度东阿旧治，至更余，尚行寒月。莽苍中道，闻发卒过张秋诸处。嗟乎！弭盗莫若安民，安民莫如蠲税，得不亟以告当宁哉？晚晤慈水方年兄，夜话娓娓"。初五日过茌平，初六日宿恩县，初七日自德州渡黄河进入直隶景州。其时大雪，"晓起，雪

---

① 杨德周：《铜马编》卷上《北征记》，《四库全书存目丛书》集部第184册，第664、666、667页。

深没马足,扶舆六十里","一片银海生花,其防山村、广川台、细柳营、杨树亭,都在冰棱雪柱中"。初九日,在阜城吃午饭,晚宿富庄驿。初十日,自献县北上,晚宿河间。十一日,"竟日行,度任丘二十里而宿"。"雪乍作乍止,飞霰不歇,推车凝冰上,屡经颠踬。晓起,雪深途泞,复舍舆乘桴度寒沍中。"十四日,抵良乡,距京城只有咫尺之遥。杨德周此行路程超过5 000里,费时55天;^①福清在古田之南,费道用的行走路程、行走时间,要比杨德周略多些。

北行途中,杨德周有多首诗作,其中与费道用有关者,如《渡淮和闇如》《寄怀呈闇如》《宿利国驿呈闇如》《同闇如相城道中有怀长乐郑明府,盖夙约偕行也》《四律呈闇如》《途中即事呈闇如邀和》《恩县道中,渐近长安志喜,呈闇如》《读近日名家诗呈闇如》《良乡道中夜酌同闇如》。^②费道用此行也有诗作,但今已不存,只能从杨德周的诗作中判断一二。

费道用与杨德周同为知县,一同入觐,目的相同,从杨德周的活动可见费道用的活动。十二月十九日,杨德周在皇极门瞻拜,^③费道用应参加了此日的活动。崇祯七年春间,杨德周的活动如下:

> 春王之元日,随万国长吏后行礼皇极门。日动仙掌,香浮衮衣,安得唐人早朝应制之章,颂扬盛美哉! 三之日,听部察。二十九日,听陛纠。咫尺天颜,不胜翼翼。二月六日,既陛辞,随于皇极门领敕谕,行叩头礼,从东出。捧读主上爱民至意,以重守令者,综核甚悉,所不洗心以奉扬德意,岂其非人臣耶?

① 杨德周:《铜马编》卷上《北征记》,《四库全书存目丛书》集部第184册,第668、669、670页。
② 杨德周:《铜马编》卷上《北征记》,《四库全书存目丛书》集部第184册,第679、680、681、682、685、686页。
③ 杨德周:《铜马编》卷下《南征记》,《四库全书存目丛书》集部第184册,第692页。

元日即正月初一日，此日参加朝会后，杨德周有《甲戌元日朝退有作》。①杨德周的政治活动，主要是预朝会、听部察、领敕书。费道用进京的目的与杨德周相同，也参与上述活动。

崇祯七年二月初七日，杨德周依旧约费道用南行，"出都门，先后抵长店。是夜，有福唐主人设席戚畹园，邀闇如，余与焉。散，及邸，夜分矣。次日，宿涿州"。初九日，过新城，"一路柳色渐青，野塘水漫，不减江南春意耳。次早，从古虞丘至雄县"。午过莫州，晚宿任丘。十一日，抵达河间。十三日，行七十里，在景州用餐。十四日，过恩县三十里而宿。十五日，过高唐州。二十二日，宿沙河，会晤闽中诸同僚。二十三日，渡韩庄闸，过十里即到徐州界。二十四日午，抵达桃山驿。二十八日，抵达泗州。三月初一日，宿大仪镇，"偕闇如游小兰若，便是一片清凉界。次日，抵扬州"。"急买棹戗瓜步，次日则修禊之辰也。""偕闇如行游江浒，帆挂海门，树依京口。"初四日，抵云阳，费道用因他事暂别杨德周。十一日，杨德周抵达杭州。十三日，费道用在杭州与杨德周会合，二人酌酒湖舫，"连日为堤上游，桃花将尽，烟景亲人，古刹名山，柳汀花坞，游与未游，亦复相半。觉济胜之具，渐不如前，何时拂衣永住六桥钓艇耶？"杨德周待家人不至，流连会城者数日。十八日，费道用先行返回福建。②

南回福建途中，杨德周有多首诗作与费道用有关，分别是《是夜福唐主人宴闇如于戚畹园中，余与焉》《雄县道中，是昨冬一苇渡冰处，作此示闇如》《闇如出茯苓、鹅、鲊为饷》《二月之望，莅平道中和

---

① 杨德周：《铜马编》卷下《南征记》，《四库全书存目丛书》集部第184册，第687、694页。
② 杨德周：《铜马编》卷下《南征记》，《四库全书存目丛书》集部第184册，第687、688、689、690、691页。

闇如韵》《行茌平道中和徐文长〈春兴〉,同闇如□仍用原韵①》《抵济
北,感而作此,呈闇如》《偕闇如步天长桥上》《偕闇如坐大仪之海云
庵,与僧闲话》《禊日戗舟瓜步同闇如闲行江浒望金山》《昆陵夜雨
迟闇如》《酌闇如于湖舫》。②

三月二十六日,在南下回福建途中,于浙江衢州府江山县舟中,
费道用应杨德周之请,为《铜马编》撰写序言。费道用《题杨南仲
〈铜马编〉序》言:

> 去年冬,余以辑瑞之役,次云阳,遇杨子南仲,相与舍舟遵
> 陆。度天堑,涉濠梁,逾淮泗,跻齐鲁,以望燕蓟。行役之次,间
> 以余暇,探胜览古,玩山水以忘劳,话兴衰以寄慨。于是激而饮
> 酒,感而赋诗,诗成则相与存之订之,亦聊以舒远道之郁纡,记岁
> 月之踪迹已耳。然其宵旦之所望而趋,魂梦之所瘝而往,就之如
> 日,瞻之如云,而咫尺之如不违者。则固不敢贪流连之娱,恣笑
> 傲之乐,寄情题咏之间,傲骚人墨士之所为,忘其所有事也。比
> 至京师,入春明,瞻铜马,仰宫阙之嵬峨,睹衣冠之辐辏,虎拜稽
> 首,天子万年,而后喜可知也。事既竣,南仲以所为记若诗若干
> 篇,汇为帙,名曰《铜马编》,授余曰:"吾与子役同行同,而途中
> 之情之志又同,知是编者莫子,若曷为我序之。"
>
> 余惟古王者之制,天子巡狩则太史陈诗以观民风,其于述
> 职亦无不然。故其时政治之得失、风俗之美恶,无不入于歌
> 咏,而皆可以献天子。自三百既杳,而歌谣咏缀不复上陈,于
> 是骚人墨士以其精神口舌之所,求轻用之流,连笑傲之末。不

---

① 案:原诗如此,疑有误。
② 杨德周:《铜马编》卷下《南征记》,《四库全书存目丛书》集部第184册,第695、
696、697、698、701、702页。

过嘲风弄月，绘水写山，以字句之一得，自兢其长而已，究何关于天下？国家之大，间有一二悲愤劳骚，托物比兴，思美人，望君子，而稍出之，浅露者则不免有看桃咏桧之诮，为诗案之蠹；虽有孤怀，而究亦不可以献天子久矣。失诗之无用，而所求于诗者，亦仅曰诗云耳。然则今之所为诗，望三百之藩而未之见者，微独其诗躁发浅薄，不可以语兴观群怨，即其所为诗之心，先自薄也。

南仲积学有原，为政有谱。其为古田令，以经术经世，而职无不修。其入觐天子也暂，而民不能舍，相与攀卧，赠路金，至数百里不止。而南仲夙以贾生治安天下之才，时存杜陵怀感时事之意，故每事未尝不有心天下，而未尝不寄之于诗。然其居心，则平夷浑厚，直追三百，可兴可观可群可怨之。原故其为诗也，不以激，不以夸，其事详而核，其理富而确，故词与理并足。如此者不谓之诗，以当南仲之述职可也。即谓之诗，如古王者之制，以献天子可也。览斯篇者，其务觅作者之志，按其足踪之所经，想其寄意之所注。然则向行役之次，视为探胜览古之余，而其中之所有事者，固原隐隐在笔墨间，宛转淋漓而不容已也。此"铜马"所以名编也。余不知诗，而知南仲，知南仲而不可以辞，而勉为序之。如此，回想江淮齐鲁之间，春明铜马之上，余与南仲谓之役同行同，则可谓情志之同，予则愧矣。

时崇祯甲戌季春之月晦前三日，黔中费道用顿首书于江山舟中。[1]

序言概要回顾了觐见往返情形、作诗缘由。费道用从杨德周的为政出发，认为其以经术为治术，修职有方，得到百姓爱戴，故其作

---

[1]　杨德周：《铜马编》，《四库全书存目丛书》集部第184册，第662—664页。

诗可兴可观可群可怨，直追《诗经》。费道用批评了骚人墨士嘲风弄月、绘水写山而无关天下、国家的作诗观点，认为杨德周之诗虽是述职往返所作，但诗作不激不夸、事详而核、理富而确，恢复了太史陈诗以观民风的传统，可献于天子。费道用关于诗的观点，仍是传统的以诗辅政的诗教观。不过，在明末腐败奢靡、危机四起的社会困境下，费道用的诗教观显然于社会有所裨益。

图3.2 费道用印

五、游黄檗寺与撰《〈黄檗寺志〉序》

福清有名刹黄檗寺。崇祯八年春，费道用游黄檗寺，有诗《乙亥春日黄檗山》：

> 几年闻说此山幽，今日方从静侣求。寻路履披云影湿，隔溪钟泛树声浮。
> 峰开十二莲花碧，轮转三千贝叶流。稽首导师宁用语？安心无法可相谋。

> 雨余罗列玉浮图，万壑松风带鸟呼。新水平铺茵正嫩，淡烟微缀翠偏腴。
> 青鞋布袜招僧侣，白社诗坛摈酒徒。我倦欲留留不得，回头恋煞竹蔬厨。

费道用在崇祯四年任职福清后便听闻黄檗寺，但迟至崇祯八年春才游赏，故言"几年闻说此山幽，今日方从静侣求"。林弘祖《侍费老师游黄檗山次韵》：

十二峰高一径幽，客来曾许静相求。即看潭水何从定？莫问山云底事浮。

演梵正披新敕赐，逢僧偏得古名流。不禁此日重回首，心目悠然已自谋。

山水难穷只按图，每逢灵异便惊呼。何如一策藤根瘦，饱嚼三春笋蕨腴。

棒喝自传黄檗派，诗狂还许白莲徒。移尊试看龙湫好，却起青烟竹外厨。[①]

费道用诗中提到"竹蔬厨"，林弘祖诗中提到"饱嚼三春笋蕨腴"，即二诗为同一时间撰写。生员称知县为"老师"，林弘祖应是福清县的生员。费道用在《〈黄檗寺志〉序》言"余尝同友人入山"，应指崇祯八年的黄檗之游，此友则是陪同其游赏的"学生"林弘祖。崇祯八年，漆园任福清知县。[②]可知费道用在春间游黄檗寺后才离福清知县任。山寺俱幽，禅风浓厚，景色优美，此两诗表现了游赏黄檗山、黄檗寺后的愉快心情。

崇祯十年春，费道用应邀撰《〈黄檗寺志〉序》，其言曰：

黄檗去融邑一舍而遥，深山幽谷，旷非人境。自唐贞元以来，世为丛林。地既清净隐僻，不杂尘俗，缁流非精严戒律者毋敢入，而又代有禅宗高士以为之主。慈云所罩，远迩向被，邑之评丛林之盛者莫能外焉。

---

① 福清县志编纂委员会、福清县宗教局整理：《黄檗山寺志》卷七，福州：福建省地图出版社，1989年，第124—125页。
② 李传甲修：(康熙)《福清县志》卷三《名宦》，第29页。

万历中，叶文忠公在政府，为请于神宗皇帝，得锡藏经，焕然再新。殿阁金碧辉煌，相好光明，隆隆之象，一时未有。凡闻风而至者，莫不容嗟叹息，生皈依心。三十年来，徒众日繁，宗风大畅。于是居士林益夫、比丘行玑等，裒集过去见在一切见闻而为之志，以待夫来者。问序于余。

余尝同友人入山扣费隐禅师，见师皤然清癯，一语不发，而问者自远。其寺僧率循循缩缩，有精进相，因叹曰："此黄檗之所以为黄檗也，向所称岂虚哉！"然窃有欲言于费隐者。夫佛之为教，其要在慈悲广济；而禅之为宗，其指又在使人自得，不落声闻，是二者意本相成，而事则若相戾。彼贸贸而来，如饥人之入太仓，如病夫之入药市，明知可以饱我疗我，而急不得其一赈救，则悲慈广济之道何居？固曰自得，自得耳，又奚赖此破暗之慧灯、度迷之慈筏也？曰："不然！人之于法，始固由于爱恋而欲一得。至其得也，则实无所得，而并爱恋心且一无所有。譬父母之于子，初固怀抱中物也，及其成立，父母之心得矣。然岂能常在怀抱中哉？故当其爱恋也，在爱恋者以为是，而自了然者视之，则非也。比其得也，即得者亦自不自定，而自传心者值之，则有大欢喜者矣。"然则人谓禅家之不轻付与也，而岂知其婆心之独切哉！

饼家子日以饼遗僧，僧即以一遗之，曰："吾惠汝！"子曰："饼为我遗，何反遗我？"僧曰："是汝持来，复汝何咎？"饼家子因有省。又有狂号于道而觅其首者，指之曰："首固在也！"其人遂定。彼贸贸而来者，皆有所持来也，然自有而自不知，是求首之类也。禅师又以持来者还人，而觅其首者犹未知所定也，是岂师之不多方指授哉？不自得之故耳。

黄檗代以宗风重，望黄檗而来归者亦代以宗风重，故志载源流语录为甚详，而余亦举以相同。然是皆筌蹄也。过去现在一切见闻，恐终归于法无涉。倘未来有明眼人，亦惟从自得作探寻耳。虽然，余此言又理障也，并抹之可也。

　　崇祯丁丑岁（十年，1637）仲春，笔山居士费道用题于三山之碧桃轩。①

黄檗寺是福清名刹，源自唐代，代有名僧大德，至明大盛。应福清人、首辅叶向高之请，黄檗寺获赐藏经。费隐禅师是费隐通容（1593—1661），明末清初名僧。费道用此序述黄檗寺之历史发展、盛况，以小故事的形式阐述对佛教的见解：学佛学禅，贵在自得。

六、与福建文人的交往

　　费道用作为福清父母官，与福清和福建省城的文人多有交往。

　　崇祯七年四月，费道用、杨德周拜访徐𤊹，徐𤊹有诗《玉融、玉田费杨二父母见访，留饮山斋，赋此》。②玉融是福清的别称，玉田是古田的别称。在八月、闰八月期间，福州文人聚会于前浙江按察使邵捷春③（字肇复，福州府侯官县人）在于山的冶池园，徐𤊹有《同社合邀福清、古田费杨二令君于邵观察园亭，次茂之韵》，曹学佺有《福唐、玉田二令过邵观察园，次茂之韵》，林古度（字茂之，福州府福清县人）也参加了此次聚会。徐𤊹还有诗《贺古田令公杨南仲考绩》《费福清奏绩》。④十一月、十二月间，费道用、杨德周二人招徐𤊹宴会，杨德周有赠诗《与福清令费冲玄、徐兴公小酌》，徐𤊹有《福清费冲玄、古

---

① 　费道用：《〈黄檗寺志〉序》，福清县志编纂委员会、福清县宗教局整理：《黄檗山寺志》，第5—6页。
② 　徐𤊹著，陈庆元、陈炜编著：《鳌峰集·徐𤊹年谱简编》，第1347—1348页。
③ 　《明史》卷二六〇《邵捷春传》，第6746页。
④ 　徐𤊹著，陈庆元、陈炜编著：《鳌峰集·徐𤊹年谱简编》，第1353页。

田杨南仲二令招宴,次南仲韵》以记之。[①] "南仲"为杨德周的号,"冲玄"是费道用的号。从徐𤊹的记载可见,徐与杨德周的交往更多、更频繁。[②]

徐𤊹《徐氏家藏书目》收录贵州籍文人文集八种,其中有费道用的文集:

> 《费道用集》,字闇如,号笔山。石阡人。崇祯辛未进士。福清知县。

其他七种黔人文集言明了卷数,最少者为一卷,于《费道用集》未言明卷数。[③]徐𤊹一直在增补《徐氏家藏书目》,[④]这说明徐𤊹亲眼见过费道用的文集。或许《费道用集》的篇幅少,无法分卷,或《费道用集》未经细致分类整理以致无法言明卷数而只列题名,均不得而知。从"福清知县"可知,《徐氏家藏书目》记载《费道用集》时,费道用还在福清任知县。概言之,虽然徐𤊹与费道用有过很多文字文化交往,有过雅聚,应该算是朋友,《费道用集》也收入《徐氏家藏书目》,但《费道用集》不说明卷数,从侧面表明费道用的诗文数量不多。

崇祯九年中秋,费道用为福清人欧士海的《保婴录》[⑤]撰写弁言,落款为"崇祯丙子岁(九年,1636)中秋日,笔山居士费道用书于

① 徐𤊹著,陈庆元、陈炜编著:《鳌峰集·徐𤊹年谱简编》,第1356、1357页。
② 徐𤊹著,陈庆元、陈炜编著:《鳌峰集·徐𤊹年谱简编》,第1347—1348、1349、1351、1352—1353页。
③ 徐𤊹:《徐氏家藏书目》卷六,第473页。
④ 马泰来整理:《整理说明》,徐𤊹:《徐氏家藏书目》,第195—196页。
⑤ 关于《保婴录》的介绍,参见马继兴:《马继兴医学文集(1943—2009)》,北京:中医古籍出版社,2009年,第464页。

洪山之寓"，列于天启年间序言之前。①嘉靖中，毗陵朱云辑金石学著作《金石韵府》；明末福建人林尚葵参广、李根较定，成《广金石韵府》。此书五卷，崇祯九年莲庵刻朱墨套印本。崇祯九年中秋，费道用又为《广金石韵府》撰写序言，落款为"崇祯丙子中秋，笔山居士费道用书于三山之碧桃轩"，列于嘉靖年间两篇原序之前。②洪山是福州府侯官县之洪山，据落款可知，费道用寓居洪山碧桃轩。今福州三山是乌山、于山、屏山，不知费道用居住的洪山是哪座山？费道用在中秋撰写两序，换言之，此时费道用已经离开福清知县之任，寓居省城，但福建地方文人仍与其保持良好关系，故有请其作序之举。

崇祯十四年正月十四日，费道用、曾异撰等聚会，游灯市。曾异撰（字弗人，福建泉州府晋江县人）有诗《十四日夜，同费冲玄令君、叶君节，过百龄，林子野、守衡集林守一华鄂堂，因游灯市，仍次前韵》；崇祯十五年正月，费道用、曾异撰等聚会于叶文忠公宅，曾异撰有诗《同费冲玄令君、陈道掌、林守一、守衡集叶文忠公东第观迎春，即席感事。时叶子翼许以梅树饷我》。③叶文忠公即叶向高（福州府福清县人）。换言之，在崇祯十四年、十五年，费道用仍在福州一带居住。

---

① 《保婴录》全文来自日本国立公文書館デジタルアーカイブ。网址：https://www.digital.archives.go.jp/。全文下载见网址：https://www.digital.archives.go.jp/DAS/meta/listPhoto?LANG=default&BID=F1000000000000100460&ID=&NO=&-TYPE=PDF&DL_TYPE=pdf.

② 朱云辑篆，林尚葵参广，李根较定，俞显谟较正：《广金石韵府》第1册，国家图书馆藏，崇祯九年（1636）朱墨套印本，第3—9页。关于此书的提要和版本情况，参见沈津：《美国哈佛大学哈佛燕京图书馆中文善本书志》，上海：上海辞书出版社，1999年，第78页；侯蔼奇：《明崇祯九年刻〈广金石韵府〉版本再审视》，《文津学志》（第六辑），北京：国家图书馆出版社，2013年，第147—155页。

③ 曾异撰：《纺授堂二集》卷六，《纺授堂诗文集》，北京：商务印书馆，2017年，第218、224页。

　　《黔诗纪略》收录费道用诗16首,分别是:《遣闷》一首,《次群玉病中五首》,《淡、言韵,步蔡远卿、林元甫、陈荣子十首》。《遣闷》言:"久客思陇庙,栖栖欲何恋! 故园有佳处,小溪水如箭。""浊醪镇日满,野老相与善。"此时费道用仍在福建。《次群玉病中五首》言"旅中多酒债","客身轻似箭,归念沸如煎。夜夜还家梦,醒来不羡仙"。无职无财,生活困难,归心似箭,夜夜想念家乡的山水,滚沸如煎烹。为何不返回? "诚如禽鸟乐,非是稻粱肥。"有广阔天地可遨游,不是为了衣食温饱。《次群玉病中五首》提到"梗泛孤游子,车旋七指庚"。崇祯八年,费道用离开福清知县任,至崇祯十三年(庚辰)正六年,非七年;此诗作于崇祯十三年?《淡、言韵,步蔡远卿、林元甫、陈荣子十首》又言:"儿女不惭妻不谪,行藏到此是初衣。"妻子儿女仍在身边未回石阡,只是生活困难。"数载南游语作蛮,似官似客海山间。"在福建数年,已会说福建方言,从官员到羁旅之客,驰骋于闽山闽海之间。[1]曾异撰《纺授堂二集》卷二有诗《予方修屋,蔡达卿、董叔理、林元甫相访,因过吴子瑞风徽馆小集,分得六鱼》、卷四有诗《灯夕大雨,同蔡达卿、林元甫诸君集吴子瑞风徽馆,次子瑞韵》。[2]蔡达卿、林元甫都是福建人。《黔诗纪略》所载《淡、言韵,步蔡远卿、林元甫、陈荣子十首》之"蔡远卿",或是"蔡达卿"之误?

　　费道用还与传教士有过交往。崇祯七年七月初五日,传教士艾儒略(1582—1649)自龙江抵福州,费道用拜访艾儒略,有交谈,《口铎日抄》记载了交谈内容。[3]

---

[1]　关贤柱点校:《黔诗纪略》卷一八《费郎中道用》,第717—721页。
[2]　曾异撰:《纺授堂二集》,《纺授堂诗文集》,第163、182页。
[3]　艾儒略、庐安德:《口铎日抄》卷六,上海:土山湾印书馆,1936年,第164—165页;罗群:《传播学视角中的艾儒略与〈口铎日抄〉研究》,上海:上海古籍出版社,2012年,第103页。

七、入清后的费道用

崇祯末年，费道用之冤得解，遂离开福州北上。明清之际，山河鼎沸，战乱不断。顺治二年五月，清军多铎部占领南京，南明弘光政权灭亡。十月，招抚江南大学士洪承畴疏荐原在明朝南京任职的翰林、卿、寺、科道等149名官员，提到"给事中蒋鸣玉、钱源，御史夏继虞，主事鲁近暹、费道用等，留备地方紧要之用"，顺治帝令"所司分别拟用"。[①]可见多铎回京时，带走了大批原明朝宗室、高级官员，而费道用不在其中。不知费道用是否被任用。换言之，清军占领南京时，费道用已在江南。在明清鼎革的社会剧烈变动时期，费道用并未激烈反对清朝。

顺治四年，淮扬海防兵备道周亮工升福建按察使。其秋，顾梦游（1599—1660，字与治，应天府江宁县人）送周亮工于江上，以费道用子嗣等相托。顺治七年，周亮工在福建，作《怀顾与治》诗二首，该诗序言追述顺治四年顾梦游送周亮工之事："予入闽时，与治送予江上，留连不能去，时以宋比玉墓表、费笔山嗣君见托。"顾梦游派其子从周亮工至福建，搜集费道用任福清知县时的文稿，并刊刻行于世。今未见费道用的文稿。顾梦游曾周济多人，也帮助过费道用。顺治十八年夏，周亮工撰《顾与治诗序》，[②]提道：

> 费考功笔山家在石阡，罢官后无所归，与治分宅居之，殁即葬于顾氏先茔旁，岁时祭献，酹酒必渍笔山墓草也。笔山旧为福

---

① 《清世祖实录》卷二一，顺治二年十月戊寅，《清实录》第3册，第190页。

② 周亮工：《赖古堂集》卷四，《清代诗文集汇编》第39册，上海：上海古籍出版社，2011年，第50页；朱天曙、孟晗编著：《周亮工年谱长编》，上海：上海书画出版社，2021年，第64、85页。

清令,刻稿多在闽,颇散失,予官闽时,与治托其嗣弦圃从予行,尽收其旧刻若干行于世。予为赋长歌以志之。①

费道用"罢官后无所归",是指费道用在清朝未获得官职,滞留南京。从顾梦游的周济看,在鼎革后,虽有洪承畴荐举,费道用未获任用,否则不会沦落到需要顾梦游资助的地步。生则割宅居之,亡则营葬祭奠,顾梦游于费道用则友矣。清初文人王晫(1636—1715)在其著作《今世说》中也记录了此事。②"司直""考功",即费道用任吏部司员,或郎中或员外郎或主事,《石阡府志》言费道用终于郎中,然《清世祖实录》言费道用降清时官主事。费道用去职后,因贫不能归,得顾梦游帮助而居于江宁,最后葬在顾氏先茔旁。费道用不能归石阡,除贫困外,恐还有战争的现实因素。顺治年间,西南地区尚为南明永历政权控制,战乱不断,费道用出于自身安全考虑,故未归原籍。

《顾与治诗》卷七载《元夕社集冯秋水方伯玉尺堂,限韵》,其《其九和闇公》言:

春蟾影里见秋毫,列戟门前列炬高。醉倒玉山还授简,欢腾铁甲更投醪。

平原爱客宜绵绣,幕府开筵尽布袍。一代词坛让牛耳,江山润色借风骚。

① 周亮工:《赖古堂集》卷一三《顾与治诗序》,《清代诗文集汇编》第39册,第137页。此序又见顾梦游:《顾与治诗》,《四库禁毁书丛刊》集部第51册,北京:北京出版社,1997年,第290页。
② 王晫:《今世说》卷一《德行》,《四库全书存目丛书》子部第245册,第111页。

冯如京，字秋水，顺治十一年四月任江南右布政使，十三年十月调任广东左布政使。①此诗后有《送周元亮司农被诬入闽勘问》，周亮工因罪入闽路过南京，在顺治十三年正月。②元夕指正月十五日，可知此诗作于顺治十二年正月十五日，费道用参与布政使冯如京召集的宴会。明末清初松江府有徐孚远（1599—1665），字闇公。徐孚远在清军占领江南后，长期从事反清复明活动，③故参加此次元夕社集者，非徐孚远，而应是费道用。顾梦游卒于顺治十七年九月初二日，④则费道用卒日应早于顾梦游，在顺治十二年正月至十七年九月之间。然从顺治四年秋顾梦游送周亮工以费道用子嗣相托可知，费道用应于顾梦游相送相托之前已去世；若费道用未去世，顾梦游何必以费道用子嗣相托。费道用于何时去世，仍不得详情。

费道用有三子：费以诚，康熙二年举人，官贵州定番州学正；费以矩，字仄平，康熙二年举人，官四川新宁县（今四川开江县）知县。⑤费以诚、费以矩同年考中举人，或许是跟随费道用在福建、江南受到较好教育的缘故。费以诚、费以矩二人为费道用之子，考中举人，为（乾隆）《贵州通志》载。（乾隆）《石阡府志》载费以诚是费道用次子，费以矩是费道用子，不知排行；（乾隆）《石阡府志》载费道用有三子，另一子是长子费以经，崇祯时以岁贡官铜仁府训导，亦有文学。《黔

---

① 钱实甫：《清代职官年表》，北京：中华书局，1980年，第1767、1769页。

② 顾梦游：《顾与治诗》卷七，《四库禁毁书丛刊》集部第51册，第388、390页；朱天曙、孟晗编著：《周亮工年谱长编》，第109页。

③ 孙静庵：《明遗民录》卷四〇《徐孚远传》，杭州：浙江古籍出版社，1985年，第305—306页。

④ 施闰章：《施愚山文集》卷一七《顾与治传》，《施愚山集》第1册，合肥：黄山书社，2014年，第338—339页。

⑤ （乾隆）《贵州通志》卷二七《选举》，《景印文渊阁四库全书》第572册，第42页；（乾隆）《石阡府志》卷六《选举》，第360页。

诗纪略》不载费以诚、费以矩而载费以经。[①]（民国）《石阡县志》载费道用长子费以诚、次子费以矩，无费以经，[②]不知何故。

八、结论

石阡费氏自明代中期以来，代有人才，费氏不断有人考取生员、举人、进士等不同层级的科举功名，称之为科举世家，并不为过。

在石阡费氏诸人中，考取科举功名最高者、任职最高者，是天启、崇祯、顺治年间的费道用。费道用在崇祯四年考取进士后，任福建福州府福清知县。在福清知县任，费道用三月内而识福州方言，力剔害民之弊，协助剿灭海寇，造福地方之事，不胜枚举。费道用爱民而为地方豪强中伤，于崇祯八年"误入弹章"，罢官离职。福清百姓极力挽留，终不可得。在明清鼎革后，费道用入名宦祠，这是福清官员、地方士绅、百姓对他的肯定。

费道用在福建期间，为五种书籍撰写序言，与福建文人多有交往。费道用与古田知县杨德周补充、完善福州文人徐㷛编辑的《闽南唐雅》，且为之作序，在崇祯六年出资刊刻。崇祯六年冬至七年春，费道用入觐，与杨德周偕行，为杨德周入觐之作《铜马编》撰写序言。崇祯八年春，费道用游黄檗寺。同年，费道用去职。离开福清知县任后，费道用寓居福州府洪山碧桃轩，在崇祯九年为福清人欧士海的《保婴录》和福清人李根等编辑的《广金石韵府》撰写序言，在崇祯十年又为《黄檗寺志》撰写序言。在知县任上，费道用与福州府文人徐㷛、曹学佺等有较多交往；离职后，见于记载的交往较少，仅在崇

① （乾隆）《石阡府志》卷六《选举》，第363页；关贤柱点校：《黔诗纪略》卷一八《费郎中道用》，第717页。
② （民国）《石阡县志》卷八《选举志》，第418页；卷一二《人物志·费以矩传》，第473页。

祯十四年、十五年与泉州文人曾异撰有过交往。后费道用北上。顺治二年，清军占领南京后，在明朝任职的费道用降清，获招抚大学士洪承畴疏荐，但未获任用。费道用后得南京人顾梦游资助，在南京居住并去世于南京。

自出仕始，未有记载言费道用回过石阡，石阡关于费道用的文字极少。费道用有三子，均出仕，且有两子在贵州中举。石阡费氏在清代更盛，或有费道用产生的积极影响。

第四章　清代石阡知府陈奕禧

　　陈奕禧（1648—1709），字子文，又字六谦，号香泉，又号玉山居士[1]，浙江杭州府海宁县人。陈奕禧先后任安邑县丞、深泽知县、户部郎中，康熙三十九年（1700）以户部郎中分司大通桥，四十三年（1704）抽选石阡知府，四十四年到任，四十七年（1708）任江西南安知府。陈奕禧擅长碑帖、书法，雍正帝曾编辑其作品为《梦墨楼帖》十卷；[2]陈奕禧是康熙年间诗坛大家王士禛（1634—1711，号渔洋山人，山东济南府新城县人）的门人，亦擅诗，诗"清稳"。[3]康熙五十六年，查慎行赴广东道经南安，有诗悼陈奕禧，"太息南安守，居官仅二年"。[4]即在康熙四十八年，陈奕禧在南安知府任上去世。

　　在石阡历任知府中，陈奕禧的实际任职时间极短，但为石阡留下

---

①　《虞州集》的作者题为"玉山居士海宁陈奕禧纂"，见《清代诗文集汇编》第173册，第168页。

②　《皇朝通志》卷一一六《金石略二》，《景印文渊阁四库全书》第645册，第545页。

③　沈德潜编：《清诗别裁集》卷二五《陈奕禧》，长春：吉林出版集团股份有限公司，2017年，第838页；王士禛：《分甘余话》卷三《陈奕禧》，北京，中华书局，1989年，第61—62页；邓之诚：《清诗纪事初编》卷七《陈奕禧》，上海：上海古籍出版社，2013年，第782页。

④　查慎行：《敬业堂诗集》卷四七《过南安伤陈六谦太守》，《查慎行集》第6册，第1095页。

了珍贵文字。

一、选任石阡与赴任

在康熙四十三年二月十三日后的二月，陈奕禧选任贵州石阡府知府之职，作诗《二月选得黔之石阡守，古夜郎也，口号一首》，[①]非陈奕禧在《天下第一郡楼记》中回忆的"甲申一月，铨得黔之石阡郡守"。陈奕禧回忆选得石阡府时的情形：

> 其时十四缺皆美而近，惟余独掣边远，辇下满汉大人先生与余有堂属年谊交亲者，都为扼腕。先是，前守以粤西公帑议处，此缺方出，需次及余，因默揣："我设选此当奈何，惟有听乎天而已。"不期竟得之，怡然自处，未尝动乎中也。出朝归邸，见家人辈，谛目相视，阁泪欲下，因之悄然改容。迨旬日来，索逋渐集，拮据之门断，始萧然无策矣。……尝观京师中言贵州者，多以鬼方置之，鄙弃不足道。余引见畅春园，亲承政府公东直、京江、泽州太息云："此子可惜！"渔洋司寇公谓余："诸困苦且弗论，第为子再三寻好处属县，仅一无赔累之虞，边俸较腹地颇速，此二事庶几可慰。"[②]

石阡为边远之地，满汉大员、户部同僚、亲朋好友都为陈奕禧感到惋惜。陈奕禧在选官之前做好了心理准备，"怡然自处"，但在家人的眼泪和债主的逼迫下，也不得不"悄然改容"，"萧然无策"。王士禛欲为陈奕禧寻一好府，但各县均有赔累，且任石阡府后可升迁迅速，算

---

① 陈奕禧：《春霭堂集》卷六、卷七，《清代诗文集汇编》第173册，第68、73页。
② 陈奕禧：《春霭堂集》卷一三《天下第一郡楼记》，第129页。

是陈奕禧选得石阡府的些许幸运和补偿。

选得石阡，陈奕禧无力改变，开始了解、熟悉石阡。在三月十六日后的《咏怀》诗中，陈奕禧提到了"石阡有乐回江"，并提到明代学者陈献章给其弟子石阡知府祁顺的诗。①这说明陈奕禧正为赴任石阡做积极准备，了解石阡的山川地理和历史。

五月二十三日，四川布政使于准调任贵州巡抚。②"夏末，得大中丞于公擢自蜀藩之命，去计方决。"③有熟人便好做官，陈奕禧与本省巡抚于准相识，最终下定决心赴任。

"甲申（康熙四十三年）七月将赴黔中"，④陈奕禧的计划未能实现。九月，陈奕禧还为大理寺书写《大理寺诫约》，署名是"户部湖广司郎中知贵州石阡府事陈奕禧书"。⑤陈奕禧已经接受石阡知府之职并向世人宣示。九月二十一日，陈奕禧终于离开京城，此时距选任石阡知府之职已经过去了约7个月。赴任石阡，得到了同僚和亲朋的帮助，资助钱财，陈奕禧后来回忆道："赖群公族党各尽情，亲资其舟车，遂茫然挈家，泊群书、秦汉唐墨拓五六千卷以行。"⑥

出京前，陈奕禧有诗《别大司寇渔洋夫子》，赠别其师王士禛。⑦王士禛《送陈子文出知石阡六首》：

> 铜柱南头道路长，江流犹接楚人乡。祇如太史浮湘去，一路看山到夜郎。

① 陈奕禧：《春霭堂集》卷七，第74页。
② 《清圣祖实录》卷二一六，康熙四十三年五月辛酉，《清实录》第6册，第188页。
③ 陈奕禧：《春霭堂集》卷一三《天下第一郡楼记》，第129页。
④ "陈奕禧1704年作行书杂诗册手卷"，雅昌艺术网。网址：https://auction.artron.net/.
⑤ "陈奕禧 成亲王 书 题 康熙四十三年（1704）作《大理寺诫约》卷 手卷"，雅昌艺术网。
⑥ 陈奕禧：《春霭堂集》卷一三《天下第一郡楼记》，第129页。
⑦ 陈奕禧：《春霭堂集》卷七，第78页。

　　曾见挥毫侍玉除，柏梁章句右军书。如今却逐征蛮府，谁复论诗更起予。

　　当年彩笔赋皋兰，又遣题诗到锦官。今日牂牁江上路，相如书檄不曾难。

　　鹧鸪声里路迢迢，兵气初从瘴气消。要使夜郎知汉大，红苗近带紫姜苗。

　　又见文翁远剖符，蛮荒何必减通都。牂牁名士西京后，犹有当时盛览无。

　　自怜白首未归田，尔复南征望跕鸢。心折潞亭帆隐处，两行衰柳数声蝉。①

王士禛追述陈奕禧的往事，想象其赴任后的情形。同为王士禛门人的汤右曾（1656—1722，字西厓，浙江杭州府仁和县人）以诗《次新城先生韵，送陈六谦郎中出守石阡》送别：

　　竹歌西下楚天长，白纳乌蛮又一乡。他日欲寻人物志，风流应记旧曹郎。

　　离尊犹忆绕前除，谓丙子秋典试入黔时。万里征轺逐贡书。谁料十年还此别，西风渺渺独愁予。

———————

① 王士禛：《带经堂集》卷六〇，《清代诗文集汇编》第134册，第552页。

遥看按节下且兰，荒徼崎岖为一官。叱驭尚留心事在，握蛇骑虎不艰难。

山城斗绝望迢迢，不噉防榔食已消。莫怪瘴云低地黑，五溪风土接三苗。

龙底江滨古石田，此行未用怅飞鸢。侍中会要挥毫手，待赐黄金附耳蝉。①

除王士禛、汤右曾赋诗送别陈奕禧外，查慎行（浙江杭州府海宁人）也有诗《送陈子文出守石阡八首》送别：

橐笔多番到直庐，墨淋漓洒玉蟾蜍。一麾自拥君恩出，砮石先应刻御书。君为部郎时，屡召赴南书房作行楷书，前后再赐宸翰。

瘦岭荒江路七千，一家迢递向蛮天。不知赕布巴賨外，可有公畦太守田？用《南史·伏咺传》事。

鸟道中开斗大城，蹋歌处处合芦笙。风流郡伯褰帷入，赤脚花鬘次第迎。

清香昼静双枝戟，碧树春垂小桁帘。预算铃斋无俗事，一泓冰镜照吟髯。

---

① 汤右曾：《怀清堂集》卷一〇，《清代诗文集汇编》第195册，第569页。

碑版光传照裔文，临池妙手继鹅群。翻防讼牒纷难却，判尾争先乞使君。

四十年来好弟兄，梦中曾共蹑蓬瀛。子文初赴选，梦与余兄弟同入朝，已而果验。白头岐路天南北，忍便匆匆赋渭城。

短衣犹记走边头，烽火遥连古智州。今日故人乘传去，太平时节话前游。庚申、辛酉，余在贵阳幕府，故及之。

宦迹知从历政深，单装宁肯负初心。归舟不载葵花石，要使清名过郁林。《石阡府志》："城南龙洞有两石，如盘形，类葵花，洞中产纹石，俗名醮果，任人赏玩，不得携归。"①

查慎行入同乡、贵州巡抚杨雍建幕，到过紧邻石阡的铜仁府，熟悉贵州、石阡的情形。此诗介绍石阡、贵州的状况，回忆往事和兄弟情谊，并祝陈奕禧履任成功。

十月初五日，陈奕禧在天津。腊月，陈奕禧泊舟扬州，流连同学好友的文酒之会，并在扬州府仪征县（真州）过除夕。

溯江而上，一路朝西，陈奕禧于康熙四十四年三月初四日泊舟武昌。继续西进，沿途经过嘉鱼、赤壁、岳阳、巴陵、洞庭湖、龙阳县、常德府、辰州府、黔阳县等地，②陈奕禧于四月到沅州府的黔阳县、芷江县境。③陈奕禧在《看山吟寄渔洋夫子》中概述了在湖南境内的行程：

① 查慎行：《敬业堂诗集》卷三一，《查慎行集》第5册，第695—696页。
② 陈奕禧：《春霭堂集》卷七，第79、81、82、83页；卷八，第84、87、89页。
③ 陈奕禧：《春霭堂集》卷八《小雪浪石铭》《闻蜩》，第89、90页。

一路看山到夜郎，新城赠诗诚有取。揭来常德楚南郡，溯流
六站辰州府。

轻舟再上三两日，泸溪辰溪过溆浦。其间叠嶂与层峦，奇奥
浅深难觏缕。

连延尖峰刺霄汉，忽削绝壁瞰水浒。平山特立本仙境，绿萝
积翠开闾圄。

明月空池蟾影照，夷望单椒水中柱。……①

"从常德棹小舟溯辰沅而上千余里，其间重峦叠嶂，潆水湍流，不知几
经层折而至镇远。"沿途山水不同于北地、江南，宛如仙境。镇远位
于黔楚交界之地，往云贵可从湖南经水路直抵镇远，在镇远换乘陆路
前行。陈奕禧自镇远"西北行荒翳丛箐，三日而至郡。幽邃窈窕，又
莫可纪"。在抵达郡城的路途中，陈奕禧经过了乐回江，"至是入境，
先渡此江，顾视山川深秀，胸中殊觉旷然"。②

二、陈奕禧任石阡知府前的心态

陈奕禧的心态，在到石阡知府任之前，有集中的真实表露。

陈奕禧《乐回集》第一首诗《二月选得黔之石阡守，古夜郎也，
口号一首》，谈到抽选为石阡知府后的心情：

主知自结本无媒，橐笔蓬莱作赋回。惭愧夜郎行万里，何曾
我有谪仙才。③

① 陈奕禧：《春霭堂集》卷八，第90页。
② 陈奕禧：《春霭堂集》卷一三《天下第一郡楼记》，第129页。
③ 陈奕禧：《春霭堂集》卷七，第73页。

时运不济,无李白之才却得夜郎之官,心中有丝丝震惊。陈奕禧与翰林年羹尧同宿额驸揆方白浮园,"何期剪烛联床夜,无限离情楚水涯"。① 与友人联床夜话,谈及即赴遥远的石阡任职,依依话别。陈奕禧《既得石阡料捡藏书漫作》言:

> 将欲黔中万里行,客心忽忽似悬旌。家传独子犹为累,装满群书未是轻。
>
> 卅载梦违吴地久,一帆风落楚江清。龙标更上牂牁去,谁道书生得郡荣。

陈奕禧《丁香花下》言:

> 丁香四树我所植,红白纷披对倚阑。荏苒九年虽是客,花应认作主人看。
>
> 物情变换真无那,花自开时春又阑。荏苒九年原诗客,花应不作主人看。②

将赴万里之遥的黔中,群书做伴。在京生活九年,所植丁香花在春季花枝招展,石阡之任不能不赴,而丁香花不能随身带走,自己只不过是丁香花的过客而非主人。陈奕禧《三月十六日》言:

> 王阳自古叹多歧,李广凭谁论数奇。时有此人非世用,我之不遇是天为。

---

① 陈奕禧:《春霭堂集》卷七《与年翰林亮工同宿揆额驸正叔白浮园》,第73页。
② 陈奕禧:《春霭堂集》卷七,第73页。

> 一官渐老贫逾旧,边郡携家去莫辞。赢得苍凉眼前事,却成佳话入新诗。[①]

陈奕禧有王阳之叹、李广难封之感,不遇乃天为;然转念一想,"穷达何妨各自贤",[②]既老又贫,也只能携家带口赴边郡,边郡的"苍凉眼前事",可作新诗成佳话。

"算来不是潮州贬,也有蛮乡路八千。"康熙四十四年(1705),陈奕禧已58岁,步入衰老之境,赴边地任官,路途遥远,免不了辛劳,白发也会增多:"独看衰鬓当秋色,已隔红尘别故人。"陈奕禧已经想到了石阡迎接新知府的情景:"蛮佬争迎白发翁。"[③]

虽查阅过石阡的资料,如石阡地理、历任石阡知府与典故等,陈奕禧对石阡有一定程度的了解,但对石阡仍充满了和常人并无二致的想象:"城无门扇长防虎,郡少钱刀只食咸。"石阡的城门有老虎来袭,民间皆以盐交易。[④]陈奕禧《咏怀》,设想了在石阡履职的情景:

> 石阡荒远穷无取,郡阁先闻有碧梧。打点图书相伴坐,三年只当著潜夫。

> 恰好分符得夜郎,一麾远去我何伤。乐回江水流千古,乍可今宵入梦长。石阡有乐回江。

---

① 陈奕禧:《春霭堂集》卷七,第74页。
② 陈奕禧:《春霭堂集》卷七《赠别沈缄贻之安阳》,第75页。
③ 陈奕禧:《春霭堂集》卷七,第80、79、78页。
④ 陈奕禧:《春霭堂集》卷七《别阿鹤亭太史,次来韵》,第77页。

道苦论穷不可闻，独行真自惜离群。天心若为怜孤寂，故遣追陪吕广文。时同铨府博吕，吾浙会稽人，寄籍黔中。

长物萧然载五车，只携八口便为家。师门今日同祁顺，应有新诗寄白沙。明祁顺守石阡，其师陈白沙赠以诗，曰："三年饱读石阡书，习气而今想破除。"此诗末句盖指渔洋夫子也。①

陈奕禧的畅想建立在查阅各种典籍的基础上，且询问了到过贵州之人，以尽可能地了解石阡，甚至连府衙中有梧桐树都已知晓。石阡荒远，政事简单，离群索居心伤。陈奕禧认为也有"因祸得福"之处，可远离尘世的喧嚣，可做隐士，饱读图书。赴任"西南徼外州"之石阡，"半载挈家行万里"，②携带家眷，且将要居住三年，石阡便是家。在陈奕禧看来，任职石阡也有悠闲生活，也有诗篇回赠师友。

"两地梦多牵凤阙，一身天远托蒲帆。从知此后萦心话，欲写如何载短缄。"石阡地处偏远，交通不便，与友人说知心话，只能写言简意赅的短笺，且要少通信。③"野水浮将天共远，风帆稳与客相亲。才知不著朝衫乐，钓艇渔矶暂结邻。""安恬自适惟高枕，省却朝班递职名。"④离开京城，也有意想不到的幸运，可享受田野乐趣，免去官场的繁文缛节。陈奕禧憧憬着即将到来的桃源生活。

在湖南境内，陈奕禧有《浮名》诗："薄宦三十载，浮名其奈何。……

---

① 陈奕禧：《春霭堂集》卷七，第74页。案：陈奕禧引陈献章诗为"三年饱读石阡书"，实际是"六年饱读石阡书"。

② 陈奕禧：《春霭堂集》卷八《泊岳州城下》、卷七《楚南之地，余所未经，自武昌放舟嘉鱼道中作》，第84、83页。

③ 陈奕禧：《春霭堂集》卷七《别阿鹤亭太史，次来韵》，第77页。

④ 陈奕禧：《春霭堂集》卷七《由通州登舟》《十月五日天津晓吟》，第79页。

老身将病骨，犹自涉风波。"①有懊悔之意。综上而论，漂泊在旅途中的陈奕禧的心情，复杂且多变，但缺少意气风发、为国为民干一番事业的雄心壮志。

三、陈奕禧与石阡

陈奕禧于康熙四十四年闰四月十七日到石阡知府任，②距在北京选任石阡知府已过去约15个月。(乾隆)《石阡府志》说陈奕禧于康熙四十四年到任，③符合实际。

"予生平无他嗜好，惟于山川之名胜、金石之文字有独癖焉。"④直隶深泽县有甘泉，故陈奕禧自号"香泉"，《春霭堂集》的题名信息为"海宁陈香泉著"。从陈奕禧任石阡知府期间的相关诗文看，关于石阡山川名胜的记载极少，大概是任职期限短的缘故。

与石阡直接相关的诗作，只有两篇，其一是作于闰四月十七日的《石阡上日适久旱而雨》：

> 云湿双旌出树头，盘回岩壑渡奔流。亭思喜雨东坡记，山胜环滁永叔游。
>
> 领郡未尝非刺史，图南今乃入夷州。老夫尚觉风流甚，血色绯袍映石榴。

此诗记述石阡的天气。石阡久旱，"上日"就是上任之日，上任第一

---

① 陈奕禧：《春霭堂集》卷八，第84页。
② 黄益整理：《陶楼文辑》卷一三《跋陈香泉书》，黄彭年：《陶楼诗文辑校》，济南：齐鲁书社，2015年，第368页。
③ (乾隆)《石阡府志》卷三《职官》，第322页。
④ 陈奕禧：《春霭堂集》卷一三《深泽县香泉记》，第125页。

日便下雨，算是好兆头。其二是《署斋独卧》：

> 绿树阴浓覆石台，东峰千尺翠屏开。晓窗日色迟迟上，巧啭
> 幽禽唤梦回。郡衙面西，五老峰在郡楼后。

此诗提到石阡的优美环境：府衙附近的名胜五老峰、绿树、鸟鸣、幽
禽。另有一篇《寿平越梁太守》，虽是在石阡知府任上作，但与石阡
无关。[①]

（一）"天下第一郡楼"

陈奕禧关于石阡的文字，集中于知府衙门。陈奕禧因公因私游
览过很多地方：

> 余当束发，涉钱江，探禹穴，还渡扬子；经宋汴入邺，转由严
> 滩，上豫章，登滕王阁，观入境台；逾梅岭，极两粤，登阅江楼、五
> 层楼；返过彭蠡，乱淮浮河，入燕；复至大梁，再游齐鲁，登光岳
> 楼，上泰岱，归览金、焦、北固；更由燕赵宦于晋，以转运历渭溯
> 汾，游太华；入秦，越六盘，出长城，抵甘、兰，经沔、陇，尽汉、沔
> 入蜀；更历九江，宿琵琶亭，上匡阜，访赤壁寒溪，登晴川、黄鹤、
> 岳阳楼，眺洞庭，上君山，溯五溪、桃源入黔……[②]

在赴任石阡知府前，陈奕禧在山西安邑县、直隶深泽县、北京等地为
官，并纵游各地，见过各种衙门，但印象最深刻者为石阡。

初至石阡府衙，"大门南向，数级而登，仪门西向，又数级而登堂，

---

① 陈奕禧：《春霭堂集》卷八，第90、91页。
② 陈奕禧：《春霭堂集》卷一三《天下第一郡楼记》，第131页。

又数级而入后堂,又数级而入内宅,则峇然有楼焉"。过大门、仪门、堂、后堂、内宅,需要步步登阶梯而后能至。"楼之旁作两厢,于北厢设一木榻以安太守。"到时已晚,闭厢门,安枕而卧。次日晨,睡梦中的陈奕禧被家畜的嘈杂声扰醒:

> 微明未起,辄闻喧声,则牛羊游于后堂。郡每阙官,民间畜牧,忘其为公廨也,出入熟径,无怪乎,而新太守从者能无骇然。行香排衙毕,无所为郡事也。次第施条约,补隙突,严门户,立釜甑,安奴仆。

石阡府常缺官员,故牛羊在府衙后堂中穿行,堂堂府衙沦落为牛圈羊圈。于是陈奕禧完成行礼上香、见过属员属吏等到任事宜后,整顿、布置府衙。衙门后堂有楼,陈奕禧登楼,可一览府衙全貌:

> 稍暇,乃登楼延瞩,见轩楹豁然,疏牖洞达。中间方广二丈,左右居房室,以回廊绕之。中庭老桂一树,榴花敧倚,高出前檐;丛竹一林,芭蕉引绿,便娟于垣右。余补之以荼蘼、栀子,错杂相间,高桐八株,森阴护槛,繁蕊低垂,紫薇、白槿、小竹数千竿,拥老桂四树环峙于后窗,芙蓉、林禽、枣榴交互,墙内点缀,尤密檐后。
>
> 便临石磴,林木在磴上,磴下开寻丈小池,侧生金丝、荷叶、凤尾、翠云海棠、九节石菖蒲、蒙茸缠络,素鲦、金鲫游泳噞喁于浅碧间。小景幽踪,跬步便得。
>
> 穿磴出林,有平台,可施三间屋,或竟作台,玩月亦佳。
>
> 台北石径数十武,缘坡起石岩。四五岩隙,清泉一泓,供郡守之饮啜。泉北深涧,淙淙合流,若琴瑟铿然悦耳。涧北岭脊延亘东上,桃、李、椒、桐、冬青、椿、柏、皂荚、榆、槐蓊郁,曲迤中露

孤石，建一亭焉。

涧西下平地二十亩，马圈豚栅而外，可以引泉种艺，得百斛稻。余将修理，且于坡间栽竹成园，则尤可欢也。

由亭南陟度涧，上平阜，梨蜡被冈，翠篠满涧。又有桃、李、枣、榴数十树，其高下处拟辟篱门，门外结团瓢，瓢南隙地凿方沼三四丈，下莲藕、菱芡之属。沼西高柳古柏地尚十余亩，太守之菜、姜、葱、薤、蒜、蕨、茄、瓜殖焉。凡此皆楼之映带也。

府衙之内，种稻、蔬、果等多种植物，养有牛、羊、马、豚，有磴、池、林、岩、台、涧、亭、沼，"江山花木泉石俱美"，是生活的福地。

楼中陈设亦佳，"设帘幕列几案于楼之中，有馈楠瘿器者，落然并陈，图书炉研，秩然洒然，览望穆然，吟哦悠然"。楼是衙门的制高点，立于楼上可眺望石阡郡城周围的名胜：

面当府山、天榜、万马屯、太虚洞，离然翠屏，矗立平江，油然作匹练界之。背负高峰，俯仰五老人，屹然扶杖，接引顾盼，若欲语笑。伴云寺，晨钟夕梵。响流岩，半时方春夏之交，晴雨不常，况在深山穷谷，云光恍惚，峦霭虚无，顷刻变态，应接不暇。

登楼可赏石阡美景。陈奕禧的结论是："我得此楼，真欣然，乐而忘忧，虽金华玄畅、武昌南楼，应未具此幽赏矣。"[1]在素有烟霞之癖的陈奕禧眼中，石阡知府衙门是一幅令人心醉的田园山水画。可以肯定，若非在石阡之日浅，陈奕禧定会留下更多关于石阡的优美文字。

---

① 陈奕禧：《春霭堂集》卷一三《天下第一郡楼记》，第129—130页。

陈奕禧给府衙之楼题额曰"天下第一郡楼"，并题对联："地僻民穷贪无可贪，此郡之清为天下第一；山围水绕赏不胜赏，此楼之佳为天下第一。"陈奕禧后送《天下第一郡楼记》给杨宾（1650—1720）。康熙四十七年春，应贵州巡抚陈诜之请，杨宾赴贵州作幕，写下了石阡"天下第一郡楼"诗：

寄题陈香泉使君天下第一郡楼

楼在石阡府官舍。"天下第一"者，香泉守石阡时楼额也。

石阡太守最风流，不比龙标与播州。行部每过诸葛寨，挥毫多付夜郎侯。闲时野鹿随双毂，醉里山花插满头。闻道鹧鸪啼不住，春风吹上郡东楼。

万山深处水淙淙，不卷珠帘挂绮窗。总为声华居第一，也教楼阁号无双。才同苏子真能继，治比吴公未肯降。从此西南荒徼外，人人知道乐回江。江在石阡境内，香泉以名其集。[①]

陈奕禧之文采风流，使石阡美名在外。

（二）简短任期

石阡府赋税收入少，属苦缺，"丁赋粮税，总二千五百有奇。郡所亲辖，补垫之余，岁入百金耳。公事交际，来往衣食，悉取办于此。何待备举，已知不胜其苦"。但石阡府的政事简单，"其境南北七八十里，东西四五百里，兵民茅屋数百家聚而居。石郭半倾，城无门扇。虎狼时至，禽鸟交啼。讼庭无人，苗猡屏迹。且去官道远，静而无扰，亦黔之最"。到石阡后，陈奕禧迅速地喜欢上了石阡，"余既乐乎此，

---

① 杨宾：《杨大瓢日记》，《杨宾集》，杭州：浙江古籍出版社，2012年，第435页；柯愈春编：《杨宾年表》，杨宾：《杨宾集》，第543页；杨宾：《晞发堂诗集》卷七，《杨宾集》，第70页。

自适其性也。自适其性，盖天与之合，曾何勉然"。①

　　到石阡后，"居半月，藩伯张公以书来召，述于大中丞公久望余至，闻已入镇远，亟欲相见。余因初到，欲略知情形，方可上谒。更十许日，张公书复来趣。不得已，暂舍郡楼"。②从书信可知，布政使张建绩述巡抚于准欲见陈奕禧，陈奕禧以到任未久不知石阡情形，不便上谒，婉言拒之。很快，张建绩第二次书信相催，陈奕禧不得不赴贵阳。换言之，陈奕禧离开石阡知府任，不是公文调动，而是私信相招。陈奕禧以为暂舍石阡，不料竟成永别。

图4.1　陈奕禧"石阡太守"印④

　　五月二十四日，陈奕禧启程离开石阡前赴贵阳。从康熙四十四年闰四月十七日到任，至五月二十四日离开石阡，陈奕禧实任石阡知府仅36天。

　　据（乾隆）《石阡府志》载，在康熙四十四年，陈奕禧与守备黄璋重修石阡城隍庙正殿、后殿及雨廊、乐楼。③在36天的简短任期内，难以完成如此大的工程。恐是陈奕禧、黄璋两人发起重修，待陈奕禧离任后由黄璋一人督理完工。

（三）将石阡知府官衔刻入诗文集，以石阡乐回江作为诗集名

　　陈奕禧有《春霭堂集》十八卷，刻于康熙丁亥秋即康熙四十六年（1707）秋，地点在吴门即苏州。《春霭堂集》分为诸多小集，卷一至卷二为《香泉小稿》，卷三至卷六为《含香集》，卷七至卷一二为《乐回集》，以上各集为诗；卷一三至卷一八为杂文。每卷卷数之后，均写

① 　陈奕禧：《春霭堂集》卷一三《天下第一郡楼记》，第130页。
② 　陈奕禧：《春霭堂集》卷一三《天下第一郡楼记》，第130页。
③ 　（乾隆）《石阡府志》卷五《秩祀》，第337页。
④ 　湖北美术出版社编：《中国篆刻字典》，武汉：湖北美术出版社，2013年，第359页。

著者，内容是：贵州石阡府知府前诰授奉政大夫户部湖广司郎中奉命监督宝泉局大通桥海宁陈奕禧香泉。

从题名看，未写陈奕禧任江西南安知府的官职。康熙四十六年秋，陈奕禧还未到江西南安知府任。在康熙四十六年四月下葬于北京玉河的大学士明珠子揆方之妻、册封郡主觉罗氏（1681—1706），其墓志铭的书丹者是陈奕禧，云"贵州石阡府知府海宁陈奕禧书丹"。康熙四十七年正月纳兰揆方（1680—1708）去世，于二月中旬下葬，其墓志铭的书丹者仍是陈奕禧，云"诰授奉政大夫户部湖广司郎中江西南安府知府海宁陈奕禧书丹"。[①]即在康熙四十六年秋至四十七年春之间，陈奕禧获得南安知府之职。王士禛也说陈奕禧在戊子（康熙四十七年）补任南安知府。[②]由此可见，在未获得南安知府之职前，陈奕禧重视石阡知府之职，并将其刻入诗集。

陈奕禧将赴任石阡及在云贵之经历的诗作汇编为《乐回集》，共六卷。《乐回集·自序》言：

> 天下之苦莫贵州，若贵州之苦莫石阡。若然，则石阡者，乃天下至苦之郡。何乐也？石阡有江名乐回，知其苦，故思其乐。余出守石阡，将欲往而期于回，故命余到官之诗为《乐回集》也。夫盈天地间皆机也。余何以知石阡有乐回江？顾翰林书宣，因余初选此邦，录《一统志》之所载，以发其机也。游子、征夫、羁人、宦子于道途之际，有所触而见于篇章，亦各言其性情而已，不知其机有先发焉。吾宗兄弟在朝者，官资可秉节钺，惟实斋兄一人。于大中丞既移江苏，余望兄之来，不意其竟来也。兄来而弟

---

① 皮福生：《吉林碑刻考录》，长春：吉林文史出版社，2006年，第346、347、455、356页。案：原文将"相国明公之弟三妇"理解为明珠之第三位夫人，误。
② 王士禛：《分甘余话》卷三《陈奕禧》，第61—62页。

得回避归矣。是"乐回"名集之机先发于二年之前，而应于二年之后也。《阴符经》，黄帝之书也，余有取乎尔已，该括而不遗矣。故举其语，以牟诸简端。

康熙丁亥二月，海宁陈奕禧香泉自题。[1]

康熙丁亥（四十六年，1707）二月，陈奕禧已出贵州，在返回江南的旅途中。即使离开石阡，陈奕禧亦感到后怕："石阡者，乃天下至苦之郡。"这种后怕在抽选后便已产生，故在到任之前，暗自下定决心，"欲往而期于回"。怎样才能离开呢？翰林顾书宣抄录《大清一统志》中的资料，祁顺得知石阡府有一条河名曰乐回江。乐回江，在今石阡县西南，（弘治）《贵州图经新志》载：乐回江"在葛彰司东南，其源有三，至方竹合为一流，出司之东北而注之深溪大江"。[2]《读史方舆纪要》载：乐回江"在（葛彰葛商）司南。其源有三，至方竹箐合为一流，出司东北，又折而西流，注深溪入乌溪"。[3]石阡的乐回江，可使自石阡乐回？果不其然，时来运转，族兄陈诜任贵州巡抚，陈奕禧因回避而离开石阡。

四、离开石阡后的陈奕禧

前往贵阳的路途，陈奕禧有文《贵阳行记》记之，其中关涉石阡的地名：

乙酉五月二十四日，入省谒各台。出郡南门，由温泉，八里

---

① 陈奕禧：《春霭堂集》卷七，第73页。《乐回集·自序》又收入（民国）《石阡县志》卷一六《艺文志》，第513页。

② （弘治）《贵州图经新志》卷六《石阡志》，第68页。

③ 顾祖禹：《读史方舆纪要》卷一二二，北京：中华书局，2005年，第5330页。

过万锦庄至龙底渡江,二里至湾塘。居民十余户,以烧盆罐为业。逶迤而来,田塍上下,绿秧弥望,借溪水以沃灌郡中之膏腴也。又五里白岩塘下岩渡江,即龙底江也。岩路甚险窄,多天竹、腊梅。十里至平贯,属镇远。回龙寺午食,寺多棕榈,居民三十户。出村即将军崖,左崖壁立千仞,崖下多九英梅、南天竹。舆马不可行,步而降,又登崖十里,至铁厂宿。居民四十户,竹木茂密,峰峦回互,土风淳朴,甚可乐也。

二十五日,十里至大底方,六里至大地式,八里过龙洞。有泉自洞中出,洞深不可测。又十七里至路漱,午饭。路漱旧为石阡属,今思南争去已久。十里至茶园关岭。下岭右行,上偏桥路也。自郡至路漱抵关,是赴任所已经。今分路西上,荒涩更甚,茅箐没路,人烟绝无。二十里至翁头,稍有田畴。二十里至谷定宿,施秉县属。自翁头至此,稍平,然越数重岭壑始得到,道里极长,行至昏黑,几百余里矣。①

六月初二日晚,陈奕禧在龙里县的谷觉住宿,贵阳已近在咫尺。"去行十日,以六月四日谒中丞。"五月二十四日离开石阡,六月初四日在贵阳谒见巡抚于准。在贵阳期间,陈奕禧得到于准的细心照顾,生活轻松自在:

公甚悦,未及他语,即问曰"尔家口几何,以何为自食计",且告司道诸公,石阡地小,不足劳其治,可留省办理公事……捐给廪食并膳家口赀,诸公亦各以力相助。授馆于牙门东偏书院,出入台中,咨略治道。

① 陈奕禧:《春霭堂集》卷九《贵阳行记》,第91—92页。

于准亲自关心陈奕禧的生活，并造舆论，以石阡地小不足治，让陈奕禧留在贵阳公干。在巡抚的带动下，贵阳官员也捐资帮助陈奕禧。陈奕禧在巡抚衙门附近授徒，并不时出入巡抚衙门，出谋划策。十月，陈奕禧前往安顺府，署理贵西道。[1]

康熙四十四年除夕、四十五年春节，陈奕禧在贵西道衙门。正月初二日，陈奕禧有《二日出安顺郭门即事》诗。其后，陈奕禧到过清镇县西的威清关、贵阳等地。四十四年十一月，贵州巡抚于准调任江苏巡抚，左副都御史陈诜外任贵州巡抚。[2]得到于准调任的消息后，陈奕禧有《上于大中丞公》诗。陈诜（1644—1722，字叔大，号实斋）是浙江海宁人，与陈奕禧同族，陈奕禧称陈诜为三兄。陈奕禧在《闻巢少司寇自留都调工部侍郎喜寄》中说："时余以三兄抚黔，将引例回避改补。"此诗之后，陈奕禧有诗《枭署闲吟》《初春龙里即事》。即在二月，陈奕禧署理贵州按察使，并在初春到过龙里。陈诜在四十五年到贵州巡抚任，陈奕禧赴平越迎接。"三月，家兄至。五月，交印回避。"[3]很快，回避之请得到批准。"京师故人以得回避寄书致喜甚众。"陈奕禧细说了交接的过程："予以四月十日回避，疏上，十九日交枭印，五月廿六日交石阡府印。"云贵总督贝和诺屡次相召，盛情难却，陈奕禧于六月二十一日自贵阳启程前往昆明。[4]陈奕禧后自昆明返回贵阳，自贵阳离开贵州，在四十六年正月初四日抵达湖北汉阳、二月十二日抵达铜陵、二月二十七日抵达京口。[5]"江上归舟远人，万里缅怀兹楼，邈不可见，欲求题纪，故著斯篇。"在归途之

① 陈奕禧：《春霭堂集》卷一三《天下第一郡楼记》，第130—131页。
② 《清圣祖实录》卷二二三，康熙四十四年十一月庚辰，《清实录》第6册，第243页。
③ 陈奕禧：《春霭堂集》卷一三《天下第一郡楼记》，第131页。
④ 陈奕禧：《春霭堂集》卷九、卷一〇，第94、97、98、100、102页。
⑤ 陈奕禧：《春霭堂集》卷一二《春正四日渡江至汉阳》《铜陵道上即事》《京口作》，第121、123、124页。

江舟上，陈奕禧回忆出守石阡之始末原委、石阡府衙、府衙之楼及离开石阡在贵州各地为官、与巡抚于准交往等情形，成文《天下第一郡楼记》，编入《春霭堂集》卷一三。①

陈奕禧离开石阡后，先后署理贵西道、按察使，因回避巡抚陈诜而最终离开石阡知府任，即在康熙四十四年五月二十四日离开石阡后再未回到石阡。换言之，《乐回集》之得名缘由与石阡直接相关，但关于石阡的内容极少。

康熙四十六年十二月，陈奕禧北上京城途中，回忆在石阡的情形，成《忆石阡郡四绝句》：

> 山半古招提，云光日夕迷。无人扣禅榻，长听白猿啼。
>
> 郭外温汤水，楼头万马山。追游吾自乐，郡境尚相关。
>
> 归后已一载，犹思五老峰。蛮中有奇赏，都付白云封。
>
> 秋色梧桐老，春风桃李蹊。未忘斋阁胜，欲往梦应迷。②

"山半古招提"，言位于府衙附近五老峰的伴云寺。"郭外温汤水"，是城外的温泉，陈奕禧应沐浴过温泉。"云光日夕迷"，指石阡的天气，陈奕禧在石阡期间，"方春夏之交，晴雨不常，况在深山穷谷，云光恍惚，峦霭虚无，顷刻变态，应接不暇"。③"楼头万马山"，是指环府衙、

---

① 　陈奕禧：《春霭堂集》卷一三《天下第一郡楼记》，第131页。该文又收入（民国）《石阡县志》卷一六《艺文志》，第538—540页。
② 　陈奕禧：《春霭堂续集》卷二，第2册，第4—5页。
③ 　陈奕禧：《春霭堂集》卷一三《天下第一郡楼记》，第130页。

府城之重山复岭。当然,最让陈奕禧追忆的,是五老峰。总之,"蛮中有奇赏",僻远的石阡对陈奕禧而言,是一段难得的经历,有值得回望之处。

与祁顺一样,陈奕禧赴任石阡前,万千思绪涌上心头,畏惧者有之,畅想者有之,抱怨者亦有之;到石阡任后,面对现实,履行职责,撰写关于石阡的文字。陈奕禧实任石阡知府仅36天,任期极短,不能与祁顺任石阡知府超过六年相比,陈在任期间留下的文字极少。因缘际会,在离开石阡后,陈奕禧对石阡念念不忘,将在石阡的见闻特别是关于知府衙门的相关见闻,撰写成《天下第一郡楼记》,为石阡留下了珍贵的历史记录。

陈奕禧离开石阡,一是心有其想,二是得人协助。陈奕禧在碑帖、书法、诗文等方面有一定的造诣,并在京任职九年,曾奉召赴南书房赋诗作书,[①]在官场中亦有一定的影响力,故于抽选石阡之初便有京城大僚为之叹息,到任未久便得贵州巡抚于准两次书信相招,在贵阳和署贵西道、署按察使任上徘徊,最终因回避制度而顺利离开石阡。

---

① 陈奕禧:《春霭堂集》卷五,第61页。

第五章　石阡成氏家族与成世瑄

在（民国）《石阡县志》中，除费氏家族外，记载较多、社会影响较大的家族，是成氏家族。梳理石阡成氏的发展概况和重要人物的历史，有其必要。

一、石阡成氏家族概况

石阡成氏家族，最早可追溯至明初的成昌功。成氏"先世籍金陵，再迁湖南临武。明初有讳昌功者，以武备将军征黔。子自福，以武功授镇国将军，家于（石）阡"。成昌功子成自福，字九一，"洪武三十年领军征苗有功，敕封镇国将军。永乐二年，迁家于阡城北之下屯"。[①]成氏在明初任武官，移民石阡，应是跟随明初的入黔移民浪潮。

成自福后十余世，有对石阡成氏发展产生巨大影响的人物——成人。成人，雍正乙卯（十三年，1735）拔贡，乾隆甲子（九年，1744）举人，乙丑（乾隆十年，1745）进士，江西即用知县。[②]

---

① （民国）《石阡县志》卷一三《人物志·成世瑄传》《人物志·成自福传》，第477、481页。
② （民国）《石阡县志》卷八《选举志》，第419、423页；卷一三《人物志·成世理传》，第479页。

成人有子成光后。成光后有子成应受，廪生。成应受有子五人，分别是：长子世瑄，次子世瑾，三子世琪，四子世理（原名世玙），五子世瑗。

成世瑄有五世祖成克贤，（民国）《石阡县志》载成克贤的义举：

> 公下地成氏，世瑄五世祖也。尝早行经过张家溪桥头，于草间拾小包裹，审之为不动尊也。因思"僻乡山路，往来甚稀，谁曾遗此重坠之物而不自觉者，姑坐伺之"，终日无所见。薄暮归，以告同堂昆弟，佥谓："宜且秘之，虑闻风者之妄思冒认也。"公曰："我方思揭帖相招，果使言之符，即当举以畀之。正虑遗失多金之关人身命，而敢秘之耶？"三日犹无人过问。公熟思曰："此殆非近乡人之遗之也，未有经数日而不寻问者。若远人过客，或犹不审囊底之存亡。"后讫无寻者。公乃曰："此正傥来之物，独私为不祥，我有以处之矣。"于是出而营运权子母，凡周急扶困，善事义举，悉取给焉。
>
> 公赴饮邻村，醉归，夜将阑矣。主人二子笼烛伴送，甫及门，瞥见有人值之。送者前烛之，诧曰："盗也！"公谛视，为邻人某，见其仓皇难堪状，亟解之曰："此岂盗窃者耶？日间来买米，约以薄暮俟此，不虞我之晚归也。"送者曰："其潜之暗陬，见人瑟缩，胡为者？"公曰："殆避我谇谯耳。"乃招之，并坐堂中，曰："累子枵腹久待。"呼家人具食讫，予之米三升而去。送者归，每称述于人云。[1]

依世系推测，成克贤当生活于康熙年间。此轶事由两个小故事构

---

[1]　（民国）《石阡县志》卷一九《杂志·成克贤公轶事》，第565页。

成：故事一，以小说笔法，惟妙惟肖地描绘成克贤拾金后的各种思考和举动，均处处为丢失财物之人着想。最终未有人寻找财物，该财物归成克贤处理。然成克贤未将之私吞，而是用来行善事，取之于他人而用之于他人。民间偷鸡摸狗的小盗小窃之事，屡见不鲜，故事二反映成克贤为盗窃者讳，将盗窃者说成订约借米者，自己反成失约之人，给人造成不便。积善之家，必有余庆，在(民国)《石阡县志》看来，成克贤有善心，行善事，故后嗣昌盛。

(民国)《石阡县志》载成世瑄之父成应受的传记："字谦庵，城北乡下坉堡人，思南府学廪生。生平孝友肫肫，居乡里，读书教子外，培成后进不少。以长子世瑄贵，累封朝议大夫。郭尚先为撰墓志。"郭尚先(1785—1833，字元开，号兰石，福建兴化府莆田县人)《诰封朝议大夫成应受墓志铭》言：

> 嘉庆癸酉(十八年，1813)，余典贵州乡试，得成太守世瑄卷，心异之。及出闱，见其士大夫皆曰："成某宜隽。其尊人，孝子也，父病绝粒，则请于神，以身代，梦神如王者服，召而慰之，授以简，寤而父能进淖糜，日以瘳。"嗟乎，神信有之！顾梦寐仿佛耳，非其平日诚孝，有以信于人，虽梦且验，人何能信之且称道之？君以道光庚寅六月三日卒于杭州府署，春秋五十七。太守邮书至蜀，属为墓志铭，辞甚悲。余乌能文，顾感太守之孝，不欲辞。为志曰：
>
> 君讳应受，字集益，号谦莽。先世自江南徙湖广，再徙石阡家焉。曾祖周爽；祖人，进士；父光后。君幼嬴甚，顾溺苦于学，未弱冠，洪稚存学使深赏之，补弟子员。陆文恭公视黔学，尤以国士视君。五应乡试，皆荐而不遇。父殁，遂绝意进取。学于君者甚众，凡得君指授者，言动衣冠，不问知为成先生弟子。性恬

雅无近，然是非所在，侃侃持之。乡里有小争，得君言立解，败行者恐。君知家非甚丰，而人求者恒副其意。就养越中，虽不问郡事，顾所以教太守皆蔼然仁者之言，闻者无不叹服。始封庶吉士，再封杭州府知府。子五，世瑄由编修守杭州；世瑾，廪生；世琪，早卒；世玙，拔贡；世瑗，廪生。女二，皆方恭人出。孙五。太守奉君枢，是年葬盘鹤山。铭曰：

力孝愉愉，眠绳以趋。曰理曰孚，浮筠在瑜。有谷贻子，学宏治美。君顾而喜，以茗辨水。示儿谆谆，孰耳属垣。民欣以奔，诵君之言。君言无改，影徂心在。铭示千载，飞光扬采。①

成应受生于乾隆三十九年（1774），卒于道光十年（1830）。成应受得学政赏识，但屡考举人不中，以生员终身。成应受居家有孝，调解邻里纠纷，培植人才，造福乡里。

成世瑄有孙名成学醇，更名成学懋，中同治己巳（八年，1869）恩科补行咸丰己未、辛酉并同治壬戌三科举人，官四川叙永直隶厅同知。②（民国）《石阡县志》收录成学懋诗三首，分别是：《游伴云寺同治三年甲子》《九日伴云寺登高用杜少陵〈九日登高〉韵》《夷州感时八首用杜陵〈秋兴〉韵》。③夷州，是指叙永直隶厅。成学懋有子岁贡生成钟彦。④

成世理（1799—1857），成世瑄弟，道光甲午举人，大挑一等，官山

---

① （民国）《石阡县志》卷一三《人物志·成应受传》，第468—469页；卷一六《艺文志》，第535—536页。案：《人物志》中所载郭尚先撰成应受墓志铭与《艺文志》中所载郭尚先撰成应受墓志铭，为同一墓志铭，但二者文字略有不同，此采用《艺文志》。

② （民国）《石阡县志》卷一三《人物志·成世理传》，第421页。

③ （民国）《石阡县志》卷一六《艺文志》，第550—552页。

④ （民国）《石阡县志》卷八《选举志》，第428页。

西赵城、武乡等县知县。①贵阳府人、翰林院编修寇嘉相撰成世瑄传:

　　公讳世瑄,字君佐。诞君之年,庭前枯桂复荣茂着花,因号樨生。兄弟五人,次居五,世为石阡府人。童年,太公亲课于家,公谐仲兄世瑾、季弟世瑗同砚席。闭小楼中,寒暑不辍。性敏悟,记诵恒兼人,年十二,熟诸经,背诵终卷无舛。试以《左》《国》,悉能举其词。太公晚年中酒舌强,言语謇涩,讲说为难,往往点定章句,命瑄率讲义,兄弟互为辨析,次第执卷至案前讲解。太公凭几而听,窃觇颜色,以定是否,不合则退,而反复绎思,至再至三,必视霁颜首肯而后已。未几,同补学官弟子,汔于庠。家故贫,恒借父子昆弟廪糈给朝夕。富家有延公为师者,啗以重聘,太公意妨学业,峻辞焉。伯兄官京师,每缄所业往质,得为之批穴导窾,指摘疵颣,由是文誉噪甚。

　　道光乙酉,考拔膺首选,学使程春海学士深赏之,赠诗有大小苏之喻。丙戌,朝考不遇。伯兄守吴兴,贻书令留京应京兆试,且嘱从毛君树堂、李君煌游,以其人品高洁,为馆阁牟冕。公因往依,朝夕奉为师资,两年之间,学殖日富而行谊亦日高。由其观法于两先生者久,受其陶铸,为已多也。甲午,举于乡。屡上春官不第。甲辰,大挑一等,以知县签分山西。初至,从事谳局,听断平允,遇疑狱反复推鞫,至忘食寝,决不忍事刑求,卒能得情定谳,无翻异者。或以仁柔短之,太守陆公曰:"成君,儒者,听讼固宜如此,然吾信其无冤抑也。"八月乡试,充弥封官。事竣,奉檄署赵城县事。邑自乙未戕官狱起,未深惩创,奸徒漏网者玩视王章,民气嚣张,舡法者多。下车之始,棍衿轻公初试

---

① （民国）《石阡县志》卷八《选举志》,第420页。

官，不习其术，巧为尝试，大猾阴持其后。公揣其情，不露声色，密得其挟持播弄实迹，辄绳以峻，罚不轻贷，民情由是慑服，谓公为治严猛，相戒勿触犯。及治渠长张佐蕤官挟众一狱，恩威互用，无纵无枉，颂声大作。上游以此重之。将交替，勉留，逾岁始受代以去。自是奉檄谳案外郡无虚日。丁未，署武乡县，为治无异赵城。

　　轮补有期，卸篆后遽以母老请养归。从此戢影里间，教授生徒，主郡城讲席三年，成就者众，而群从子弟亦皆蜚声茂实，铮铮庠序。癸丑，丁母忧。服除，将赴补。值群苗倡乱，盗贼勾结蜂起，郡邑沦陷。公奉檄治团练杀贼，以功保举同知直隶州。未几，间左邪匪继炽，患近肘腋，公部署防御，秘运方略，间其腹心以散其党，阴遣使叩军府求助。军至，果一举而贼平，井里无恙。有招公出游者，丙辰，治装入蜀，名区胜地，所至勾留，至锦城浃月而病作。丁巳春还家，至秋而逝，[①]年五十有八。生于嘉庆己未十一月十三日，其殁也，为咸丰丁巳六月十四日。

　　曾祖讳人，乾隆甲子、乙丑连捷进士，江西即用知县。祖讳光后，累封通奉大夫；妣胡氏，封夫人。考讳应受，廪生，累封通奉大夫；妣方氏，封夫人。兰生方伯，讳世瑄，公伯兄也，官江宁布政使，权总督。次兄字橘生，廪贡生。又次讳世琪，处士。世瑄，早卒。季弟字少蘐，廪生，工诗画，诗宗苏、陆，画法瓯香馆，秀逸天成，为时推重；卒于杭州。公榜名世玙，甲辰更今名。初娶方氏，生一女。续娶王氏，无出。贺氏，生子其泗，出继处士君为后，早卒。继吴氏，生子六：其济，辛酉科拔贡，候选通判；其

---

① 　案：此言"至秋而逝"，后言咸丰丁巳六月十四日殁，此年立秋在六月十八日，故不能称"至秋而逝"。

澍，议叙八品职衔，复后处士君；其滋，湖南县丞；其泽，从九品；其澜、其浔，业儒。女三，适贡生周百钧、廪生金德林、湖南补用知县李元良，皆吴出。孙学经、学绅、学纪。

　　问之阡人，盛称公家庭雍睦，礼法严整，诸昆天性肫笃友于，尤足矜式。微时，太公每夕坐庭中独酌，课书膏油或不济，案上孤灯荧荧，命诸子并肩读，诸妇就灯前操作，深宵不辍。处士君治农功尽瘁，犹坐庭隅织屦相伴，不忍先读者就寝，衣履甘享垢敝，让新洁者予昆弟。有时节缩口腹，以饷夜读。处士独交让至泣下，至性天成，惜未三十而殂。公毕生茹哀不衰。娶王氏，无出，公敬事如母。初以长子为之后，不禄，复以三子后之，至今王氏以节旌于朝，皆公有以成其志焉。公一生坦直和易，为乡里所敬服。其处骨肉间，尤能恩义交，尽为人所难及，不备书为志其闻于人者，以见其友于之谊，实足以风励末俗云。①

此传叙述成世理生平、为官情形和先祖、子孙情形。从此传可知，石阡成氏人才辈出、持续兴盛的原因主要有二：一是成氏子弟自幼刻苦学习；二是兄弟、子侄等一家人互相扶持。

　　成世理有子六人，长子成其济，字小椐，咸丰辛酉（十一年，1861）拔贡，"工诗，善隶书，外省寄纸求书者颇不乏人"。②成其济有《石阡成其济自撰年谱》。③成其济又著有《齿纪》一书，其中部分内容涉及咸丰五年、咸丰七年、同治元年的号军起义、攻占石阡等

---

① （民国）《石阡县志》卷一三《人物志·成世理传》，第478—479页。
② （民国）《石阡县志》卷八《选举志》，第423页；卷一三《人物志·成其济传》，第478页。
③ 李黔滨主编：《贵州省博物馆藏品集》，贵阳：贵州人民出版社，2013年，第162页。

地方重大历史事件。(民国)《石阡县志》卷九《武备志》共引用《齿纪》4次。^①

在咸同年间的贵州社会大动乱中,成氏子弟卷入其中:

> 成其沛,字雨农,廪生,北乡下屯(地)人。天资豪迈,临事能断。时值群贼蜂起,奉札办理团务,北路一带倚为长城,累有战功,保至同知。先是,承平日久,乡里闻乱多惊散,其沛乃继售家人簪珥,作修地费,以为众倡,由是各地皆成,逃者得以归耕。同治四年五月贼陷城,其沛闻之,立召集团勇汪洪顺、韩耕林等,授以方略,协同城绅杨通铨各率所部,夜至南门,缘梯而上。汪洪顺实先登,内外响应,歼贼几尽,脱者寥寥,足征平日训练有方,临时遣用得人也。
>
> 成学醰,号古腴,北乡下地人,廪生。因乱移家阡城。奉阡守札委办理城防巡查公务。同治四年五月十三日夜,城陷,殉难。^②

成其沛在城外兴办团练,训练有方,率众收复郡城。成学醰避乱城中,办理城防,最终战死。成其济有诗纪之,即《哭古腴侄死难郡城五月十四日》。^③

此外,清代石阡成氏还有岁贡生:成周荣(官湄潭县训导)、成大山、成学栻。^④

---

① (民国)《石阡县志》卷九《武备志》,第436、437页。
② (民国)《石阡县志》卷一三《人物志·成其沛传》《人物志·成学醰传》,第483、489页。
③ (民国)《石阡县志》卷一六《艺文志》,第550页。
④ (民国)《石阡县志》卷八《选举志》,第426、428页。

费氏家族人才众多,官职最高者是进士、郎中费道用,其世系在(民国)《石阡县志》中未有明确记载;成氏之人才无费氏多,但官职最高者是进士、翰林院庶吉士、江宁布政使、护理两江总督成世瑄,其世系在(民国)《石阡县志》中有较明确的记载。

二、成世瑄行实

在石阡成氏中,影响最大者当属成世瑄。刘淳《成方伯传》载:

> 公讳世瑄,字师薛,梦兰而生,故小字兰生。性颖异,四岁能诵唐诗百余首及《易》卦、《书序》。八岁属文,赠公雅有深识,不令就试。年十六,补弟子员,顾芹芬学使特器之。嘉庆癸酉,拔萃登乡举,入郭兰石大理之门。大理负文学巨望,书为一时宗工,公仿之绝类。大理对客,常自叹弗如。丁丑成进士,改庶吉士,散馆,授编修。乞假归省,还都,充武英殿提调。道光壬午,分校顺天秋闱。乙酉,京察记名,以道府拣发浙江,补湖州知府,调杭州兼署督粮道篆,卓荐。后丁父忧,服阕,入见,特授甘肃宁夏府知府,调署兰州,旋擢江安督粮道,迁河南按察使,再迁江宁布政使。居三载,以劳疾卒,年仅五十有三,未竟厥用,时议金惜之。[①]

《成方伯传》概括了成世瑄的生平。兹据档案等资料,勾勒成世瑄的生平。

嘉庆二十二年五月初七日,引见新科进士,成世瑄成翰林院庶吉士。二十四年闰四月初八日,引见丁丑科散馆人员,汉书二甲庶吉士

---

① 缪荃孙编:《续碑传集》卷三四,上海:上海人民出版社,2019年,第1257—1258页。

成世瑄任编修。[①]成世瑄出生时，父亲成应受梦仙姑赐兰花一枝，后为成世瑄取小名兰生。成世瑄入职翰林院，成应受在成氏家族聚居地即石阡城北二十里的下屯建仙姑庙，"以志不忘"。[②]

道光二年五月二十八日，道光帝令每日召见翰林官员一员，编修成世瑄在召见之列。[③]四年二月，成世瑄任武英殿修书处提调。[④]潘焕龙（字四梅，号卧园，湖北黄州府罗田县人，道光五年举人）回忆武英殿的校书生活：

> 武英殿以晨入直，校书之暇，辄与提调诸先生话，至日午始散。今连平颜鲁舆伯焘先生开藩保阳，安吉郎苏门葆辰先生观察黔中，贵筑张晓瞻日最先生出守叙州，石阡成兰生世瑄先生出守杭州，在都门者惟赞善安岳王先生炳瀛、编修韩先生大信。公余相忆，辄不禁风流云散之感。[⑤]

成世瑄任武英殿提调，工作清闲，生活惬意。五年二月十一日，引见京察一等圈出官员，成世瑄等交军机处记名，以道府用。[⑥]成世瑄外任浙江湖州知府。（同治）《湖州府志》载："成世瑄，贵州人。进士。道光六年任。江伸，安徽人。监生。道光七年任。"[⑦]七年

---

① 中国第一历史档案馆编：《嘉庆道光两朝上谕档》第22册，桂林：广西师范大学出版社，2000年，第138页；第24册，第196页。
② （民国）《石阡县志》卷三《秩祀志》，第364页。
③ 《清宣宗实录》卷三六，道光二年五月辛丑（二十八日），《清实录》第33册，第646页。
④ 《内阁大库档案》，登录号：060120，道光四年二月。网址：https://newarchive.ihp.sinica.edu.tw/mcttpc/mctwebtp?@@0.23258478160660334.
⑤ 潘焕龙：《卧园诗话》卷二，高洪钧编：《明清遗书五种》，北京：北京图书馆出版社，2006年，第169页。案："成兰生世瑄"，当是"成兰生世瑄"，据改。
⑥ 《清宣宗实录》卷七九，道光五年二月己巳（十一日），《清实录》第34册，第274页。
⑦ 宗源瀚修：（同治）《湖州府志》卷五《职官表·郡守》，台北：成文出版社，1970年，第74页。

五月十一日，署浙江巡抚刘彬士奏报将被讦杭州知府张允垂暂行解任审讯；二十日，刘彬士奏请调成世瑄署理杭州知府。刘彬士说："成世瑄精明练达，办事结实，堪以调署。"闰五月初八日，道光帝朱批"览"，同意成世瑄署理杭州知府。[①]成世瑄任杭州知府时，厅事联云："湖山在目，玉局曾来，又七百年于兹矣；冰雪为心，金科勿扰，斯二千石之职欤。"[②]成世瑄又作《西湖鉴影图》，名流多有题咏。潘焕龙有梅花书屋，成世瑄任知府时，有诗《题潘四梅〈梅花书屋图〉》。[③]

道光十年（1830）六月，成世瑄父成应受卒于杭州府署。成世瑄回石阡守制三年。十三年六月，成世瑄在圆明园应召，有《癸巳六月召对圆明园纪恩诗》。[④]随后，成世瑄外任甘肃宁夏府知府，调署兰州知府。钱仪吉撰成世瑄传载：

> 癸巳，服阕，入都引见。后召对圆明园勤政殿者七次，蒙赏克食。天颜和霁，历询浙中三任治状，复谕云："朕之知尔，非由外省大吏保举，亦不关在廷荐扬，朕盖得之浙绅之讴思。从前原谓尔大有作用，果不谬！"又垂询母氏年齿及曾否迎养，圣明宠异至矣。甫七日，而有宁夏之命。莅任一年，调兰州，兼署兰州道。[⑤]

① 《清代档案检索系统》，统一编号：故机056128；统一编号：故机056247。网址：https://qingarchives.npm.edu.tw/.
② 梁章钜：《楹联丛话》卷五《廨宇》，梁章钜等编著：《楹联丛话全编》，北京：北京出版社，1996年，第53页。
③ 莫庭芝、黎汝谦采诗：《黔诗纪略后编》卷一六《成布政世瑄》，第436页；潘焕龙：《卧园诗话》卷二，第155页。
④ （民国）《石阡县志》卷一三《人物志·成应受传》，第468—469页；卷一六《艺文志》，第535—536、548页。
⑤ （民国）《石阡县志》卷一三《人物志·成世瑄传》，第477页。

成世瑄在浙江任职期间，勤政为民，官声好，得到道光帝的赏识。道光帝强调，不是地方大吏的保举，也不是朝廷大臣的举荐，而是自己赏识成世瑄。换言之，成世瑄已经得到道光帝的青睐和眷顾，飞黄腾达，指日可待。[①]在甘肃，成世瑄有故事。梁恭辰载：

> 甘肃有两县令，甲强而乙弱，皆劣员也。值家大人在藩任办理计典，将劾乙以疲软，外间以揣摩及之。甲与乙素有隙，闻而大喜，即于公庭面诋之，乙怒形于色而隐忍不敢较，众皆为不平。未几，计典榜发，则甲适亦以浮躁被劾。乙乃反唇相讥，闻者快之。甲两颧发赤，几欲戟手而前，为众所格，而愤跳愈不可耐。时成兰生方伯世瑄为兰州守，目击其事，令仆役挟之归寓，遂成狂易之疾以终。方伯笑语人曰："昔有人自言，今早登黄鹤楼，欲观江中覆舟以为乐，竟无一舟覆者；归见荷磁器者入城，失足尽碎，差快人意。似此幸灾乐祸，心术阴恶，其言至令人不忍闻。此在市井无赖之徒或所不免，不料士大夫于功名得失之际，竟有蹈此辙者，宜乎灾及其身也。"[②]

"家大人"指梁恭辰的父亲梁章钜，道光十五年八月至十六年正月任甘肃布政使。幸灾乐祸，市井无赖或所不免，而士大夫应不屑为之。甲县令落井下石，公开诋毁，最终以浮躁被劾，得狂易之疾而终。成世瑄认为，为人当心术端正，否则伤及自身。

---

① 道光帝提拔自己赏识的官员的典型事例，可见任恒俊：《晚清小史》，上海：东方出版中心，2020年，第193—196页。

② 梁恭辰：《北东园笔录续编》卷二《幸灾乐祸》，《北东园笔录》，《笔记小说大观》第29册，扬州：江苏广陵古籍刻印社，1983年，第265—266页。

道光十六年六月十六日，上谕任成世瑄为江安粮道。[①]在金陵，周际华（1773—1846，贵阳府贵筑县人）有诗题《西湖镜影图》（即《西湖鉴影图》），诗题为《金陵题成兰生观察〈西湖镜影图〉》，而成世瑄促成周际华纳妾。[②]十七年九月初四日，成世瑄由江南江安粮道升任河南按察使。[③]从嘉庆二十二年五月中进士至道光十七年九月官正三品的河南按察使，除去守制三年，成世瑄用了17年，升迁较为迅速。周际华《致成兰生廉访》：

> 前以于役东台，不获拜送河干，顷承惠书，觉拳拳眷爱，益使我望云引睇也。近谂麾节钺于两河，知官民之共戴，梁园有福，梓里分荣，且与荫堂方伯接佩联裾，飘飘然旧日之清班，翕翕然今朝之霖雨矣。华赋质庸愚，时虞绠短，而书中乃以才大心细目之，益觉针芒在身，恝然汗下。
>
> 今年漕事，较旧章力为减耗，非沽名也，谷贱伤农，实所不忍，且损上益下之道，即上下相亲之理，民各有良，是以欢乐多而怨咨少也。帮费之难移，执事早洞悉矣，亦只求率由旧章，不至变本加厉，吾愿已足。漕事之不可为，诚不知伊于胡底，幸而怨我者稀，爱我者众，差以告慰知己尔。

从"近谂麾节钺于两河"可知，此信当作于道光十七年九月成世瑄升任河南按察使之后。兴化与东台同属扬州府，相距不远，此年，周际

---

① 中国第一历史档案馆编：《嘉庆道光两朝上谕档》第41册，第255页。
② 周际华：《诗钞》，《家荫堂汇存》第2册，贵阳：贵州人民出版社，2020年，第388页；周际华：《一瞬录》，《家荫堂汇存》第1册，第332页。
③ 《清宣宗实录》卷三〇一，道光十七年九月己卯（初四日），《清实录》第37册，第681页；中国第一历史档案馆编：《嘉庆道光两朝上谕档》第42册，第325页。

华任兴化县知县。①周际华致信成世瑄，祝贺成升迁。漕粮之政，在
道光年间已弊端丛生，周际华论及的帮费等漕弊，人所共知，虽在道
光十七年力加整顿，但终究不能革除。十七年十二月，成世瑄为河南
粮盐道李钧（1792—1859，直隶河间府人）《转漕日记》撰写序言。②
同省为官，成世瑄为李钧之书籍撰写序言，在情理之中。

道光十八年正月十八日的一则移会云：

> 都察院奏河南项城县民人李淮呈控权役庇凶串书朦详一
> 折，奉旨：此案着交桂良督同臬司成世瑄亲提人证卷宗，秉公严
> 审，按律定拟具奏。原告李淮，该部照例解往备质。③

臬司衙门主管司法，审理案件，京控案亦归审理。鸿胪寺卿黄爵滋奏
河南汲县潞洲屯地方有邪教庙碑，道光十八年，上谕令河南学政钱福
昌于考试卫辉府时密行查访，又令河南巡抚桂良严密查办。桂良派
委臬司成世瑄亲往访查，并将揭出碑文呈览。④

道光十九年三月初九日，河南布政使朱树升任河南巡抚；三月
二十一日，朱树接任。在新任布政使鄂顺安未到任前，布政使由按察
使成世瑄署理，按察使由开归陈许道张垣兼署。⑤四月十二日，上谕
令漕运总督周天爵改任河南巡抚，河南巡抚朱树改任漕运总督。在
新巡抚未到任期间，由布政使鄂顺安护理河南巡抚，按察使成世瑄署

① 周际华：《致成兰生廉访》，《家荫堂汇存》第1册，第225页；周际华：《一瞬录》，
　《家荫堂汇存》第1册，第333页。
② 李钧：《转漕日记》，《续修四库全书》第559册，第743—744页。
③ 《内阁大库档案》，登录号：146187。
④ 《清宣宗实录》卷三一五，道光十八年十月丙子（初八日），《清实录》第37册，第
　908页。
⑤ 《清代档案检索系统》，统一编号：故宫108682；《内阁大库档案》，登录号：
　217225，道光十九年四月初七日移会。

理布政使,粮盐道李星沅(1797—1851)署理按察使。六月二十一日,粮盐道李星沅正式兼署河南按察使。[①]河南巡抚牛鉴据实检举秋审失入,十一月二十三日,上谕惩处诸官员:

> 本年豫省秋审案内光州黄锡明一起,原拟情实,由部改拟缓决。现据臬司成世瑄检举,该司因误会本省道光三年吴松太由缓改实成案,是以拟实。于未经接署藩篆之先,拟就草册,呈送前任巡抚汇核具题。秋审失入,例有应得处分。前任河南巡抚朱树、署河南布政使现任按察使成世瑄,均着交部照例议处;署河南按察使开归陈许道张坦,于汇案详题时,仍照原拟具详,亦有未合,着交部分别议处。[②]

成世瑄自行检举,仍遭处分。

李星沅在日记中有关于成世瑄的点滴记载。道光二十年正月初一日,李星沅写道:

> ……更朝衣冠,恭诣万寿行宫,随班行礼。仍更彩服,恭诣文庙,随班行礼毕,抚学院、城守尉、藩臬司开归道于东厅团拜。牛镜唐中丞鉴,甘肃人,甲戌翰林由科道,行大。鄂云浦方伯顺安,满洲人,由刑部,行三。成兰生廉访世瑄,贵州人,由丁丑翰林得提调,行大。……即分诣东岳庙、火神庙行香。旋集院署官厅,府州县以次团拜……

---

① 中国第一历史档案馆编:《嘉庆道光两朝上谕档》第44册,第142页;《内阁大库档案》,登录号:157480,道光十九年七月初十日移会;《清代档案检索系统》,统一编号:故宫109087,道光十九年六月二十四日奏。
② 《清宣宗实录》卷三二八,道光十九年十一月乙卯(二十三日),《清实录》第37册,第1162—1163页。

正月初二日，李星沅载：

> ……旋往臬署贺岁……藩臬两太母皆迎养在署，遂入拜。
> 成母丰厚福相……

此时成世瑄已回按察使任。初五日，各官至李星沅粮盐道署聚会：

> 午初，藩、臬、河道、城守至署小集，作半日谈，复同登彝山及
> 箭亭风洞，始散去。

这是初二日定下的聚会。十三日：

> 午初，饮臬署……申初散。复同兰生前辈，过周稚圭年
> 丈……

李星沅将要出省公干，二十二日，"午刻，拜藩臬辞行，数语而别"。
二十三日，李星沅于午正回署，成世瑄等官员来送李星沅。在当日的
日记中，李星沅记载了对成世瑄的处分：

> 又臬司失入，处分同城会审司道，均应降一级留，六年无过，
> 方准开复。部议降一级调，题本票双签均加恩改降二级留，巡抚同。现
> 因署任张心阶、实任成兰生，有光州黄信明失入绞决情实一案，
> 奉部查取职名，粮道以带印出运不应议，嘉庆二十一年、道光三
> 年皆有案，已援照咨复，详院咨部亦面为陈明。①

---

① 李星沅：《李星沅日记》，北京：中华书局，1987年，第1、2、4、7、13页。

　　道光二十年四月初七日，成世瑄由河南按察使升任江宁布政使，张祥河接任河南按察使。①在通州仓场公干的河南粮盐道李星沅于初八日得到成世瑄升任江宁布政使的信息。②四月二十一日，河南巡抚牛鉴奏报：张祥河自京到豫任河南按察使，"不过旬余，计程甚速"，令成世瑄在张祥河到任后再离任迎折北上。四月二十八日，道光帝朱批："览。钦此。"同日，张祥河抵达河南省城，成世瑄将印信、文卷移交张祥河。③

　　护理两江总督程矞采请派员办理武闱乡试，道光二十一年二月十七日，上谕令江宁藩司成世瑄随同江宁将军布勒亨代行考校。上谕说："程矞采奏请旨派员办武闱乡试一折，江南武闱乡试前经降旨，改于本年三月举行，着派江宁藩司成世瑄随同江宁将军布勒亨代行考校。钦此。"④三月十八日午后，云南知县、贵州遵义人黎恂运铜进京，途经江宁，"谒成兰生方伯世瑄，同乡石阡人也"。二十一日，成世瑄遣人馈送黎恂食物。⑤五月，林则徐被发往新疆效力赎罪，六七月间途经浙江、江苏，成世瑄有诗，在江苏为官的黄恩彤（1801—1883）和之，题为《闻林少穆尚书西谪，和成兰生方伯作》。⑥

　　道光二十二年二月二十九日，两江总督牛鉴奏请准江宁藩司成世瑄再行展假一月：

---

① 中国第一历史档案馆编：《嘉庆道光两朝上谕档》第45册，道光二十年四月初七日，第160页。案：实录作戊辰（初八日），见《清宣宗实录》卷三三三，道光二十年四月戊辰（初八日），《清实录》第38册，第50页。
② 李星沅：《李星沅日记》，道光二十年四月初八日，第53页。
③ 许隽超、王晓辉整理：《张祥河奏折》，南京：凤凰出版社，2015年，第496、27页。
④ 《清宣宗实录》卷三四七，道光二十一年二月壬申（十七日），《清实录》第38册，第279页；中国第一历史档案馆编：《嘉庆道光两朝上谕档》第46册，第33—34页。
⑤ 黎恂著，王瑰校注：《〈运铜纪程〉校注》，成都：西南交通大学出版社，2017年，第196页。
⑥ 黄恩彤：《知止堂集》卷六，《清代诗文集汇编》第609册，第38页。

　　再，江宁藩司成世瑄前因积劳成疾，痰咳消瘦，渐成咳（喀）血之症，精神难以支持。经臣据禀，奏恳圣恩赏假一月调理，将藩篆饬委盐巡道黄恩彤署理。嗣于道光二十二年二月十二日钦奉上谕："成世瑄着赏假一月调理。钦此。"兹查该藩司自二月初八日交卸藩篆以来，调理将及一月。据禀咳（喀）血现已停止，惟咳嗽尚复间作，必须再加静养，方可复元，禀请乞恩展假前来。合无仰恳皇上逾格鸿施，俯准该藩司再行展假一月，俾得调治复元，回任供职。相应附片具奏，伏乞圣鉴。谨奏。

　　朱批：另有旨。①

　　江南为国家财富重地，藩司主管财政，事务繁杂，加之正处在鸦片战争期间，军务倥偬，成世瑄操劳过度，得喀血之症，精力不济。请假一月，成世瑄仍未转好，两江总督牛鉴为之再请假一月；未查到准成世瑄再展假一月的谕旨。然从时局和其他文献来看，成世瑄并未休息，而是带病极力维持公务。

　　道光二十二年四月十七日，成世瑄在江宁布政使任上去世，终年53岁。《石阡成其济自撰年谱》载成世瑄去世详情：

　　四月，方伯公终于位。上年，嘆咭唎犯顺，寇宁波，两江制府裕鲁珊宫保谦奉命督师浙江堵御。逆陷定海，我师溃退，制府殉焉。江苏抚军梁芷林中丞章钜接署督篆，提兵上海。江宁布将军充参赞大臣，偕扬威大将军奕山驻苏州，金陵惟方伯公一人支撑。正月，梁中丞引疾得请，江苏藩司程晴峰方伯矞采接署抚篆，方伯公护理督篆。新简牛镜唐制军鉴巽懦畏葸，到处逗遛。

──────────
① 《清代档案检索系统》，统一编号：故宫111388。

金陵省会,军务倥偬,兵差络绎,日督府县备船备夫,开局筹款,铸制炮械。又值江淮水灾,难民充斥省垣,倡捐巨款,筹给赈抚,簿书填委。扬威拥兵久驻,不以军事为急,日惟责索供亿,羽书旁午,催提军中一切应用,动以危词恫喝。夷船已窜长江,游弈象山、焦山一带,镇江府城旋被攻陷,屠戮甚惨。方伯公独持危局,事事棘手,忧愤时形,日咯血数升,四月初即已不支。因省垣戒严,人情汹惧,未肯稍萌退志,誓以身报殊恩。至十七日,竟以不起,垂危时犹兢兢以力顾溃局,委属首府樊太守。公殁未几,金陵被陷,蹂躏不已,当事遽以议和终焉。①

成其济认为,病中的成世瑄,仍日理万机,镇守重城,加之战争近在咫尺,迫在眉睫,内忧外患,终于病倒不起。

江苏巡抚梁章钜(1775—1849),深情回忆了成世瑄在江苏的情形:

> ……又挽江宁方伯成兰生世瑄云:"望断黔阳,可怜万里云帆,依然将母;魂消白下,共惜半年风鹤,了却孤臣。"客冬英夷之扰,余防堵上海,督部远驻镇海。时金陵惟兰生一人支拄,风鹤之警,无日无之;往来书问,间日必至,皆商略夷务军情,意见颇合。自余引疾后,兰生势益孤,遂以忧死。闻灵船由长江回贵州,尚烦太夫人扶榇也。②

梁章钜认为,成世瑄支撑大局,势孤而忧以致病亡。

---

① 胡海琴整理:《石阡成其济自撰年谱(之一)》,《贵州文史丛刊》2020年第3期,第118页。
② 梁章钜:《归田琐记》卷六《楹联剩话》,北京:中华书局,1981年,第130页。

成世理办理成世瑄的后事，《石阡成其济自撰年谱》载：

> 五月中，先大夫接到家报，星夜驰往迎护方太夫人，及搬移公柩，自家廿五日而至金陵，捷速出人意表。至时，夷船炮弹已飞落城下，相距四十里外停泊。城门久闭，一家正皇皇无主，先大夫即谒将军商请令箭。开城半时，送太夫人及灵柩登舟，夜即解维上驶。时长江盗贼肆扰，行旅寒心，幸方伯公遗爱在民，沿途反得民船互为伴送，至江西境始解严焉。九月柩至，初卜葬覃家寨，次年改迁于蜂桶坡。①

成世理赶至江宁办理后事，冒险入城。从民船伴送灵柩可知，成世瑄在江宁布政使任内得民爱戴。成世瑄的葬地蜂桶坡，是小地名。(民国)《石阡县志》对成世瑄的墓地有明确记载："清翰林、江宁布政使成世瑄墓，在城北二十五里龙洞，石工极精致。"②

刘淳（1792—1850，字孝长，号莘农，湖北安陆府天门县人，嘉庆二十一年举人）与成世瑄有交往，他高度评价了以成世瑄为代表的贵州籍官员：

> 西南隅设行省久，材贤日众。自今天子御极，黔士大夫膺特达之知任封圻监司者，盖十数。公，予所闻。花晓亭、王香湖两方伯，翟云庄廉访，本馆中先进有公所身受业者。至如张晓瞻中丞治豫滇，朱荫堂漕帅治淮，陶子俊方伯治秦，唐子方方伯治楚、治秦陇，宋芸皋廉访治吴门，但云湖都转治维扬，王梦湘观察治上

---

① 胡海琴整理：《石阡成其济自撰年谱(之一)》，《贵州文史丛刊》2020年第3期，第118页。
② (民国)《石阡县志》卷一七《古迹志》，第557—558页。

海，皆公角牟旧游，出入中外二十余年，心许为骨肉兄弟者。或有过举，虽远在数千里外，必手书规切，谓："吏持法务平，不当杀无辜，徇长官意。一官何足惜？"闻者瞿然。而公由词林出守，历官四省，所至以重慎宽简为治，无纤介之瑕可摘，部民至今犹感诵勿忘。呜呼，是诚所谓古大贤矣！当眷注之方隆，而遽为年命所促，致方岳中少一良臣，吾辈复冀闻仁人之言，安可得哉？①

　　石阡成兰生方伯世瑄，书仿郭兰石大理，大理自叹弗如。以丁丑翰林出守湖州，擢至方岳。性直谅，黔人同时花晓亭、王香湖、翟云庄、张晓瞻、朱荫堂、陶子俊、唐子方、宋芸皋，手书往还，每以持法务平，不当杀无辜，徇长官意，互相规切。②

在成世瑄时代，有不少贵州人出仕，成世瑄是其中的知名者。成世瑄不仅善书，在政治上亦正直，规人之过，持法务平。惜天不假年，成世瑄未能尽施其才。刘淳曾有诗赠成世瑄：

　　长安同过春酒楼，曾解金貂醉不愁。公今坐啸两大郡，我方旅食弹吴钩。

　　入闽彭宰无消息，唐、刘蹭蹬皆为邑。翰林逐客峨眉天，回首清游难再得。

　　吴山风雪日萧萧，岁尽钱唐未有潮。阶前一展旧游位，便从明日泛归桡。③

_____

①　刘淳：《成方伯传》，缪荃孙编：《续碑传集》卷三四，第1258页。
②　杨钟羲撰集，刘承干参校：《雪桥诗话三集》卷一〇，北京：北京古籍出版社，1991年，第454页。
③　杨钟羲撰集，刘承干参校：《雪桥诗话三集》卷一〇，第454页。

"公今坐啸两大郡"指成世瑄任湖州知府、杭州知府,政事清闲。

从(民国)《石阡县志》的记载看,仅次于费氏家族的当属成氏家族。成氏家族肇始于明初,自外省入黔,由武转文。康熙年间,成氏有成克贤,拾金不昧,助人为乐。乾隆年间,成人中进士,任知县,对石阡成氏家族的发展产生深远影响。成人之孙成应受,生员。成应受五子,四子成立,均有科举功名,其中进士成世瑄官至江宁布政使,举人成世理官山西知县。成世瑄、成世理的子孙多有功名,参与地方事务,造福乡里。

石阡成氏最有名者是成世瑄。成世瑄中嘉庆二十二年进士,二十四年散馆,在京任翰林院编修、武英殿修书处提调等职,在外历任浙江湖州知府、杭州知府、甘肃宁夏知府、署兰州知府、江安粮道、河南按察使、署河南布政使、江宁布政使等职,一度护理两江总督。道光二十二年四月,成世瑄在江宁布政使任上去世,终年53岁。成世瑄作为道光年间黔籍官员的佼佼者,为政以宽,负有盛名,惜早逝,未获大用。

费道用与成世瑄在中进士后,较少回到石阡。费道用葬在南京,成世瑄逝后归葬石阡,他们在石阡的经历、与石阡联系,主要在中进士之前。由于缺少史料,我们无法获知费道用、成世瑄在功成名就之后对石阡施加的具体影响。但可以想见,费道用、成世瑄出身于石阡有文化氛围的大家族,对各自家族的繁荣、获取科举功名,对石阡的文化发展,起着持续的激励作用。费道用、成世瑄能够在府志、县志中被不断记载,是对他们贡献的极大肯定。

第六章　浙江桐乡严谨、严永华与石阡

咸同年间,政治腐败,受太平天国运动影响,贵州百姓举行号军起义。贵州社会动乱不断,遍地烽烟。

石阡亦不能逃过咸同年间的社会动乱。严廷珏(字比玉,浙江嘉兴府桐乡县人)有子女八人,次子辰(字淄生),七子谨(字子衡,号叔和,有《清啸楼诗钞》),[①]五女昭华(字子云),六女永华。[②]严永华(1838—1890,字少蓝[③])后为安徽巡抚归安沈秉成继室。严廷珏在云南各地为官,勤政爱民,宦囊空空。严永华曾言:"先君虽久宦,为政称廉吏。身后竟萧然,至遗慈母累。"严廷珏去世后,家计困难,严永华说:"慈母虽犹健,年华已暮时。不堪家计累,霜鬓渐丝丝。"[④]

严谨在贵州多地为官,参与镇压号军起义。同治三年十月,严谨调任石阡知府。同治四年(1865)五月十四日,严谨被害。《石阡成其

① 王瑶芬:《写韵楼诗钞·己未六月得二儿辰捷南宫入馆选之信》,《清代诗文集汇编》第607册,第633页。
② 王瑶芬:《写韵楼诗钞·辛亥仲秋送五女昭华于归金陵赋此志别》《汉口舟次与六女永华夜话》,第631、633页。
③ 徐世昌编:《晚晴簃诗汇》卷一九○《严永华》,第8716页。
④ 严永华:《纫兰室诗钞》卷二《送缁生兄赴黔》《寄怀缁生兄》,胡晓明等主编:《江南女性别集三编》,合肥:黄山书社,2012年,第808、812页。

济自撰年谱》言：

> 五月十四日，荆竹园贼匪袭陷郡城，太守叔和严公谨死西门
> 城上。都阃陈公定元御敌东南城上，兵溃亦死。绅士则丁君文
> 德、黄君铭均年近八旬，同不屈被害。席君大醇随太守死西城上，
> 左君欣濂及古腴侄并死南门月城内，其余男妇死难者数十人。
> 经历李云升出走，而其室吴氏死独烈。①

"荆竹园贼匪"，是被成其济蔑称的思南白号军。(光绪)《桐乡县
志·忠烈传》记载了严谨殉难的情形：

> 地界思南府之荆竹园，素为盗薮，阡城频岁戒严，一夕数警。
> 四年三月，贼窜小鸡公岭，欲窥郡城，见有备，乃去。至五月十四
> 夜，大雨，守睥睨者皆避棚内，贼忽大队掩至，肉薄登城，纵火焚
> 敌楼。公仓卒闻警，提戈上城，督兵勇巷战。众寡不敌，身中二
> 矛死之。事闻，奉旨照知府阵亡例从优议恤，得赠太仆寺卿衔，
> 世袭云骑尉，并准于石阡府建立专祠。②

(民国)《石阡县志·名宦志》载严谨传记：

> 浙江监生。同治三年，阡乱犹剧，谨莅任，清廉自矢，慈惠抚
> 民。四年，荆竹园教匪扑城，谨与都司陈定元竭力固守，率士民
> 抵死相拒，卒因外援不至，贼围益急，于五月十三夜城陷。独坐

---

① 胡海琴整理：《石阡成其济自撰年谱(之二)》，《贵州文史丛刊》2020年第4期，
　　第124页。
② 《清代诗文集汇编》第700册，第461页。

西北城楼，骂贼不绝口，遂遇害。事闻，准建专祠。陈都司拒战
东城上，亦殉难。

传记正文后引李绍莲《小芳园·挽严陈二公诗》，[①] 即李绍莲诗
《感去年阡城失守作失守在同治乙丑五月十四日，作于丙寅年避贼铜江，
归来侨居溪口时》，[②] 详述严谨、陈定元殉难情形。严谨殉难后，奉旨
准建专祠，后又入祀名宦。[③] 同治六年，在石阡城南门外建昭忠
祠，祭祀严谨、陈定元。在城内，绅士又立木主于斗姥宫、忠烈宫，
春秋两季祭祀严、陈二公。[④] "城亡与亡守土责，严陈二公无待说。
复有丁公与黄公，俱本诸生能杀贼。"在严谨、陈定元外，李绍莲有
诗追忆丁文德、黄绫，[⑤] 他们都殉难于同治四年五月十四日的石阡
城破。

　　以上是年谱、方志对严谨阵亡记载的大概情形。此外，严谨阵亡
在家人的口述、他人的转述中，不断得到书写。

　　严谨阵亡后，严永华有诗回忆同治四年五月十四日石阡之变的
过程，《乙丑五月十四日……陷石阡，叔兄巷战死节。余亟负母逾垣
出，余人从之。既闻贼将至，全家投署后荷池中。贼相谓曰："严太
守清官，眷属不可犯也。"遂得免。贼退后，奉母旋里，途中纪事得
诗四首》：

---

① （民国）《石阡县志》卷一二《名宦志》，第455—456页。
② 李绍莲：《小芳园诗稿》卷一，《小芳园诗稿（外二种）》，贵阳：贵州人民出版社，
　　2020年，第56—57页。
③ （民国）《石阡县志》卷六《职官志》，第390页。
④ （民国）《石阡县志》卷三《秩祀志》，第359页；卷六《职官志》，第397—398页。
⑤ 李绍莲：《小芳园诗稿》卷一《追忆乙丑殉难丁黄二公》，第64—65页；（民国）
　　《石阡县志》卷一三《人物志·丁文德传》《人物志·黄绫传》，第487—488页。
　　案："黄绫"，《石阡成其济自撰年谱》作"黄铭"。

边城从古叹孤悬，忽见军烽照义泉。狭巷短兵相接战，亲闻永诀敢图全。

衔须温序忠魂在，食肉班超壮志捐。恨乏兰台修史笔，国殇犹待杀青编。

早办靴刀一死轻，全家蕉萃困围城。已拼沉水从先络，谁使逾垣作吕荣。

天意欲全黄口嗣，时危竟弛赤眉兵。惊魂定后还思痛，自是明祇感至诚。

吏才经术久闻名，东海争夸万石荣。毕竟家声传义勇，早知天道极神明。

白头色养心馀恋，朱鸟归来泪共倾。最是联床思旧约，中宵风雨怆离情。二兄得信后已溯江而上。

瘴雾蛮烟路欲迷，荒村野店听鸣鸡。只知当道横黑虎，又说严城急鼓鼙。

饥鼠夜深背灯出，怪禽日落向人啼。加餐还祝慈闱健，早晚归程指浙西。①

严永华与其母返回原籍途中，追忆前事成诗。石阡城孤立无援，终被号军攻破，严谨等官员督兵与号军短兵相接，最终战死。号军认为严谨是清官，其家属终得保全。在湖北省城，严永华遇到前来迎接严谨

---

① 严永华：《纫兰室诗钞》卷三，第821页。此诗又被《十朝诗乘》部分采录，见龙顾山人（郭则沄）：《十朝诗乘》卷一九，福州：福建人民出版社，2000年，第766—767页。

灵柩的二兄严辰,有诗《奉母自黔南归,淄生兄迓于江上,悲喜交集,情见乎词,即次淄兄韵》。①

同治十年,严永华在其母王瑶芬(字云蓝)《写韵楼诗钞》的跋文中再次追忆前事,较诗为详:

> 叔兄守石阡,有惠政。同治乙丑,教匪数千人突至,叔兄战死。贼入城,大哭曰:"郡守,好官也;太恭人,贤母也。"戒其党勿犯眷属,勿扰城中百姓,掠仓库,即日出城去。郡署后有池,广半亩,闻贼至,永华负母逾垣投池,嫂及妹、侄皆从之。池水浅,不得死。贼退,郡之妇女来救,我母及全家出。父老皆痛哭,为叔兄发丧。母挈兄枢,率细弱跋涉数千里南旋。时仲兄辰官翰林,乞假来迎,遇于汉江……②

"教匪"即号军。在战争中,妇女自尽者比比皆是。严永华等女眷为避免可能遭受的侮辱,负母逾垣,投府衙池塘,因水浅而搁浅,后为郡城妇女所救。

严永华生还,后嫁沈秉成,严永华负母逾墙的事迹不断流传,严永华的形象逐渐丰满。光绪十六年,严永华去世。福建福州府闽县人龚易图于光绪十七年五月为严永华《纫兰室诗钞》撰序,其中写道:

> 叔兄谨黔中出守,会稽移家。夫人奉母王太夫人,随兄之任石阡。地本岩疆,民多萑薮。狐篝煽难,豨突溃防。留赞披发而叫天,周处捐躯于临阵。夫人踊身急难,负母逾垣,若有神扶,实

---

① 　严永华:《纫兰室诗钞》卷三,第821页。
② 　《清代诗文集汇编》第607册,第634页。

凭孝格。少女之风力大，蚩尤之雾目迷。矢集前庭，戈挥内室。
屋乌谁爱？池鱼将焚。危等厝薪，铤难择荫。联臂赤门之惨，甘
心白水之归。不意白梃争援，黄巾罗拜。人矜其略，天鉴厥诚。①

六月，应安徽巡抚沈秉成之请，张之万亦为严永华诗作序，序言曰：

> 余固稔知夫人，系出桐乡，一门风雅。幼娴吟咏，其兄缃生
> 太史奇赏之，不减太冲之于左芬也。其仲兄叔和守石阡，夫人奉
> 母以从。会有叛夷之变，叔和力战死官。夫人仓卒负母，冒白
> 刃，逾垣以出，获免于难，此其大义彪列，至性感人，岂仅仅名章
> 迥句之足以千古哉！当是时，家佑夫叔守遵义，与叔和同官，深
> 悉其事。后香涛弟尽室北旋，叔母辈犹能言之历历也。②

在龚易图的叙述中，号军既杀严谨，家眷也将玉石俱焚，时年26岁的
严永华，如有神助，负母逾垣；在张之万的叙述中，严永华冒白刃，逾
垣而获免于难。严永华的孝顺、勇敢、大义，得到进一步突出。

俞樾（1821—1907）对严永华的行为有小说笔法般的描绘：

> 同治四年，贵州石阡府有邪教倡乱，阑入府城，知府严君巷
> 战死之。严君名谨，浙江桐乡人。其死难之前，每夜入内，家人
> 辄见其顶上有圆光，焱焱如火，大可径尺，如是者三日而及于难。
> 严君既死，贼入公廨。严君有妹，年二十余，谓其母曰："贼至，必
> 为所辱。署后土墙外有大池，我请从母投池中死。"母许之，遂

---

① 龚易图：《〈纫兰室诗钞〉序》，严永华：《纫兰室诗钞》，第784、785页。
② 张之万：《〈纫兰室诗钞〉序》，严永华：《纫兰室诗钞》，第783页。

与俱往,诸妇女皆从之。而土墙故无门,欲排墙出,又力不胜,乃解带褓负其母,奋身一跃,竟逾墙而出。又投带墙内,使诸妇女缒以登,一一引之出。于是褰裳入池,池水甚浅,跰趼至水中央,犹未能灭顶。正苦不得死,而贼大至,遥谓曰:"尔等皆严太守眷属邪? 太守好官,且我等亦非有意杀太守。太守既不幸而死,尔等幸无死,盍从我出?"其妹自水中大骂之,贼始怒,椿以戈,不中,以相距远,无如何自引去。贼志在搜刮金帛,既饱所欲,散归巢窟。遗黎毕集,拯之出水,且护之出城,遂免于难。其妹后归沈仲复廉访为继室,能诗,且工书。仲复问:"尔以弱女子负母逾墙,且引诸妇女缒墙而出,是何神勇乃尔?"竟不能自言其故矣。其有神助与? 抑或严君之灵阴相之与? ①

俞樾的记载,较其他文献更为细致,母女赴死对话、墙的材质、逾墙与投水的详情、贼不杀官对话等情节,有合乎情理事理的记载,如亲眼所见一般。俞樾还引用沈秉成的疑问,增强严永华言行特别是其负母逾墙之举的真实性。这或许是严永华之孝心感天动地的结果吧。

王蕴章(1884—1942)《然脂余韵》载:

　　夫人一门风雅,冢媳汪曰杼绚霞、女公子昭华、永华、澂华等皆擅吟咏。尝随任叔子石阡官舍。同治乙丑,教匪数千人突至,叔子战贼死。贼入城大哭曰:"郡守,好官也;太恭人,贤母也。"戒其党勿犯眷属,勿扰城中百姓,掠仓库即日出城去。郡署后有池,广半亩,闻贼至,永华负夫人逾垣投池,嫂及妹皆从之。池水

---

① 俞樾:《右台仙馆笔记》卷一四,济南:齐鲁出版社,2004年,第293—294页。

浅不得死。贼退，郡之妇女来救乃得出。[1]

王蕴章的叙述重点与其他文献不同，主要突出严永华之母王瑶芬的事迹。

"黔乱最久，死忠者不可胜数。""贵州僻远，湮没者众矣。"其中有五人为张之洞（1837—1909）知交，故咏之，成《五忠咏》。第一咏便是咏严谨：

石阡知府严谨叔和

浙江桐乡人，先大夫以署贵东道率师剿下游苗、教各匪，严为幕僚。后死石阡之难。

> 溪峒飞鸢处，凄凉马援兵。樵苏艰一饱，秦越阻连营。
> 决胜宾僚智，扶衰骨肉情。如何箕尾促，不得话平生。[2]

此诗追忆二人往日征战情形，对失去朋友表示无限惋惜。

---

[1] 王蕴章：《然脂余韵》卷三，张寅彭主编：《民国诗话丛编》第5册，上海：上海书店出版社，2002年，第70页。

[2] 张之洞：《张之洞诗文集》（增订本）卷一《五忠咏》，上海：上海古籍出版社，2015年，第12页；赵寿强校注：《张之洞诗稿详注》，石家庄：河北人民出版社，2018年，第250—251、257页。

第七章　孟继埙与石阡

明清时期，在石阡府任职的官员如知府、推官、教授等，虽然人数很多，但留下的与石阡有涉的文字记录却很少。光绪末年天津人孟继埙撰写的《石阡物产记》《夜郎吟》等，是与石阡有直接关系的文字记录。整体观之，孟继埙关于石阡的文字也不多，但为我们了解真实的石阡，提供了弥足珍贵的记载。

一、孟继埙的生平

孟继埙（1841—1900），字治卿，又字志青，天津人，善画，并善收藏、鉴别碑帖。[①]

孟继埙的履历如下：

孟继埙，现年五十岁，系直隶天津县人，由优廪生中式同治十二年癸酉科举人。十三年，考取内阁中书，到阁行走。光绪四年十月，补内阁中书。五年三月，传补军机章京。七年闰七月，

---

① 李浚之编：《清画家诗史》，杭州：浙江人民美术出版社，2014年，第1296页；禹平、王丽华：《孟继埙藏金石拓片闻见录》，长春：吉林大学出版社，2018年；王丽华、温志宏：《志青故藏墓志拓片及题跋叙录》，《文献》2007年第2期。

因恭校圣训，刷印完竣，经军机大臣保奏，以主事无论咨留遇缺即补，签分刑部；十一月，经军机大臣循例保奏，俟补缺后以员外郎无论题选咨留遇缺即补。十年五月，补湖广司主事，六月升补安徽司员外郎。十二年四月，奉旨记名，以御史用。十四年二月，升补广东司郎中。十五年正月，钦奉懿旨，俟补知府后以道员即选；五月，补山东道监察御史；六月，奉旨稽察富新仓事务。捐免历俸，照例截取，经都察院堂官保送，堪胜繁缺知府。本年二月初三日，吏部带领引见，奉旨：着照例用。[①]

又《中国第一历史档案馆藏清代官员履历档案全编》载：

孟继埙，现年五十四岁，系直隶天津县人，由优廪生中式同治癸酉科顺天乡试举人。甲戌科，考取内阁中书，到阁行走，充本衙门撰文。光绪四年十月，补内阁中书。五年三月，充补军机章京。七年闰七月，经军机大臣保奏，以主事签分刑部，无论咨留遇缺即补；十一月，经军机大臣保奏，俟补缺后以员外郎无论题选咨留遇缺即补。十年五月，补湖广司主事；六月，补安徽司员外郎。十二年四月，奉旨记名，以御史用。十四年二月，补广东司郎中。十五年正月，钦奉懿旨，俟补知府后在任以道员即选；五月，补山东道监察御史；六月，奉旨稽察富新仓。十六年二月，俸满截取，奉旨记名，以繁缺知府用；十月，转掌山东道监察御史。十七年五月，奉旨稽察中仓；十二月，奉旨巡视中城事务。十九年二月，奉旨抽查漕粮；十月，奉旨巡视南城事务。本

---

① 《清代档案检索系统》，统一编号：故宫154490，光绪年间具奏。

年京察一等,吏部带领引见,奉旨记名,以道府用。①

光绪十五年正月二十二日,奉慈禧皇太后懿旨:

> 垂帘听政以来,综揽万机,昕宵无间,军机章京缮写谕旨,妥
> 速详慎,不无微劳足录。现在举行归政典礼,渥沛恩施,该章京
> 等应分别给予奖叙,以示优赉。……郎中祝维城、孟继埙,均着
> 俟补知府后在任以道员即选……②

光绪二十年二月十六日上谕:"此次京察一等覆带引见各员……孟继
埙……着交军机处记名,以道府用。"③

光绪二十年四月十八日,时任巡视南城、掌山东道监察御史的孟
继埙,与其他巡城御史联名上奏保举京城获盗出力之司坊绅董。④五
月初八日,巡视南城御史麟趾、孟继埙奏报办理南城地方谭、李二姓
因钱债涉讼之情形。⑤同年底,孟继埙终于获得外任机会。十二月初
五日,孟继埙上折谢恩并请训:

> 即选道新授贵州石阡府知府臣孟继埙跪奏,为恭谢天恩仰
> 祈圣鉴事。
> 十一月,吏部以臣拟选贵州石阡府知府,本月初三日带领引

---

① 秦国经主编:《中国第一历史档案馆藏清代官员履历档案全编》第5册,上海:华
　东师范大学出版社,1997年,第556页。
② 中国第一历史档案馆编:《光绪宣统两朝上谕档》第15册,桂林:广西师范大学
　出版社,1996年,第66—67页。
③ 中国第一历史档案馆编:《光绪宣统两朝上谕档》第20册,第91页。
④ 《清代档案检索系统》,统一编号:故机132707。
⑤ 《清代档案检索系统》,统一编号:故机133228。

见，奉旨："照例用。钦此。"窃臣析津下士，知识庸愚，珥笔枢垣，未有涓埃之报；备员谏院时，深悚惕之怀。兹复渥荷温纶，出膺专郡，自天闻命，俯地增惭。伏念贵州为边要之区，知府有表率之责，如臣梼昧，惧弗克胜，惟有吁求宸训，敬谨遵循，俾到任后于一切应办事宜矢慎矢勤，以期仰答高厚鸿慈于万一。所有微臣感激下忱，谨缮折叩谢天恩，伏乞皇上圣鉴。谨奏。

光绪二十年十二月初五日。[①]

光绪二十年十一月，孟继埙被吏部选为石阡知府，并在十二月初三日带领引见，获得正式任命。初五日，孟继埙上折谢恩并奏为外任知府而请训。孟继埙的谢恩请训折，与其他官员的谢恩请训折一样，态度谦卑，自贬无能，恳请皇帝教导。请训是例行公事。请训之后，孟继埙便可走马上任了。

光绪二十一年春季的《爵秩全览》，记载的石阡知府已是孟继埙。[②]

光绪二十二年九月，孟继埙升湖北盐法道。至年末，接任官未至，孟继埙感叹道："迄今数月之久，交替无期。"[③]二十三年十二月二十四日，孟继埙还未到湖北盐法武昌道任。[④]二十四年闰三月十六日，湖广总督张之洞、湖北巡抚谭继洵奏报新授湖北盐法武昌道孟继埙已领聘到省，计划令署盐法武昌道事安襄郧荆道朱其煊仍回本任，

① 中国第一历史档案馆编：《光绪朝朱批奏折》第10辑，北京：中华书局，1995年，第296页。
② 清华大学图书馆、科技史暨古文献研究所编：《清代缙绅录集成》第56册，郑州：大象出版社，2008年，第354页。
③ 孟继埙：《绿庄严馆诗存 夜郎吟》，国家图书馆藏，光绪二十二年（1896）刻本，第2页。
④ 中国社科院近代史研究所编：《近代史所藏清代名人稿本抄本》第2辑第152册，郑州：大象出版社，2014年，第556、560页。

让孟继埙尽快赴任。[①]同年，石阡举人李绍莲（1848—1924）进京会
试，于正月十三日到武陵（湖南常德府），后经岳阳到汉口。李绍莲拜
访孟继埙，未遇。依路程推算，此时孟继埙仍未到任，恐未到省城。
李绍莲会试不中，返回石阡，再过汉口、武昌，有诗《武昌感怀》：

> 昔曾忘分契官绅，转瞬荣枯异等伦。共说清扬应适我，谁知
> 富贵已骄人。
> 卞和泣玉非终危，伯起辞金岂竟贫。深悔上交欣不吝，几翻
> 惆怅汉江滨。[②]

细揣诗意，李绍莲指已得富贵之官瞧不起曾经的绅士，李绍莲深自悔
恨。李绍莲在武昌认识的人，恐只有孟继埙一人。难道此诗在不指
名道姓地委婉指责孟继埙？我们不得而知。

从以上孟继埙的外任经历可知：光绪十二年四月，上谕令孟继
埙以御史用，至十五年五月才任山东道御史，间隔了3年；十五年正
月，上谕令孟继埙补知府后以道员即选，至二十年十二月被选为石阡
知府，二十二年九月被选为湖北道员，任知府间隔了6年，任道员间
隔了8年。晚清补缺之难，于此可见。

光绪二十六年十月十八日，湖广总督张之洞拜发奏折，奏报孟继
埙在任病故："署湖北按察使事、本任盐法武昌道孟继埙，系直隶天津
县举人，考取内阁中书，迭由京职荐升贵州石阡府、湖北盐法武昌道，
光绪二十五年委署湖北按察使篆务，二十六年闰八月十三日在署任

---

① 赵德馨主编：《张之洞全集》第3册，武汉：武汉出版社，2008年，第482页；《宫
　　中档光绪朝奏折》第11辑，台北"故宫博物院"编印，1974年，第779页。
② 李绍莲：《小芳园诗稿》卷二《安庆有怀》《武昌感怀》，第167、174页。

病故。"①

纵观孟继埙的仕途,可以分为在京为官和在外为官两个阶段。整体观之,孟继埙在政治上虽无大的建树和功绩,但也勤勤恳恳。

二、孟继埙的石阡著述与石阡印象

(一)石阡任期

据《黔行水程记》记载,光绪二十年十二月,孟继埙获得石阡知府的任命。二十一年二月,孟继埙离开京城,回老家天津小住一月。三月十七日夜,孟继埙从天津坐轮船南下。到上海后,溯江而上,闰五月二十一日,孟继埙抵达贵州镇远城。自天津经上海至镇远,一路均为水路;自镇远至石阡,陆路而行。孟继埙的心绪至镇远后不佳,故"嗣后山程,遂阁笔未记"。②孟继埙到石阡知府任的具体日期不知,揆之孟继埙的心情和路程上的事宜,应在七月初到任。孟继埙后来回忆道:"来是新秋。"③光绪二十一年的立秋在六月十八日,孟继埙到石阡当在六月十八日后。《爵秩全览》摘引《吏部则例》所载赴任期限,自京领凭赴贵州石阡任,限80日内到任。④从任命到上任,过去了约7个月,远远超过了80日的期限。

光绪二十二年九月,孟继埙升迁湖北盐法道。至二十三年三月,孟继埙才从石阡离任前往省城贵阳。孟继埙从接到升迁任命至离开石阡,时间过去了约半年。石阡的官员、朋友送行,孟继埙有诗《丁酉三月,由石阡解印晋省途中口占,寄怀郡城诸僚友》纪之。⑤从

---

① 中国社科院近代史研究所编:《近代史所藏清代名人稿本抄本》第2辑第127册,第131—133页。
② 孟继埙:《黔行水程记》卷一,国家图书馆藏,清末抄本,第4、34页。
③ 孟继埙:《绿庄严馆诗存 夜郎吟》,第10页。
④ 清华大学图书馆、科技史暨古文献研究所编:《清代缙绅录集成》第56册,第357页。
⑤ 孟继埙:《绿庄严馆诗存 夜郎吟》,第10页。

二十一年七月至二十三年三月,孟继埙实任石阡知府的时间,将近两年。

(二) 在石阡的作为

孟继埙在石阡的作为,(民国)《石阡县志·名宦志》有简单介绍:

> 孟继埙,字志卿,直隶举人。经术湛深,器量宽宏。光绪中,由部曹选任石阡。莅官数载,听讼详明,应事接物,蔼然儒者。课士自举业外,尤以朴学相敦勉。当时无赫赫名,而去后追思者有不能释然者。其诗温柔敦厚,卓然大家,有《阡郡即景诗》二十首,至今犹脍炙人口。后升湖北盐法道。①

孟继埙入《名宦志》,表明石阡官方对孟继埙的认可。但从孟继埙的传记看,篇幅不长,所记载的功绩除《阡郡即景诗》流传外,并无多少实迹,"听讼详明""以朴学相敦勉"均属泛泛而谈。在(民国)《石阡县志》的其他部分,关于孟继埙的内容也极少,只有《秩祀志》记载孟继埙于二十三年将石阡城外西北的观音阁前殿改修成龙王庙,②是实在的作为。此改建工程,当在孟继埙三月离任之前完成。

石阡文人李绍莲在和孟继埙的诗中,有如下内容:"物阜民康时报最","瓜期两届忧堪白,菜色群苏面未黄","时逢月课精衡鉴","抚字无烦矜作用,催科不扰绝逋亡",③言孟继埙在民生、教育、赋税征收方面处理妥当。模糊的文学化的语言,仍不能指实。孟继埙在石阡任内的功绩,大概的情形是:虽不能使百姓生活富足,路不拾遗,但能使地方安定,也无大恶,算是好官。

---

① (民国)《石阡县志》卷一二《名宦志》,第457页。
② (民国)《石阡县志》卷三《秩祀志》,第359页。
③ 李绍莲:《小芳园诗稿》卷二《重叠原韵》《三叠原韵》,第160页。

（三）仕宦心情与石阡著述

“濉阳旅馆，我心伤悲。”[①]濉阳河穿镇远而过，“濉阳旅馆”指孟继埙赴任石阡知府任时途经镇远，在镇远住宿。自此始，孟继埙的心情处于悲伤之中，原因是其妻去世，“《黔行水程记》一卷，吾乡孟志青先生由御史出守石阡时途中之日记也。黔地多崇山峻岭，惜此记只形波涛汹涌之奇，而未写峦嶂嵯峨之胜，盖以行抵镇远乃有鼓盆之戚，遂辍笔也”。[②]很快，孟继埙的长子也去世了。孟继埙在光绪二十二年岁末回忆道：“去岁来黔，未及百日，内子、大儿相继病殁。”[③]

在短时间内接连失去两位亲人，孟继埙长期处于悲伤之中，“夷州山衙，方寸尤乱。穷冬忽忽，无以为生”，“泪痕洗面，日在愁场，亦惟自忧之自苦之”。在《〈绿庄严馆漫录〉自叙》中，孟继埙对比了任石阡知府前后迥然不同的境况：

> 当夫亲朋寮友，快聚一堂，盏酌香醪，杯衔苦茗，高谈雄辩，畅所欲言，此何等兴致！家人妇子，相与追随，听春鸟之好音，赏秋花之幽艳。雪天无事，脍鲤烹羊。儿女灯前欢然嬉笑，此何等快乐。乃者辞家万里，羁官天涯，膝下相依，仅余幼子。抚今追昔，良用慨然。自顾此身，颇伤沦落。形骸已老，境遇如斯，每一念及，不觉忧从中来，为之泣下者屡屡矣。

在京城时，亲朋聚集，品酒尝茶，妻子儿女在眼前，享天伦之乐；到石阡后，离家万里，妻子、长子去世，只剩幼子，形单影只。前后对比，差

---

① 孟继埙：《黔行水程记》卷一《〈黔行水程记〉自叙》，第2页。
② 孟继埙：《黔行水程记》，国家图书馆藏，民国年间屏卢续刻本，第32页。
③ 孟继埙：《绿庄严馆诗存　夜郎吟》，第2页。

距不言自明。加之年过55岁,日渐衰老,石阡的生活条件也不如京城、天津,孟继埙的悲伤心情,油然而生。

逐渐地,孟继埙意识到悲伤无益,对不起奔走万里为官的初衷,"自念奔走天涯,当知珍重,戚戚终日,实曰非宜"。从悲伤中缓慢恢复过来的孟继埙,将感情倾注到著述编写中,借此转移心中的伤痛,"以宽吾心,以遣吾兴而已"。同时,也可让远方的亲朋好友了解他在万里之外做官的情形。在悲伤约半年后,二十二年春,孟继埙整理旧作旧事,编定成《陋巷集》一卷、《春梦集》一卷、《诗余》一卷、《夏间读〈晋书〉集录记金石》一卷、《记异闻》一卷;中秋,在府衙写下《石阡物产记》的《自叙》;整理在京时的所见所闻,成《绿庄严馆漫录》一书,十月初五日在府衙写下该书《自叙》;整理赴任途中所写日记与见闻,成《黔行水程记》,在十一月写下该书《自叙》。①在著述中,不时有快乐。石阡府衙二堂后葡萄树下,有小树一枝,"枝柔而叶尖。每枝出三四棱,如箭之羽,作赭色。秋后结子如豆",但人多不认识此树。孟继埙阅读《本草备要》,认定此树是卫矛,俗名娑罗树,"不胜欣喜"。②孟继埙整理的八种著述,篇幅不长,共八卷,费时三百余日,可见孟继埙整理著述时,并不急于求成,而是徐徐办理。此八种书,只有《石阡物产记》《绿庄严馆漫录》《黔行水程记》保存至今,其余均未见,其中又只有《石阡物产记》与石阡直接相关。

除以上著述外,孟继埙还有诗作《夜郎吟》与石阡有关。两种版本的《夜郎吟》均收录《岁暮感怀四首》(作于光绪二十二年底)、《石阡即景二十首》(即《阡郡即景诗》)。从标题看,每逢佳节倍思亲,《岁暮感怀四首》是孟继埙在年末抒发自己的感情,但诗作内容与石

① 孟继埙:《黔行水程记》卷一《〈黔行水程记〉自叙》,第2—3页;卷二《漫录·〈绿庄严馆漫录〉自叙》,第2—3页;卷三《〈石阡物产记〉自叙》,第2页。
② 孟继埙:《黔行水程记》卷三《石阡物产记》,第46页。

阡也有关。《石阡即景二十首》以竹枝词的形式，描写石阡的景色、风俗、物产、人文等，是关于石阡的珍贵资料。《石阡即景二十首》又收入（民国）《石阡县志》。①

国家图书馆收录《黔行水程记》两种：

1. 清末抄本，3 册 3 卷。卷一，《黔行水程记》。封面题《黔行水程记》，第 1 页；《自叙》，第 2—3 页，第 2 页有印章二；《黔行水程记》正文，第 4—34 页，记载赴任石阡沿途经过情形，至镇远而止；《黔阡纪要》，注明"以下摘录《石阡（府）志》"，第 35—49 页。案：孟继埙《黔阡纪要》摘录自（乾隆）《石阡府志·纪论》，为乾隆年间石阡知府罗文思编；②其中第 47—49 页关于石阡名胜、官员名单摘录等内容，不是来自《黔阡纪要》，而是来自《石阡府志》。又案：《黔行水程记》收入国家图书馆编《古籍珍本游记丛刊》第 11 册（北京：线装书局，2003 年）第 5723—5818 页、《历代日记丛钞》第 138 册（李德龙、俞冰主编，北京：学苑出版社，2006 年）第 359—452 页。③

《自叙》：

> 溆阳旅馆，我心伤悲；夷州山衙，方寸尤乱。穷冬忽忽，无以为生。自念奔走天涯，当知珍重，戚戚终日，实曰非宜。乃于春间，取当年旧作，重事推敲，定为《陋巷集》一卷、《春梦集》一卷、《诗余》一卷、《夏间读〈晋书〉集录记金石》一卷、《记异闻》一卷，秋间成《漫录》一卷、《石阡物产记》一卷。寒冬无

---

① （民国）《石阡县志》卷一六《艺文志》，第 552—554 页。案：《夜郎吟》所收《石阡即景二十首》与（民国）《石阡县志》所收《石阡即景二十首》，文字、自注有不同，诗歌次序也不同。
② （乾隆）《石阡府志·纪论》，第 295—301 页。
③ 关于《黔行水程记》的介绍，见李德龙、俞冰主编：《历代日记丛钞提要》，北京：学苑出版社，2006 年，第 308—309 页。

事,检上年舟中日记,详其夷险,证以见闻,复成《黔行水程记》一卷。以支离憔悴之身,当落寞穷愁之地,不惜此三百余日光阴,尽消磨于笔砚间者,岂为著述计耶? 以宽吾心,以遣吾兴而已。此书既成,吾将理行装,问归程,返我故乡,与家人相聚。出此七八卷书,以示吾弟也侄也,以赠吾友与朋也。见吾之书,可知万里之外,一年之中,吾一身之宦况矣。他日返旆,春明移舟鄂渚,未来之事,又不知将何如也。

光绪二十二年十一月志青氏自书。①

卷二,《漫录》。封面题《漫录》,第1页;《〈绿庄严馆漫录〉自叙》,第2—3页,第2页有印章一;卷一(目录),第4页;《漫录》正文,第5—49页,第49页有印章一;手写跋文,第50—51页。案:《目录》写"卷一",实际只有一卷,即不分卷。

《〈绿庄严馆漫录〉自叙》:

坐守山城,官事无几,宦情旅况,寂寞无聊。有时北望京华,回忆二十年中,转眼光阴,历历已如梦过。当夫亲朋寮友,快聚一堂,盏酌香醪,杯衔苦茗,高谈雄辩,畅所欲言,此何等兴致! 家人妇子,相与追随,听春鸟之好音,赏秋花之幽艳。雪天无事,脍鲤烹羊。儿女灯前欢然嬉笑,此何等快乐! 乃者辞家万里,羁官天涯,膝下相依,仅余幼子。抚今追昔,良用慨然。自顾此身,颇伤沦落。形骸已老,境遇如斯,每一念及,不觉忧从中来,为之泣下者屡屡矣。然一转念间,又不免自宽之而自笑之也。夫远道思归家之人不我知也。生者难为情,死者不我顾也。我即泪

---

① 孟继埙:《黔行水程记》卷一《〈黔行水程记〉自叙》,第2—3页。

痕洗面，日在愁场，亦惟自忧之自苦之。再求所谓当日之兴致也快乐也，渺不可得。夫既知其不可矣，亦乐得求一绰绰有余之地，置吾身于极乐之中，忽忽焉了吾此生斯已耳。而无如此绰绰有余之地，亦复无多，则仍即吾当日所见所闻，揣其喜怒哀乐之情，写其笑貌声音之状，借谈笑以抒怀抱，假笔墨以适性情，述其事而记之，亦何莫非一极乐境耶？夫文之不工，吾岂不自知世有见者作传奇观不见者，亦遣怀计也。戚戚焉无益之悲，如佛书所谓颠倒梦想，日在烦恼界中，则又何为哉！则又何为哉！

　　光绪二十二年岁次丙申十月初五日，志青氏自记于石阡官廨。[①]

　　卷三，《石阡物产记》。封面题《石阡物产记》，第1页；《自叙》，第2页；《〈石阡物产记〉目录》，第3页；《石阡物产记》正文，第4—49页；《验方随笔记》，第50—57页；手写跋文，第58页。案：《石阡物产记》又收入国家图书馆编《清代边疆史料抄稿本汇编》第37册（北京：线装书局，2003年）第447—558页。

　　《自叙》：

　　　　石阡僻处穷荒，地方鄙陋，为夜郎之故境，沿有苗之余习。两山夹岸，三里为城，如井底之窥天，实弹丸而作郡。附郭之家，不及千户；极富之子，未见千金。地瘠民贫，由来久矣。敝衣蓝缕，苟且偷生；破壁萧条，不成居室。加以人皆健讼，士不通经；朋友之交，绝无信义；骨肉之忧，直等仇雠。风俗人情，尚何言哉？鄙人一麾出守，善政无称，万里辞家，闷怀何已。所幸蛮花犭鸟，物类蕃滋，夏草冬虫，土宜茂育。学惭多识，兼收俚俗之

---

①　　孟继埛：《黔行水程记》卷二《漫录·〈绿庄严馆漫录〉自叙》，第2—3页。

名,谱订群芳,无负宦游之兴云尔,作《物产记》。

光绪二十二年岁次丙申中秋,志青氏自识于石阡官署。①

综上所述,此清末抄本《黔行水程记》,实包括三种作品:《黔行水程记》《绿庄严馆漫录》《石阡物产记》。

2.民国年间屏卢续刻本1册。封面题《黔行水程记》,并在此标题下手题"附《石阡即景诗廿首》",第1页;封面《黔行水程记》,并题"朱桂老惠存",有印章一,第2页;《〈黔行水程记〉自叙》,有印章一,第3页;《黔行水程记》正文,第4—25页,第4页有印章三;附录《石阡即景诗》,该诗写作时间是光绪二十三年正月,第25—31页;戊寅(1938)仲冬天津人金钺跋文,第32页,有印章一。

国家图书馆收录《夜郎吟》两种:

1.光绪年间刻本,1册1卷,现藏天津图书馆。封面题《绿庄严馆诗存》,第1页;《夜郎吟》正文,版心处有单黑鱼尾,鱼尾上方有"夜郎吟"三字,包括两部分:(1)《岁暮感怀四首》,第2页,有印章三;(2)《石阡即景二十首》,第3—10页,第10页有印章一;封底,无字,第11页。

2.光绪二十二年(1896)刻本,1册,现藏天津图书馆。封面题《绿庄严馆诗存》,并在此标题下手题"夜郎吟"三字,第1页;《夜郎吟》正文,版心处有单黑鱼尾,鱼尾上方有"夜郎吟"三字,包括三部分:(1)《岁暮感怀四首》,第2页,有印章四;(2)《石阡即景二十首》,第3—10页;(3)《丁酉三月,由石阡解印晋省途中口占,寄怀郡城诸僚友》,第10页,有印章一;封底,无字,第11页。"丁酉"是光绪二十三年,故此刻本的时间定为"二十二年",有误。

---

① 孟继埙:《黔行水程记》卷三《〈石阡物产记〉自叙》,第2页。

从两种《夜郎吟》的内容和石阡能否支撑雕版印刷来看，两种《夜郎吟》刻本在孟继埙离开石阡后刊刻的可能性极大。

（四）石阡印象

在"夷州山衙"，孟继埙对石阡府的评价是：

1. 石阡政务不繁杂

石阡府属简缺。嘉靖间，佥事龙遂在《石阡公署》中言石阡城情形："寂寞孤城几户烟。"[1]至光绪年间，孟继埙仍言："坐守山城，官事无几，宦情旅况，寂寞无聊"，"报衙吏少民无事"。[2]石阡人李绍莲也言："一隅生聚户三千。"[3]事少，甚至无事，是孟继埙对石阡政务的定位，符合事实。

孟继埙认为石阡政务不繁杂，原因有二：一是石阡政务本就不多。道咸年间曾在贵州任官的胡林翼指出，"贵州白役最多。石阡一府，最僻最瘠，白役尚数千人，此外各府已可概见"。[4]衙役人数过多，显示石阡事务繁芜。经过咸同年间的社会动乱，至光绪年间，石阡的政务已大为减少。二是孟继埙在京历任内阁中书、军机章京、刑部司员、御史等职，特别是任军机章京，熟悉各种政务，应对石阡的政事，绰绰有余。石阡政务的数量、复杂程度远比不上京城，孟继埙理所当然地认为石阡的政务简单。

徐世昌在《晚晴簃诗汇》中引《诗话》评论孟继埙出守石阡后的心情："边郡简僻，以诗词自遣。"[5]正因为政事简单，才有闲暇从事他

---

[1] 张岳：《小山类稿》卷五《斩获首恶吴黑苗地方事宁完报疏》，福州：福建人民出版社，2000年，第95页；（嘉靖）《贵州通志》卷一一《艺文》，第458页。

[2] 孟继埙：《绿庄严馆诗存 夜郎吟》，第3页。

[3] 李绍莲：《小芳园诗稿》卷二《三叠原韵》，第160页。

[4] 胡林翼：《致广顺但云湖十二则》，葛士浚辑：《皇朝经世文续编》卷二一《吏政六·守令》，沈云龙主编：《近代中国史料丛刊》第75辑，台北：文海出版社，1973年，第586页。

[5] 徐世昌编：《晚晴簃诗汇》卷一六五《孟继埙》，第7204页。

务。不过,孟继埙不是以诗、词自遣,而是以诗、书自遣。

2. 石阡经济落后

与繁华的京津相比,"穷荒"是孟继埙给石阡贴的标签。孟继埙说:

> 石阡僻处穷荒,地方鄙陋,为夜郎之故境,沿有苗之余习。两山夹岸,三里为城,如井底之窥天,寔弹丸而作郡。附郭之家,不及千户;极富之子,未见千金。地瘠民贫,由来久矣。敝衣蓝缕,苟且偷生;破壁萧条,不成居室。加以人皆健讼,士不通经;朋友之交,绝无信义;骨肉之忧,直等仇雠。风俗人情,尚何言哉?

石阡的穷荒体现在两方面:一是府城规模小、户口少。长期在繁华都市生活的孟继埙到石阡的第一天,抬眼便知石阡的情形。二是百姓生活困难,风俗不好,文化水平不高。很显然,石阡的经济发展落后、户口少,是真实的状况,不必讳言,而言石阡风俗人情无一可说,则有明显的地域偏见。府衙大堂前有梧桐四株,高各数十尺,大叶摇风,浓荫蔽日,夏间居民多纳凉树下。府衙后院有皂荚树一株,高逾十丈,深秋皂角熟,居民摘去百余筐以供洗面沐浴之用。[①]围绕府衙植物的用途,可见官民关系极其融洽,何来风俗人情不好之论?

3. 石阡物产丰富

"蛮花狨鸟,物类蕃滋,夏草冬虫,土宜茂育。"孟继埙长期在北方生活,外任石阡是他第一次来南方,因而对石阡的一切充满好奇,

---

① 孟继埙:《绿庄严馆诗存　夜郎吟》,第3页;国家图书馆编:《清代边疆史料抄稿本汇编》第37册,北京:线装书局,2003年,第495—496页。

故言"郡城景物多为北地所无，花鸟新奇，林峦幽邃"。①

孟继埙用"荒衙岑寂"形容石阡府衙的建筑与陈设之简单、鄙陋，②同时，由于政务少，少有人到衙门办事，显得"岑寂"，缺少人气。然府衙跨山而建，"后院极高，院有小山可以望远。山上流泉终日，淙淙盘折而下"。③依山流水，涓涓而下，实乃人间桃源。孟继埙笔下的石阡府衙，有别样的风情。而府衙中的多种植物，又为孟继埙的悲苦生活增添了不少生趣。见于《石阡物产记》记载的府衙植物有：

（1）合昏。"其叶朝开晚合，花似槐而略小。五月间即开，作粉色，花落生扁角，如椿子然。署后院山下大小百余株，长春。夏浓阴，森然一碧。"

（2）梧桐。"大堂下分植四株，每当长夏雨晴，一院绿阴如洗。"

（3）芭蕉。"一株之高，或逾一二丈；一叶之大，或长八九尺。浓阴（荫）蔽日，宜雨宜晴。""署中凡数丛，柯如大盆盎，根如巨盘石。其叶经冬不凋，可知雪里芭蕉，古人并非虚语。"

（4）海棠。"花作朱红色，附枝而开，绝无长蒂。署内卧房院一丛，春时颇艳。"

（5）桂花。"丹、黄二种。棂星门之左，有老树一株，高逾五六丈，密影婆娑，奇香远彻。郡城中此惟极古。卧房窗外一树，仅丈许耳。"

（6）山栀。"署后院一株，花开千百朵，树高一丈余。风送奇香，自然幽媚；晚烟晓雾，夏景宜人。"

（7）柑。"署中卧房院一株，高过丈余，夏秋结实，深冬遍树垂垂，

---

① 孟继埙：《绿庄严馆诗存　夜郎吟》，第3页。
② 孟继埙：《绿庄严馆诗存　夜郎吟》，第2页。
③ 孟继埙：《绿庄严馆诗存　夜郎吟》，第3页。

皆黄金色,可爱之至。凡得二百余枚,腊月摘而食之,香美无比。"

(8) 枇杷。"冬初结子,小而绿,夏初果熟。其品逊江浙所产,稍嫌味涩。上房后院一株,倚墙而生。"

(9) 葡萄。"二堂后一株,土人称美品,不如北土远甚。"

(10) 皂荚。"署后院有大树一株,高逾十丈,阴遮数亩,干围八九尺,其叶似槐多刺。"

(11) 卫矛。"署之二堂后蒲桃下,有小树一株,枝柔而叶尖。每枝出三四棱,如箭之羽,作赭色。秋后结子如豆,即此也。"

(12) 蜡梅。"署后墙外山坡,自生一株,高逾丈许,色淡而心紫。仲冬开花,满树离离,以千万朵计。冷意寒香,袭人襟袖。"

除《石阡物产记》的记载外,府衙还有柳树。"后院池塘两处,垂柳成阴。余蓄鱼其中,偶至池边,鱼苗点点可喜。"[1]

以上13种植物,分布在府衙的各个角落,后院山下、大堂、卧房院、后院、上房后院、二堂等处,站在府衙高处还能看到府衙后墙外面山坡上的植物。各色植物在四季流转,绘成了不同的风景画:春时海棠颇艳;长夏梧桐绿荫,山栀送香;仲冬蜡梅,香气袭人;深冬柑果,金黄可爱,食之香美。宜人之景、可口之食,为孟继埙带来了些许安慰。

石阡物产丰富,景色优美,孟继埙之前已有官员领略。嘉靖间,佥事龙遂有诗描绘石阡层峦叠嶂、鸟语花香的风光:"西郭景峦呈异石,沿林曲涧拥芳阡。弄晴好鸟争相和,映日奇花自可怜。"[2]康熙间,知府陈奕禧在《天下第一郡楼记》中,也详细记述了石阡府特别是知府衙门各处令人流连忘返的植物与美景。[3]

---

① 孟继埙:《绿庄严馆诗存 夜郎吟》,第4页。

② (嘉靖)《贵州通志》卷一一《艺文》,第458页。

③ 陈奕禧:《春霭堂集》卷一三《天下第一郡楼记》,第129—131页。

石阡府有举人、生员等拥有科举功名的文人群体,此外还有府学教授等官员。在不到两年的时间内,用心于文字的孟继埙却没有留下与他们的交往记录。光绪二十二年,孟继埙有《岁暮感怀》诗四首,石阡举人李绍莲三和其诗。二十三年三月,孟继埙离开石阡,有诗《丁酉三月,由石阡解印晋省途中口占,寄怀郡城诸僚友》,李绍莲又和之。"两载从游过岁寒",但李绍莲《小芳园诗稿》中关于孟继埙的直接记录,只有和诗4首,①似是泛泛之交。换言之,石阡府的文人群体规模极小,虽有优秀者,但孟继埙有对石阡士不通经、友无信义的地域偏见和刻板印象,不注重与他们交往。

天津人孟继埙在京历任内阁中书、军机章京、御史等职,光绪二十年十二月正式外任贵州石阡知府,二十一年初秋到任,二十二年九月升湖北盐法道,二十三年三月离开石阡,实际在知府任将近两年。二十六年闰八月,孟继埙在署湖北按察使任病故。

在石阡期间,孟继埙对石阡有贡献,安定地方,并被载入(民国)《石阡县志·名宦志》。到贵州未及百日,孟继埙连丧妻、子,心情悲伤。孟继埙逐渐认识到悲伤无益,遂整理旧文旧作旧事,成《陋巷集》《春梦集》《诗余》《夏间读〈晋书〉集录记金石》《记异闻》《石阡物产记》《绿庄严馆漫录》等书,其中《黔行水程记》记载从京城、天津经上海赴任的过程,至镇远而止;《石阡物产记》著录石阡的各种物产。此外,孟继埙撰《夜郎吟》,收录《岁暮感怀四首》《石阡即景二十首》《丁酉三月,由石阡解印晋省途中口占,寄怀郡城诸僚友》等诗,可见他在石阡期间的心情、见闻。《石阡物产记》《夜郎吟》与石阡直接相关,为我们留下了珍贵的资料。

---

① 李绍莲:《小芳园诗稿》卷二《和孟志青太尊〈岁暮感怀〉原韵》《重叠原韵》《三叠原韵》《和孟太尊〈赴省途中口占寄怀〉原韵》,第159—160、161页。

　　孟继埙在石阡知府任期不长，但对石阡的印象深刻，认为石阡政务不繁杂、经济落后、物产丰富。特别是府衙中的至少13种植物，为悲苦中的孟继埙不时带来安慰。用心于文字的孟继埙，却没有留下与石阡文人的交往记录，其离任有诗，也未留下石阡文人姓名，应为泛泛之交。

第八章　孟继埙《石阡物产记》研究

从明到清，作为地方百科全书的方志，在著述体例、内容记载方面都有极大发展，撰写与保存的数量日渐增多。

物产，是地方经济、文化的一项重要内容，方志中多记载物产。（乾隆）《贵州通志》中关于石阡府的物产，内容如下：

> 朱砂、水银、铁、俱出府属各土司地。棉花、黄蜡、出府属。苎麻、出府境。木瓜、《尔雅》谓之楸，所在皆有。知母、府属俱出。枫香、出龙泉。湘妃竹、俗名斑竹，府属皆有。鹿、出龙泉。白兔、府属皆有。白甲鱼。出龙泉。①

作为省级的通志，记载了石阡府的13种物产，十分简略。在方志的众多内容中，物产不是重点。

若详细、全面地记载地方的某种内容，将之从方志中独立出来，则形成了专志。常见的专志，多是关于典籍、名胜、风土、物产等方面的内容。具体到明清时期贵州方志中的专志，唯一的一部是光绪年

---

① （乾隆）《贵州通志》卷一五《物产》，《景印文渊阁四库全书》第571册，第405页。

间石阡知府孟继埙撰写的《石阡物产记》。

国家图书馆收藏《黔行水程记》两种，其中一种是清末抄本，3册3卷，包括：卷一，《黔行水程记》；卷二，《绿庄严馆漫录》；卷三，《石阡物产记》。《石阡物产记》的具体内容如下：封面题《石阡物产记》，第1页；《自叙》，第2页；《石阡物产记目录》，第3页；正文，第4—49页；《验方随笔记》，第50—57页；手写跋文，第58页。《石阡物产记》又收入国家图书馆编《清代边疆史料抄稿本汇编》第37册（北京：线装书局，2003年，第447—558页）。

目力所及，《石阡物产记》目前未有研究。本章从撰写缘由、主要内容、记载特点、史料来源等方面对《石阡物产记》进行细致剖析，以期建立起对《石阡物产记》的全面认识。

一、作者与写作缘由

孟继埙，字治卿，又字志青，举人，直隶天津人，善画，并收藏、鉴别碑帖。[①]孟继埙于光绪二十一年秋到石阡知府任，二十三年三月离开石阡。[②]

赴任石阡，孟继埙连遭大丧，他在光绪二十二年岁末回忆道："去岁来黔，未及百日，内子、大儿相继病殁。"[③]此外，从繁华的京津之地到偏远的石阡，他一时也难以接受。[④]

光绪二十二年中秋，孟继埙在石阡知府衙门写下《石阡物产记》的序言，表明已经完成《石阡物产记》的撰写。"览物起兴，聊以自

---

① 李浚之编：《清画家诗史》，第1296页；禹平、王丽华：《孟继埙藏金石拓片闻见录》；王丽华、温志宏：《志青故藏墓志拓片及题跋叙录》。
② 孟继埙：《绿庄严馆诗存　夜郎吟》，第10页。
③ 孟继埙：《绿庄严馆诗存　夜郎吟》，第2页。
④ 孟继埙：《黔行水程记》卷三《〈石阡物产记〉自叙》，第2页。

娱；语多伤时，不堪问世。故名之曰（记），不得以志称焉！"孟继埙认为写作该书是为了自娱自乐，且语多哀伤，不堪流传，故名曰《石阡物产记》，不曰《石阡物产志》。然石阡物产丰富，"物类蕃滋，夏草冬虫，土宜茂育"，惹人爱恋。①

然细揣《石阡物产记》的内容，除了在序言中表达哀伤之意，正文中也有哀伤之情。如牡丹，"花多粉红、浅紫色，土人名曰玉楼春、天香国色。生长蛮荒，姑（辜）负春光，视同凡品"。又梅花，"老树丑枝，繁花冷艳，横斜于颓垣断井间，惟孤芳自赏耳"。"姑（辜）负春光""孤芳自赏"，孟继埙的怜惜、遗憾之情，跃然纸上。但各种花草，也能给悲苦中的孟继埙不时带来愉悦的心情。如大气草，"夏开小白花，秋结员子，形如玛瑙珠，累累枝上，红润可爱"；秋葵，"娇花瘦叶，高出短垣，秋色迎人，别饶逸态"；水仙，"寒香寂寞，沁我心脾"；雁来红，"深秋冷艳，红紫宜人，滴露含烟，山家风趣"。花招人爱，亦招人喜。发现人多不能识的物产，也能够带来撰写的喜悦。在介绍卫矛时，孟继埙写道："小树也。按《本草备要》，一名鬼箭羽。……此树人多不识，今阅《本草》始知之，不胜欣喜。"

孟继埙为转移悲痛的心情，慢条斯理地整理旧文旧作旧事，撰成篇幅不长的作品，《石阡物产记》便是其中之一。②细绎《石阡物产记》的内容，可发现孟继埙在转移其悲伤、悲苦的情绪，但不时也展现愉快的心情。

二、主要内容

《石阡物产记》分为两大部分：

---

① 孟继埙：《黔行水程记》卷三《〈石阡物产记〉自叙》，第2页。
② 孟继埙：《黔行水程记》卷一《〈黔行水程记〉自叙》，第2—3页。

第一部分,记载石阡的物产。

孟继埙将物产分为8类,分别是:花木类,81种。果实类,30种。其中莲子与藕是一种植物的不同部分,二者均顶格而列,孟继埙将其列为2种物产,果实类物产种数符合目录中30种的数量统计。米谷类,17种。蔬菜类,47种。在蔬菜类物产"野葱"的介绍中,孟继埙提道:"按旧志所载,有刀豆、灰藋二种,不知何物,附记于此。""刀豆""灰藋"未顶格,对其也未有介绍,故不将其列为物产,蔬菜类物产种数符合目录中47种的数量统计。药草类,目录统计为64种,除52种为一种物产一份介绍外,另有6份介绍文字的体例与内容如下:

> 木通、通草,旧志有通脱一种,或谓即此也。按《本草》:木通,古名通草;通草,古名通脱。
>
> 枳实、枳壳,功能破气,气行则痰行,止喘消胀。
>
> 橘红、陈皮、橘核、橘络,行气之品,补泄皆宜。
>
> 葛粉、葛根,解肌升阳,散火除烦。
>
> 桑叶、桑白皮、桑寄生,各树皆可寄生,能成大枝干。坚肾固齿。
>
> 竹茹、竹叶,茹开胃而清肺,叶凉心而除烦。

根据《石阡物产记》的体例,以上应是6种而非15种物产,故药草类物产应是58种而非目录中统计的64种物产。鸟兽类,63种。鸟兽类物产的最后一种是竹䶅,"旧志所载,不知何物"。"竹䶅"顶格而列,符合目录中统计的63种鸟兽类物产。虫鱼类,28种。货殖类,25种。在货殖类后,附记了"青杠"典故,介绍了青杠的基本情况,且"附记青杠典故"顶格而列,有名有实,即记载了物产青杠。在《附记》之后,又有《补遗》,共录24种物产,其中蒙子树、狸狠、侯栗、金丝桃、华槁、柞6种物产,有名而无内容介绍。换言之,根据《石阡物产记》的体例和内容，共记载374种物产，而非目录中统计的355种物产。据此可知，孟继埙先写目录，再详列各种物产作为正文，最后书写《补遗》；在写完《补遗》后，未调整目录中的数量统计。

孟继埙对石阡物产的分类，并不完全遵循中国古代的动植物分类，而是根据物产的实际用途予以一定的调整，如将本属花木的茶、山茶、乌桕、漆、蜡树、桐油树等经济性花木移属于货殖类。

通计374种物产，共约11 000字，平均每种物产的介绍字数约29.4字。从字数可以直观地看出，孟继埙并不引经据典地详细介绍物产，而是简明扼要地介绍。

孟继埙介绍了374种物产。石阡的物产并不是只有以上所介绍的数量。在药草类物产后的按语中，孟继埙总结道："川、广、滇、黔世称产药之区，阡地药类甚多，惜不能遍识。即其真知者，列于右，其余从阙。"在《石阡即景二十首》中，也记载了石阡的部分植物，孟继埙说："药草遍地丛生，惜不能尽识。"[1]换言之，孟继埙已经清楚地意识到他在知识储备上存在不足，不能认识更多的石阡药草。

第二部分，记载药方，名曰《验方随笔记》。

从题名看，孟继埙随时记录验方（药方），故名曰"随笔"，共录21条。收录药方是清代文人的习惯与爱好，[2]行医也是文人谋生的一种手段，[3]文人与医药有着剪不断理还乱的关系。在药方中，孟继埙插入药事笔记两条：虞雍公梦见治暑药方，介绍鹿的药效。"以上二则

---

① 孟继埙：《绿庄严馆诗存 夜郎吟》，第4页。
② 王士禛：《古夫于亭杂记》卷一，北京：中华书局，1988年，第16—17页；卷二，第44页；卷三，第71页；卷四，第83、96、101页；卷六，第136—137页。王士禛：《分甘余话》卷二，第44—45、50—51页；卷三，第59、76页；卷四，第100页。梁章钜：《归田琐记》卷一，第14—18页。
③ 徐永斌：《明清江南文士治生研究》，北京：中华书局，2019年，第103—107、234、252页。

皆见《本草备要》。"从此两条药事笔记的来源可知,《验方随笔记》
是孟继埙在阅读各种医书过程中随时抄录的笔记。

三、记载特点

孟继埙不是学者,他撰写的《石阡物产记》较简单,常常以寥寥
数字介绍一种物产,与学识渊博之学者撰写的旁征博引的学术作品
完全不同,但也有特点可寻。

细绎之,《石阡物产记》的记载特点有:

1. 南北对比

清代的回避制度,使各地的官员流动起来,官员须到远离原籍的
地区任职。"远别京华万里游",[①]长期生活在京津一带的孟继埙到遥
远的南方任职,到贵州任石阡知府,孟继埙第一次到南方,故对南方
的物产风土有着不由自主的敏感。

在《石阡物产记》中,孟继埙常常将石阡物产与北方物产进行
对比,描述差异。如桑,"土人种桑三四年后,辄削其枝,取叶嫩宜
蚕,故无大树。干作赭色,与北产略殊"。又如梨,"青、赭二种,坚
而多渣,逊北产远甚,土人名曰窝梨"。除了与北方物产进行比
较,孟继埙还将石阡物产与江浙物产进行对比。如枇杷,"其品逊
江浙所产,稍嫌味涩"。橘,"质小而皮红,如温州种,然一树可结
三四百枚"。稻,"粒粗而不肥,逊江浙所产远甚"。虽然孟继埙未
在江浙地区生活,但其久居物资荟萃的京城,并在赴石阡知府任途
中小住上海,熟悉各地物产,将石阡物产与江浙物产相比,也在情
理之中。

同一种植物在各地有分布,有不同的名称,孟继埙指出该种植物

---

① 李绍莲:《小芳园诗稿》卷二《和孟志青太尊〈岁暮感怀〉原韵》,第159页。

的常用名和石阡人称呼的土名。如凤仙，"阡地无顶头凤，土人名指甲花"。蝴蝶兰，"自生山野间，初春作蓝花，翩翩自喜，土人呼马兰花"。在物产的命名上，以通用、常见和北方的名称来称呼，并指出石阡的唤法。某些物产，石阡人不知，孟继埙以北方名称命名，如蚂蛉花，"叶细如萱，一茎十余朵花，作杏红花瓣，小而有黑点。此京师俗名也，土人不之知"。蚂蛉花的学名、常用名，石阡人不知，孟继埙亦不知，只能以京师俗名命名。

地域不同，物产亦不同，地域的差异造成了物产的差异。孟继埙对此有很好的总结："黔地多雨少晴，如麦、豆、秫、粟之类，皆非土宜，故不及北土所产。"同一种物产，南或优于北，北或优于南。孟继埙认为石阡的某些物产不如北方，也实事求是地指出石阡的某些物产是独有的、较北方为好。如茶菊，"黄花如钱，一枝数十朵。自生碎石间，北地无此"。桃李，"其形大如桃，其核亦如之。色紫，无霜味。与李等为北地所无，异种可爱"。如桃，桃花"花色鲜红，艳于北地，一树能开二十许日"，"花时，群树一望如霞，颇有山居之乐"。但石阡人"不善接植"，故桃果"实小而不甘"。葱，"自大江以南，葱皆细如箸，阡地所产尚较肥也"。

除了名称、品种、质量等方面的差异，孟继埙还深刻感受到了南北的口味差异。石阡人喜食果实未成熟时的青果，"谓酸者胜甘，口之于味不同如此！"生活在南方的黔人喜食酸，有地理、气候的因素，也有因缺盐造成以酸代盐的现实需求。[①]孟继埙未了解黔人食酸的缘故，故感慨南北口味的巨大差异。换言之，孟继埙了解南北地理差异对物产造成的影响，故有"阡地多暖恒雨，草木经冬不萎者颇多"

---

① 许桂香：《浅谈贵州苗族传统饮食文化》，《凯里学院学报》2009年第5期，第8—9页；张馨凌：《酸食的地域性研究——以贵州黔东南西江苗寨为例》，《百色学院学报》2015年第5期，第76—79、82—83页。

"黔地多雨少晴，如麦、豆、秫、粟之类，皆非土宜，故不及北土所产"之说，但对因南北差异造成的饮食、风俗习惯等不同而缺少了解。孟继埙对石阡、贵州的了解，仍是站在长期生活的北方的立场上，从北方、北方生活的角度理解石阡和贵州。

2. 重视物产的经济价值

孟继埙列举货殖类物产25种，其中包括本应属于花木类的茶、山茶等物产。茶、山茶等花木类植物具有重要的经济价值，移属于货殖类，显示孟继埙重视经济性物产、重视经济的观念。

石阡造纸业有较长的历史。康熙年间，贵州巡抚田雯特意夸奖石阡纸的质量："石阡纸极光厚，可临帖。"[①]在《石阡物产记》的花木类物产中，孟继埙列举三种可作纸之原料的物产：柘，"俗名构树，又名谷树，取以作纸"。楮，"枝叶略似柘"，"作纸者，皮叶并用，古法犹存"。槲，"大叶长枝，迎风作响，皮叶皆可造纸"。孟继埙从经济的角度而非从植物学的角度介绍以上三种物产。有诸多造纸的材料，故石阡的造纸业兴盛。在货殖类物产中，孟继埙扼要概述了石阡的造纸业发展情形：

> 皮纸，去城数十里，有小河名曰纸厂河，居民皆业此。其纸之厚者与高丽同，薄者灯花类也，惜篇幅太小。

造纸业需要大量的水资源，故大量造纸从业者聚集在小河旁，小河就被命名为纸厂河。高丽纸是宫廷、军机处用纸，[②]在军机处当差的孟继埙对高丽纸非常熟悉，故列举之。可与高丽纸相媲美，足见石阡纸

---

① 田雯：《黔书下·黔纸》，《中国地方志集成·贵州府县志辑》第3册，第534页。
② 何新华：《浅谈清代宫廷高丽纸》，《沈阳故宫博物院院刊》第14辑，北京：现代出版社，2014年。

的质量之优。民国年间,石阡的皮纸、火纸产业依旧兴盛。[①]

石阡物产丰富,石阡人善于经商,孟继埙毫不吝惜地夸奖石阡物产和石阡人,"黔省所售皆阡产,名石阡细茶"。"黔省途路间,见有货茶叶、灯草者,问之皆阡人。"孟继埙还夸奖石阡妇女,"阡地妇女多善织带及织小布"。贵州茶皆是石阡产,贩卖茶叶、灯草者皆是石阡人,显然是孟继埙对石阡的过分褒扬。当然,孟继埙也指出,"阡地土产,如油、茶、漆、蜡之属,皆美利所在,土人溺于种烟,概不经意,可惜也!"石阡百姓不能很好利用丰富的物产以发展经济,孟继埙表示惋惜。

孟继埙作为知府,有兴利富民、造福一方的责任与义务;同时,长期在富庶繁华之地任官、生活优越的孟继埙,对石阡与京津地区的巨大经济差异感到震惊。石阡妇女以刺猪的鬃作为顶簪,"粗如箸",孟继埙感叹道:"荆钗寒俭,此尤过之!"单独列出货殖类物产,暗示孟继埙有发展石阡经济的谋划,而调查物产中的货殖类物产是发展经济的第一步;只是因为在任时间短等因素的限制,孟继埙心中可能的石阡经济发展规划未能付诸实践。

3. 重视物产的药用价值

光绪二十一年,孟继埙赴石阡任,"未及百日,内子、大儿相继病殁"。失去至亲,孟继埙长期处于悲伤之中。失去妻子、长子的原因,主要有三:一是长期生活在北方,初来南方,水土不服;二是长途跋涉,舟车劳顿;三是医药无效。第一、第二个原因较难改变,第三个原因可以人力来补救。为了弥补心中的遗憾,到石阡知府任后,孟继埙重视医药,故在《石阡物产记》中专门辟出药草类,记录58种药草,在8类物产的数量中名列第三。此外,孟继埙还记载药方,写成

---

① (民国)《石阡县志》卷一一《经业志》,第448页。

《验方随笔记》。

在药草类物产、药方之外，孟继埙在其他物产的介绍中，也重视从医药价值的角度说明。山栀，"子入药，其性凉，能泄火"。枇杷，"叶能清肺止嗽"。从医药角度介绍山栀、枇杷的作用。又兔，"《本草》所载，小儿食兔肉不出痘，出亦较稀"。不记载石阡兔的品种、习性、特征，直接记载兔的药用价值。

4. 重视石阡百姓对物产的日常利用

货殖物产、药用物产都有专门的用途，可直接产生效益。除此之外的其他物产，也有或多或少的用途。如杉，"亭亭直上，枝叶无多。一干千寻，高撑碧岭。民间作屋，取为栋梁。其大者，解整板为棺具，有青沙、红沙之别。较北方所运之料，香色为优，惜地僻不能致远"。楠，有二种，"其香者，民间以作箱具，性能避虫，胜于樟脑"。梓，"木心色白，文理回环，作书具颇雅"。杉木可作建筑等材料，楠木可作箱具，梓木可作书具，物产不同则用途不同。孟继埙根据物产的不同而阐述其价值。

天生物产，各有其用。在蔬菜类物产中，辣椒位列第一，孟继埙的理由是："无论男妇老幼，非此不能下饭，并祀神皆用之。黔人嗜此成癖，故列为第一。"石阡政务简单、轻松，孟继埙有较多的空闲时间以仔细观察百姓日常生活中的点点滴滴，遂捕捉到石阡百姓嗜辣的生活习惯。不仅是在石阡，贵州其他府县也食辣。贵州是中国食辣最早的省份。①

孟继埙不是书斋中的学者，学问只是他生活的一部分，长期的京官任职经历，使他养成了重视实用、解决实际问题的观念。《石阡物

---

① 曹雨：《中国食辣史：辣椒在中国的四百年》，北京：北京联合出版公司，2019年，第50—52页。

产记》记载了大量的动植物，但并非纯粹的植物学、动物学著作，而主要从物产的不同利用角度进行阐述，叙述他们在经济、药用和日常生活中的价值。孟继埙从利用的角度著录物产，符合方志中"物产志"的撰写目的，名曰《石阡物产记》，名实相副。

四、史料来源

《石阡物产记》的字数并不多，孟继埙惜墨如金，并不打算将之写成内容扎实、面面俱到的学术作品。在对各种物产寥寥数字的介绍中，仍可窥见《石阡物产记》的史料来源。

《石阡物产记》的史料来源主要有以下四种：

1. 采访与调查

孟继埙在目录中明确指出，《石阡物产记》的成书，乃"阅历经年，采访所得"。所谓"阅历经年"，可指孟继埙有长期了解各地物产、各种动植物的经历与习惯；也可指在光绪二十二年中秋写下《〈石阡物产记〉自叙》时，任石阡知府已经一年，有充足的时间采访、调查石阡的物产。孟继埙在光绪二十二年中秋写下《石阡物产记》的《自叙》，但从该书内容看，孟继埙应是在到石阡后不久，就注意石阡的物产。如冬青，介绍内容如下："柔枝似桂而瘦，冬开小白花，叶色深绿。"冬青在冬日开花，孟继埙亲见，不是在二十二年冬，而是在二十一年冬，是孟继埙在石阡知府任的第一个冬天。"采访所得"，是孟继埙在撰写的过程中，十分重视采访和调查。作为初来石阡的北方人，孟继埙不了解石阡物产的具体情况，调查、采访非常有必要；作为现任石阡知府，孟继埙也有非常便利的条件实施调查、采访。

蓖麻子，"一株能生二三年"。孟继埙在石阡知府任上不足两年，不可能观察蓖麻子的生长过程，只能得自采访。又如虎，"黔地皆山，时有虎出，猎者得之。一虎之皮，其直不过数千。首无王字者，质较小，或谓为彪。土人得虎，全骨制为胶，服之壮筋力"。虎少见，孟继埙关于虎的知识不是来自观察，而是来自采访。

枫，"其木甚香，故土人呼曰枫香。取以供爨，别无可用。万树逢秋，鲜红如染；村居掩映，如画如诗"。从对枫的介绍来看，"取以供爨，别无可用"的结论来自采访，而"其木甚香"和层林尽染的枫景，则来自孟继埙的亲自调查。又如芭蕉，"署中凡数丛，柯如大盆盎，根如巨盘石。其叶经冬不凋，可知雪里芭蕉，古人并非虚语"。通过亲身观察，验证古人所言"雪里芭蕉"之真实可信。

某些物产在城中少见，乡村、野外居多，孟继埙至城外调查，亲自验证。如牛郎刺，"民间以其多刺，植院边护墙以防窃"。孟继埙对猫的介绍如下：

> 凡民间所蓄，多梨花猫，间有黑白色者，百不一见。饲以薯蓣，干瘦殊甚，不如北产肥洁可爱。黔人养猫，皆缚以细绳，坠以木板，防其远去被窃。一猫之直，可得数百钱，少而难得。土人名其子曰猫娃。

通过调查，孟继埙详细说明猫的毛色、饲养方式和价值。

孟继埙调查细致，辩证以往的误解。如老鼠刺，"似牛郎刺，而高大过之"。指出牛郎刺与老鼠刺的区别。又紫薇，"树有高二三丈者，古干无皮，光洁有致。土人呼为紫荆，未免错认鲁公"。指出石阡人分不清紫薇与紫荆。又女贞，"纤枝袅袅，细叶尖尖。或谓即蜡树，结子小于豆，秋末霜零，叶痕如赭。《本草》谓与冬青为一种，实不同也"。通过对女贞的细致观察，孟继埙驳斥《本草》将女贞与冬青混为一种的错误说法。

某些物产可作为食品，孟继埙曾亲自品尝。柑，"署中卧房院一株……凡得二百余枚，腊月摘而食之，香美无比"。葡萄，"二堂后一株，土人称美品，不如北土远甚"。羊，"黔地皆胡羊，毛直而臑长。有黑、白、黄三色，质小而膻，不堪入食"。猪，"大江以南多花猪，至黔则黑者多矣。妇女背负一筐，向山野间捡蒿菜之属，归以饲之，名曰打猪菜。故其肉粗而不香"。鲤鱼，"黔地水浅鱼稀，石泉所产，其味不鲜"。孟继埙对石阡所产茶叶推崇备至，称赞石阡细茶"纤如雀舌，美比龙团。松火山泉，一瓯青碧"。雨前所采之石阡茶为"最上品，不逊于浙产龙井"。柑、葡萄、羊、猪、鲤鱼、茶等石阡物产，孟继埙都亲自品尝过。此刻的孟继埙不是在记载物产，而是在品尝人间美味，孟继埙变成了美食家，故能够做出具体、明确的结论。

2. 方志

仅靠采访和调查，仍不足以撰写《石阡物产记》，孟继埙还查阅了方志。

方志的内容广泛，概况一地重要事务。康熙年间的循吏黄六鸿十分推崇阅读方志，他指出阅读方志的诸多益处："一邑之山川、人物、贡赋、土产、庄村、镇集、祠庙、桥梁等类，皆志书所毕载。而新莅是邦，一为披览，则形胜之奥衍阨塞，租庸之多寡轻重，烟户之盛衰稀密，咸有所稽，而政理用是以取衷焉。"[1]换言之，读毕方志，则了解州县之大概。阅读方志以指导施政，是清代州县官员的通常做法。孟继埙自觉地遵循了前辈们的做法。

地方的物产也是方志的记载内容，[2]孟继埙阅读《石阡府志》后对石阡的物产有所了解。在撰写《石阡物产记》时，孟继埙理所当然地参考了方志。如竹，"有紫竹、斑竹、金竹、苦竹诸名目。志载方竹，

---

① 黄六鸿：《福惠全书》卷三《览志书》，扬州：广陵书社，2018年，第56页。
② 秦越：《明清时期贵州地方志物产文献集成》，成都：四川大学出版社，2021年。

今不见"。在某些物产的说明上,孟继埙明确说明是出自"旧志",如竹䶉,"旧志所载,不知何物"。又"旧志有尾鱼,今不可得"。"按旧志所载,有刀豆、灰藋二种,不知何物,附记于此。"木通、通草,"旧志有通脱一种,或谓即此也。按《本草》:木通,古名通草;通草,古名通脱"。孟继埙重点记载现存的物产,但不漏记已经不存在、没有见到的物产。没有见到而石阡曾经有的物产,来自《石阡府志》。在孟继埙之前,石阡的旧志有(乾隆)《石阡府志》、(同治)《石阡府志》两种,明代的《石阡府志》至清代已经不存。[①]紫竹、金竹、尾鱼三种物产未见于(乾隆)《石阡府志》、(同治)《石阡府志》,[②]不知孟继埙所据何种方志,或是失传《石阡府志》的残本。(道光)《思南府续志》对竹䶉有记载,"似黄鼠,食竹根而肥"。[③]这表明孟继埙没有参考紧邻石阡府的思南府的方志。

3. 典籍

除方志外,孟继埙在撰写《石阡物产记》时,还广泛参考了各种典籍。在介绍青杠时,孟继埙言:"本名橡","岁饥则乡民采而食之",并引用《杜工部集》言:"'身经离乱,负薪拾橡',即此也。"在介绍君迁子时,孟继埙引用了《文选·蜀都赋》和《丹铅录》。杜甫《杜工部集》和昭明太子《文选》,是文人常读的作品,孟继埙将之作为参考资料,并不意外。

在各类典籍中,孟继埙大量参考了医药典籍。药草之类的物产,引用医药典籍,十分平常。对非医药物产的介绍,孟继埙也引用医药

---

① 唐立宗:《明代石阡府的方志及其编纂:兼论黔东地区府志的编刊历程》,第8—21页。
② (乾隆)《石阡府志》卷七《物产》,第376—377页;方齐寿修:(同治)《石阡府志》卷七《物产》,国家图书馆藏,第4册,第28—32页。
③ (道光)《思南府续志》卷三《土产》,第120页。

典籍来阐明其医药价值。如钟乳，"岩洞穴中，石髓凝结而成，下垂而亮，形如冰筋。《本草》谓强阴益阳，通百节，利九窍"。刘寄奴草，"一茎直上叶尖，而长花如小菊，白瓣黄心，花落有白絮飞起。《本草》谓能破血，止金疮伤"。除一般的《本草》外，孟继埙还引用其他本草典籍，如《本草备要》。在介绍治暑药方和鹿的药用价值时，注明"以上二则皆见《本草备要》"。

本草类典籍的内容与物产志的内容，在很大程度上是相同的，故孟继埙参考了本草类典籍。除本草类典籍外，孟继埙还参考了其他医药典籍。如在介绍仙桃草时，孟继埙言："叶如小蒿，子如青豆。治跌打损伤颇效，见《验方新编》。"验方类典籍也记载了部分动植物，孟继埙亦参考之。

孟继埙偶有慵懒，请读者自行查阅典籍，或未细致核对典籍。对马齿苋的介绍，孟继埙说："遍地皆生，与北地无异。见《本草》。"介绍大气草，"俗名也……土人采其根叶，以治风湿肿胀。不知《本草》何名也"。

五、结论

虽名为"记"，但《石阡物产记》是清末石阡知府孟继埙撰写的一部名副其实的物产志。孟继埙任石阡知府，连丧妻子、长子，且自繁华的京津远赴偏僻的石阡，心情悲伤。为移无益之悲，宽心遣兴，孟继埙整理旧文旧作旧事，注意并记录石阡的丰富物产。

《石阡物产记》分为两大部分：第一部分记载石阡的物产，分花木、果实、米谷、蔬菜、药草、鸟兽、虫鱼、货殖 8 类，并附记、补遗了部分物产，共 374 种；第二部分记载药方，名曰《验方随笔记》，共 21 条。《石阡物产记》篇幅短小，字数不多，但亦有记载特点可寻：1. 南北对比；2. 重视物产的经济价值；3. 重视物产的药用价值；4. 重视石阡百姓对物产的日常利用。概言之,孟继埙非常重视物产的实际利用。《石阡物产记》的史料来源有三:采访与调查;方志,主要是《石阡府志》;典籍,常见的文学与医药典籍。

明清时期,专题性的方志增多,如经籍志、名胜志、风土志等,有管庭芬(1797—1880)《海昌经籍志略》①、孙诒让(1848—1908)《温州经籍志》②、曹学佺(1574—1646)《大明一统名胜志》等。孟继埙撰写《石阡物产记》,顺应了方志发展的趋势。民国时期,专志撰写更加丰富多彩。

---

① 李细珠:《变局与抉择:晚清人物研究》,北京:北京师范大学出版社,2017年,第26页。
② 孙诒让:《温州经籍志》,上海:上海社会科学院出版社,2005年。

第九章　石阡险地路濑

　　路濑（路籁），今名路腊，属铜仁市碧江区云场坪镇管辖。在明代嘉靖年间，路濑属石阡府管理，路濑的永济桥在石阡城南60里。明末的路濑，盗贼众多，虽巡按御史亦遭抢掠。[1]在清代，路濑已属思南府管辖。康熙二十七年，思南知府刘谦吉（1623—1709）在《路濑》诗中言："路濑仍吾境，绳床问一眠。万盘纡马迹，百里旷人烟。"[2]康熙四十四年，石阡知府陈奕禧言："路濑旧为石阡属，今思南争去已久。"[3]据此可知，在康熙二十七年之前，路濑已归思南府管辖，故陈奕禧言思南争去"已久"。

　　"有隔越外府而其地仍属之府者"是为飞地，路濑和相邻的大地方（今设大地乡，属镇远县管辖），属于思南府的飞地。"东则越松桃而东，安化有四十八溪；南则轶石阡而上，府属有大地方、路濑。"大地方在思南城南170里；路濑在思南城南200里，有铺民百余户。[4]

---

[1]　（民国）《石阡县志》卷二《建置志》，第351页；《明光宗实录》卷六，泰昌元年八月甲子，第162页。

[2]　刘谦吉：《讱庵诗钞》卷五，《四库未收书辑刊》第7辑第24册，第733页。

[3]　陈奕禧：《春霭堂集》卷九《贵阳行记》，第91页。

[4]　（道光）《思南府续志》卷一《舆图》《疆域》，第17、34页。

（乾隆）《石阡府志》在介绍塘铺时说："铁厂马塘，地属镇远，马兵二名系思南营。路溪马塘，地属思南，马兵二名亦思南营。谷定马塘，（地）属镇远，马兵二名系石阡营。塘头马塘，（地）属思南，马兵二名亦思南营。"①道光年间，思南府在路溪设塘兵6名。②

路溪以地形险峻闻名。对路溪险峻地形最详细的记载，恐是嘉靖年间万士和（1517—1587）撰写的《石阡途记》。万士和，字思节，南直隶常州府宜兴县人，进士，嘉靖年间任贵州按察司提学副使，对贵州教育多有贡献。"褆躬方正，师道尊严。念黔士多贫，乃出镊金贸粟，稍效朱晦翁社仓遗意，使贫士春贷秋还，而为之记。"③嘉靖三十八年八月，万士和升任湖广布政司右参政。④

万士和在嘉靖三十七年（戊午，1558）三月自镇远府赴石阡府考试生员，道过路溪，如实记载路溪道路之险：

> 自镇远至石阡，为里者百四十，路溪居其中。其南北坡深林奥，苗盗出没，人烟绝少，行旅多恐。守巡即其地筑过客之馆，又徙熟苗之散居者数家于馆后，招川民之流移者处其左右，鬻酒浆以饭宿所往来者，稍资其守望之力，过客恃以无警。
>
> 戊午季春，余以考较事至其地。发镇远，值天雾，露上下于云气中。抵暮，宿公馆，雷雨大作，山岳震动。翼日至石阡，两日间颠顿于山谷溪涧者，不知其数。其有名于路溪南者，为思南坡、为大小金鹏坡、为大小茶园坡；其曰路溪坡者，则陡绝而不

---

① （乾隆）《石阡府志》卷二《塘铺》，第315页；（民国）《石阡县志》卷二《建置志》，第353页。
② （道光）《思南府续志》卷五《操防》，第188页。
③ （乾隆）《贵州通志》卷一九《名宦》，《景印文渊阁四库全书》第571册，第528页。
④ 《明世宗实录》卷四七五，嘉靖三十八年八月戊午，第7964页。

可步者也；其有名于路濑北者，为木根坡、为马骔岭、为大地方岭。木根与路濑相对，高险略同。其曰烂泥山者，则深滑而没足者也。

余既冒雨在途，悯舆人之痛，去车就骑，当夫策马。层巅路径，可三四尺，一线外即飞崖万仞。顾视其下，魂悸魄动。其遇泥深滑处，有一窍可阁足，则人马顾之皆喜。其最峻处，跨四五尺，才得一步，马足或交不能开，开不能收。自上就下，势如转丸，峥嵘不止。余所乘马疲，退堕数步，以前足蹶而止。余汗沾背，幸得脱焉。其石之峭然壁立者，出乎其傍，势如倾压；权枒森列者，履乎其上，如虎豹露齿作啮人状。远望林木邃密，人迹不至，则猴猿猛兽攀缘号啸于其间。此远臣羁旅，离乡去国，登高极目而兴悲者也。

然当其山腰，云润雨过，翠落峻坂。既下，暂即安舒，如底干、铁厂[①]左右，可桑可田，异境不断。其河下山一带，皆奇峰近水，石如庄严，峭拔幽绝。水自包溪流出，曲折百转，石亦随之。缘源已穷，忽得溪处，又桃李梨花散漫山谷，若绮霞霜雪，平生见花无此多者。

夫其云山明媚，花木灿烂，此种放观之而不穷，庞公住之而忘返，渔郎逐之而迷处者也。人特以远臣羁旅之怀，遇之不觉其胜耳。余乐之，欣然若有会意，且不复知有人世，又何有离乡去国之叹哉！虽然余之乐，亦因物也，不记其悬崖万仞，魂悸魄动，马倒险途，流汗浃背者乎？

夫倏而云，倏而雨，倏而险，倏而夷，天地之变，吾既得观于

---

① "底干""铁厂"皆地名，见杨博：《杨襄毅公本兵疏议》卷二，《杨博奏疏集》，上海：上海古籍出版社，2018年，第509页。

反掌之间，倏而恐倏，而喜吾心之变，其转换于一日之中者亦屡矣。苏子曰："自其不变者观之，则物与我皆无尽也。"然则天地与我其不变者，必有在矣。吾恶足以知之。[①]

万士和以亲身经历，详细描绘路溪的险要路况和引人入胜的景色。此石阡之行，万士和又有诗写路途，《再宿路溪馆》：

> 山渐入深如避世，馆曾经过似归家。晓来一雨青如洗，更着棠梨万树花。

《石阡道中》：

> 叠巘有凹云住满，深林无路鸟成家。人心自与风光别，落日烟波泛远槎。[②]

路溪有公馆，方便来往人员休息。从路溪到石阡，美景迷人，尤其是路溪，树密云深，如避世之境。

作为交通要道，在万士和之后，路溪路况之险、风景之美，依然被往来行人不断提及。明代谢肇淛（1567—1624）途经路溪，《客路溪夜虎入室且闻苗警》：

---

① 万士和:《万文恭公摘集》卷六《石阡途记》,《四库全书存目丛书》集部第109册，第318—319页。原文部分字迹不清，以《皇明文征》补之，见何乔远编:《皇明文征》卷五四《万士和·石阡途记》,《四库全书存目丛书》集部第329册，第310—311页。案:"底干",《皇明文征》作"底平"。此文又收入黄宗羲编:《明文海》卷三八三,《景印文渊阁四库全书》第1457册，第455—456页。
② 万士和:《万文恭公摘集》卷一,《四库全书存目丛书》集部第109册，第228页。

> 荒村无数家，败馆余四壁。月黑阴风生，猛虎入我室。
> 仆从纷叫号，人马俱辟易。拊剑起中夜，兀坐待曙色。
> 更复闻前途，豺狼倏出入。千百啸成群，剿煞无虚日。
> 虎患尚可驱，此辈难踪迹。哨戍列星屯，强半隶鬼籍。
> 一旬不九餐，宁能荷干戚？天步苟如此，四顾安所适？ ①

在万士和时，路濑公馆完好，宿之有归家之感；至谢肇淛时，路濑公馆已破败，徒有四壁。林深树密，猛虎入馆，仆从惊恐万状，嚷叫着躲避。谢肇淛对百姓的行为表达了同情的理解。康熙四十四年五月二十五日，石阡知府陈奕禧赴贵阳，途经路濑。陈奕禧《路濑道中》：

> 与我孤清尚未乖，何妨迢递滞天涯。溪园不葺犹堪乐，野卉无名尽自佳。
> 眼底青山看峭拔，枝透黄鸟语和谐。只差一事难消遣，少却朋俦畅好怀。②

站在高处俯视峭拔的青山，听见树荫掩映间黄鹂的悦耳鸣叫，静静地观赏着不知名的花朵，陈奕禧唯一的遗憾，是不能与友畅饮，同赏佳景。贵州学政吴寿昌（乾隆五十一年至五十四年在任③）《过路濑高坡》：

> 山下桐花万树开，旋从荦确上崔嵬。莫惊云气沾衣湿，身在鸟飞高处来。

① 谢肇淛：《小草斋诗集续集》卷一《滇中稿》，《小草斋集》，福州：福建人民出版社，2009年，第1383页。
② 陈奕禧：《春霭堂集》卷九《贵阳行记》，第92页。
③ 钱实甫：《清代职官年表》，第2680—2682页。

返程之时,《抵路濑行馆夜雨》言:

> 暮雨昏昏险处行,到来孤馆坐残更。相从赖有敲棋客,一局
> 灯前候日明。①

乾隆五十八年秋,贵州学政洪亮吉考试石阡、思南,自思南回石阡南
下铜仁途中,经过路濑塘,《晓发路濑塘》:

> 离堂尚闻鸡,暗谷甫见日。濛濛荆棘影,披草至绝壁。
> 露气周一山,秋衣冷侵骨。回瞻惊后队,如蚁穴中出。
> 前旌复穿云,石瘦路如发。风芦耸清听,时堕隔林橘。
> 客倦欲少休,茅轩树头突。

闻鸡鸣启程,在林深草杂的路濑谷中,尚见若隐若现的晨光。一字长
蛇阵般地蜿蜒行走在头发丝宽的羊肠小道中,回头一望,胆战心惊。
秋日露气重,登山增体热,但仍能明确地感觉到寒冷侵入骨髓。欲稍
息减轻疲倦,抬头却见路边茅舍与绝壁树冠平。这是一次奇妙且惊
险的难忘经历。乾隆五十九年春夏,洪亮吉再至石阡考试,过路濑
塘,《路濑塘道中》:

> 路濑塘西石径道,人家竹屋半临流。低飞胡蝶高飞雨,百种
> 花香出草头。

> 高下冈峦马去迟,缓行刚及午晴时。山南一片波如掌,闲看

---

① 吴寿昌:《虚白斋存稿·细吟集下》,《清代诗文集汇编》第397册,第135页。

儿童捉活师。①

在路濑塘西边的石路，可见百姓建在河边的竹屋。春夏百花盛开，招来蝴蝶。清晨飞雨，自塘西翻越冈峦，午时到山南，天已放晴。（民国）《石阡县志》载嘉道年间成世瑄《上路濑坡》：

> 石磴萦纡一线盘，高头无碍碧天宽。苍苍到处皆平等，莫为崎岖惮路难。②

路濑一段，作为交通要道，山险地峻，野兽出没，给行人造成诸多不便；然云雾遮日，鸟语花香，宛如仙境，给往来行者留下难以磨灭的印象，不断被人书写。

---

① 洪亮吉：《卷施阁诗》卷一三、卷一四，《洪亮吉集》，第766、791页；林逸编著：《清洪北江先生亮吉年谱》，第171、174页。
② （民国）《石阡县志》卷一六《艺文志》，第548页。

第十章 诗文集中的石阡官员

明清石阡府的资料少且分散,除前文所论述的知府祁顺、冯裕、陈奕禧、严谨、孟继埙外,在明清的诗文集等资料中,还有其他的石阡官员。

本章按照官员们在石阡的任职时间顺序,结合诗文集、方志等资料,考述他们与石阡千丝万缕的关系。

一、推官康颊

康颊,字宜清,江西吉安府泰和县人,进士。杨士奇在《欧阳允贤墓表》中说,吉安府泰和县人、南京国子助教欧阳允贤在永乐壬寅(二十年,1422)十一月初三日卒于官,欧阳允贤有二女,次女嫁永乐十九年进士康颊。[①]王直在《赠康评事赴任序》中说:"康颊宜清以永乐辛丑(十九年,1421)进士得大理评事,当之南京。予与之同邑,且与其尊府纪善君游,相好也。"[②]王直与康颊同邑,即均为江西吉安府

---

① 杨士奇:《东里集》卷一五《欧阳允贤墓表》,《景印文渊阁四库全书》第1238册,第173、174页。
② 王直:《抑庵文集》卷五《赠康评事赴任序》,《景印文渊阁四库全书》第1241册,第93页。

泰和县人。康颓在永乐十九年中进士后任南京大理寺评事。

杨士奇《送康宜清左迁石阡推官》：

> 　　三月都门惜别离，春风相送夜郎西。古来贤达多南谪，往往
> 题诗在五溪。

> 　　从来清操如冰雪，一旦南迁众共嗟。谢却壶觞饱餐饭，平安
> 常遣报京华。[①]

康颓因事由大理寺评事贬为石阡府推官，离京赴任时在三月。康颓
在永乐间任石阡推官，"多惠政"。[②]

历任云南澂江府、南直隶徽州府、太平府同知尹氏娶妻康氏，尹
氏卒于正统五年（1440）二月初六日。尹氏之子请王直写文以刻石。
王直说：

> 　　予縻于职务，不暇作，则又因君之妻侄石阡推官颓来速文，
> 曰："非公之言，无以托不朽，愿勿辞于乎！"[③]

"君之妻侄石阡推官颓"是尹氏妻子康氏之侄石阡推官康颓。即在
正统五年，康颓仍在世。王直说"石阡推官（康）颓"催文，但此处的
"石阡推官"是前任职务还是现任职务，不得而知。

---

① 杨士奇：《东里续集》卷六一《送康宜清左迁石阡推官》，《景印文渊阁四库全书》
　 第1239册，第539—540页。
② （乾隆）《贵州通志》卷二〇《名宦》，《景印文渊阁四库全书》第571册，第548页。
③ 王直：《抑庵文后集》卷二五《同知尹君墓表》，《景印文渊阁四库全书》第1242
　 册，第61、62页。

（弘治）《贵州图经新志》、（嘉靖）《贵州通志》载康颎以大理寺评事外任石阡府推官,有能声。[1]康颎任石阡府推官的时间,（万历）《贵州通志》隐约说明在永乐年间;《黔记》、（乾隆）《贵州通志》则明确记载在永乐年间。[2]不知康颎任石阡府推官的具体时间,但绝非（乾隆）《石阡府志》所载的永乐十六年。[3]

二、知府罗凤

罗凤,字子文,一字汝文,号印冈,应天府人,又说应天府上元县人、南京水军右卫人,弘治丙辰（九年,1496）进士,官兖州、镇远、石阡三府知府,有著作《延休堂漫录》36卷。[4]

顾璘（1476—1545）《补寿简公六十序》言:

简翁者,印冈罗先生六十请老时所自号也。（顾）璘曰:“何居?”翁曰:“某治兖,铨司论曰宜简,乃移镇阳。治镇阳,御史又论曰宜简,再移石阡。然吾镇阳之治简矣,虑无以应石阡也。遂请老而归……”[5]

镇阳是镇远。（乾隆）《镇远府志》卷一七《官师》载嘉靖间知府:“罗

---

[1] （弘治）《贵州图经新志》卷六《石阡志》,第73页;（嘉靖）《贵州通志》卷九《名宦》,第417页。

[2] （万历）《贵州通志》卷一七《石阡府》,第384、387页;郭子章:《黔记》卷二九《守令表》、卷四〇《宦贤列传七》,第669、896页;（乾隆）《贵州通志》卷二〇《名宦》,《景印文渊阁四库全书》第571册,第548页。

[3] （乾隆）《石阡府志》卷三《职官》,卷六《名宦》,第323、353页。

[4] 黄虞稷:《千顷堂书目》卷一二,《景印文渊阁四库全书》第676册,第334页;永瑢等:《四库全书总目》卷一四三《子部五三·延休堂漫录三十六卷》,第1220页。《延休堂漫录》今存一卷,见《四库全书存目丛书》子部第240册。

[5] 顾璘:《顾华玉集·息园存稿文》卷三《补寿简公六十序》,《景印文渊阁四库全书》第1263册,第489页。

凤，上元人。进士。入《名宦》。"同书《名宦》载："罗凤，上元人。进士。嘉靖三年知府。有善政，能诗。凤旧与周瑛善，先后出守，作怀周堂，又建德礼堂。殁，守程燗为之铭。"①弘治五年三月，周瑛由镇远府知府升为四川布政司右参政。②

陈田辑《明诗纪事》载：

> 子文守兖州，武宗南巡，自车马糗糒之外，一无所供。监司问以佃游之备、近幸之饷，曰："非守所宜职。"以不胜繁剧改简，为吾黔镇远知府。再忤御史，改石阡。请老，自号简翁，博雅好古，蓄法书、名画、金石遗刻多至千卷。所居在天印山下，又自号印冈。③

又（雍正）《江南通志》载：

> 罗凤，字子文，上元人，弘治丙辰进士。官南道御史，出守兖州。正德中，属车屡动，传言将有事泰山，东抚欲额外征取，以备巡幸。凤不应，被劾，改守镇远。复忤巡方，再移石阡，致仕。④

因得罪上官、不胜繁任，罗凤由兖州知府迁镇远知府，再迁石阡知府。罗凤在石阡知府任上致仕。（乾隆）《石阡府志》未载罗凤任知府，恐是罗凤接到调令，随即借口年老而致仕，实际未到石阡知府任。

---

① 蔡宗建修：（乾隆）《镇远府志》卷一七《官师》、卷二三《名宦》，第121、224页。
② 《明孝宗实录》卷六一，弘治五年三月辛卯，第1187页。
③ 陈田辑：《明诗纪事·丁签》卷七，《续修四库全书》第1711册，上海：上海古籍出版社，2002年，第50页。
④ 赵宏恩等监修：（雍正）《江南通志》卷一三九，《景印文渊阁四库全书》第511册，第78页。案：（雍正）《江南通志》载罗凤官"官南道御史"，不知是河南道御史还是云南道御史。

三、知府黄敏才

岭南学者湛若水（1466—1560）《送黄左军迁任石阡知府》言：

> 左军滇溟秀，剖符石阡守。云贵本同宾，如乡东西道。
> 云山识旧面，回马知熟路。何况谙土俗，善政因俗好。
> 君行毋谓远，二方随左右。①

此诗之前，湛若水有《诫子诗》，题后注明"戊戌四月十日示柬之"，即作于嘉靖十七年四月初十日，②则《送黄左军迁任石阡知府》作于嘉靖十七年。"左军滇溟秀，剖符石阡守"，湛若水明确说明黄左军是云南人，任石阡知府。查各种版本的《贵州通志》和（乾隆）《石阡府志》，石阡无黄姓的知府。欧阳德（江西吉安府泰和县人）《送石阡太守黄菲庵》言：

> 石阡嶂峤连西裔，相隔中原定几层。卉木经春同著雨，昆虫异地不疑冰。
> 分符莫讶论椎髻，刻木犹看近结绳。黄霸勋名知藉甚，浔阳去后至今称。③

可知黄菲庵曾在九江（古称浔阳）为官。嘉靖十四年，九江府同知黄敏才刻宋人周敦颐《濂溪集》六卷。④

---

① 湛若水：《湛若水诗集》卷八，《湛若水全集》第19册，上海：上海古籍出版社，2020年，第395页。
② 黎业明：《湛若水年谱》，上海：上海古籍出版社，2016年，第235页。
③ 陈永革编校整理：《欧阳德集》卷三〇，第818页。
④ 叶德辉：《郋园读书志》卷八，湖南图书馆编：《湖湘文库·湖南近现代藏书家题跋选》第1册，长沙：岳麓书社，2011年，第415页。

（雍正）《云南通志》载黄敏才的传记：

> 　黄敏才，字性之，（云南府）晋宁人，正德癸酉举人，甲戌会试副榜。任乌程、顺天训导，先后分校楚、粤，称得人。升知解州，岁饥，不待报，出粟赈济。会大疫，治药给疗，全活万计。时有遗寇临界，设方略剿捕之。升九江府同知，疏龙开河，平江洋寇。寻擢知石阡府，督饷交阯，卒于道。橐归，惟图书数卷。所至，祀名宦。[①]

（民国）《晋宁州志》载闵如霖《明故石阡府菲庵黄先生墓表》：

> 　　戊戌，升石阡府知府。时方议征交阯，石阡有军兴之供，先生冒暑行，病卒于九江，止遗图书数卷。[②]

综上所述，黄左军、黄菲庵就是黄敏才。黄敏才，号菲庵，是一位循吏。或许是黄敏才在石阡知府任上日短，又外出督饷而卒，故未被石阡、贵州的方志记载。

今昆明市晋宁区有"诰赠中宪大夫贵州石阡府知府乡贤菲庵黄公墓表"，乾隆三十六年（1771）四月黄氏族人重修，墓表不清晰。据墓表可知，黄敏才生于成化丙午（二十二年，1486）五月十一日，卒于嘉靖戊戌（十七年，1538）八月。[③]

---

① 鄂尔泰等监修：（雍正）《云南通志》卷二一之二《宦迹》，《景印文渊阁四库全书》第570册，第133页。
② 朱庆椿修：（民国）《晋宁州志》卷一二（四）《艺文志》，国家图书馆藏，1926年铅印本，第16册，第30—31页。
③ 北京图书馆金石组：《北京图书馆藏中国历代石刻拓本汇编》第55册，郑州：中州古籍出版社，1989年，第42—43页。又"黄敏才墓表"，国家图书馆藏，网址：http://read.nlc.cn/allSearch/searchDetail?searchType=1002&showType=1&indexName=data_418&fid=%E5%90%84%E5%9C%B09121.

四、推官金亭

嘉靖间,石阡府有推官金亭,浙江金华府义乌县人,监生。[1]唐龙(1477—1546)《送石阡府推官金孔安四首之三》:

> 初除山郡胜为郎,手植阴阴数亩棠。雀散石台春昼静,一琴横膝对桄榔。

> 春江水照百花明,翠缆牵风缓缓行。莫道郡中无宝玉,此行原只爱官清。

> 驿路马经千嶂雪,郡斋门进五溪云。须思仇览栖鸾意,勿读张汤刻鼠文。[2]

唐龙是金华府兰溪县人,兰溪与义乌接壤,二人又同属一府,唐龙写诗送金亭任石阡府推官,在情理之中。

五、知府李衮

余姚人大学士李(吕)本[3](1504—1587,浙江绍兴府余姚县人)有六子,第三子是石阡知府李衮(1538—1597)。[4]李衮在隆庆三年任石阡知府,"修葺城垣,捍御有赖。均丈民田粮差,除减宿弊一清。修有

---

① 郭子章:《黔记》卷二九《守令表》,第678页。
② 唐龙:《渔石集》卷四,《四库全书存目丛书》集部第65册,第491页。
③ 永瑢等:《四库全书总目》卷一七七《集部三十·期斋集十四卷》,第1588页。
④ 王世贞:《弇州续稿》卷七一《太傅吕文安公传》,《景印文渊阁四库全书》第1283册,第54页。

郡志,今多散失"。①李袠编纂的《石阡府志》共13卷,序言曰:

> 隆庆己巳(三年,1569),府推王君署府事,以暇日求府之图籍阅之。得一写本,昉于成化初,大抵潦略舛讹,文俚而不雅,事杂而无叙,君窃病之。乃命府学教授吴、冯二子,相与博采群搜,将摄拾而成稿。袠适以是夏来莅府事,王君辄以志属袠重加删订,俾有所是正而可传焉。袠愧不文,敢与史训,然而图籍,邦政也,不可以辞。乃悉加翻绎而诠次之。书之为图者一,为志者十,诰敕之附者一,诗文之附者一,总之为卷者十三,彪分胪列,亦颇详整而刻成矣。②

此序扼要介绍了隆庆版《石阡府志》的编纂始末、体例和主要内容。至康熙初年,此版府志只存数页而已。③

六、知府吴维京

隆庆二年,吴维京由苏州府太仓州通判升苏州府同知。④隆庆六年,知府吴维京在石阡城南建明德书院。万历元年,吴维京升迁,石阡士民思慕,在石阡城南修建遗爱祠。⑤关于吴维京,《嘉靖四十一年进士登科录》载:

---

① 郭子章:《黔记》卷四〇《宦贤列传七》,第919页;(乾隆)《贵州通志》卷二〇《名宦》,《景印文渊阁四库全书》第571册,第548页。

② 郭子章:《黔记》卷一四《艺文志》,第362页。

③ (民国)《石阡县志》卷一二《名宦志》,第452—453页。

④ 王世贞:《弇州四部稿》卷五八《送孝丰吴公之苏倅序》,《景印文渊阁四库全书》第1280册,第43页;周颖:《王世贞年谱长编》,上海:上海三联书店,2016年,第337页。

⑤ (万历)《贵州通志》卷一七《石阡府》,第382页。

　　吴维京，贯浙江湖州府安吉州孝丰县。军籍。州学生，治《书经》。字枢季，行十七，年三十二，十月二十九日生……浙江乡试第五十名，会试第三十三名。①

又《嘉靖四十三年福建乡试录》载弥封官：

　　建宁府推官吴维京，枢季，浙江孝丰县人，壬戌进士。②

由此可知，吴维京，字枢季，浙江湖州府孝丰县人。孝丰吴氏多人才。③贵州名士孙应鳌（1527—1584）有诗《石阡太守行》赞吴维京：

　　石阡太守吴枢季，儒雅风流出群类。南面临民将二年，政平讼理齐归义。

　　一方夷獠快讴歌，四境桑麻荷滋植。太守逍遥转瘦生，日罗诸士独横经。

　　貔貅无警春风满，鸡犬安居夜月明。承筐既礼孙山甫，折节仍延蒋叔英。

　　蒋君蒋君亟趋命，休嗟贫窘休辞病。负笈担簦自可行，裁诗琢句谁能并。

　　东家之后久参蓼，北斗以南正辉映。蟠塞胸中万斛奇，好从知己话心期。

　　下车跪石情应苦，扣角单衣思转悲。请看满眼簪缨客，爱士

① 赵伯陶主撰：《明代科举与文学编年》，第2392页。
② 龚延明主编：《天一阁藏明代科举录选刊·乡试录》第8册，宁波：宁波出版社，2016年，第7029页。
③ 史小军、杨亚蒙：《吴维岳年谱简编》，《常熟理工学院学报》2015年第3期。

亲贤更属谁。^①

在吴维京的治下，石阡百姓安居乐业。从"南面临民将二年"可知，此诗或作于隆庆四年。

七、知府郑一信

郑一信（1528—1590），字君允，别号石岩，福建泉州府惠安县人，嘉靖乙丑（四十四年，1565）进士。郑一信历任南京行人司左司副、刑部员外郎、郎中、金华知府等职。在金华知府期间，郑一信"以执法不阿见中谗口，调守石阡。去又五年，而始迁贰蜀宪"。郑一信由石阡知府升四川按察司副使在万历八年正月，^②则其任石阡知府当在万历三年。万历五年，郑一信在石阡城北八角桥之左建孝烈祠，祭祀在正统十二年六月十二日被害之石阡女子王伽蓝。^③

郑一信在石阡的作为，陆可教所撰之墓志铭言：

> 石阡，夜郎僻郡，夷俗犷狉，人谓非法格之不可。公至，则为罢减徭役，招致叛夷，所在成村居，教之树艺蓄积，摩抚以儿子。不鄙夷诸生，而婺人士督诲之，至为手订其句读，盖公去而郡士举于乡者踵接矣。以彼观之，即文翁何让焉！^④

---

① 孙应鳌：《孙应鳌集·诗集》卷二，北京：人民文学出版社，2017年，第275—276页。
② 《明神宗实录》卷九五，万历八年正月乙丑，第1919—1920页。
③ （乾隆）《石阡府志》卷六《节烈》，第364页；古永继点校：《滇黔志略点校》卷二三，贵阳：贵州人民出版社，2008年，第207页。案：（民国）《石阡县志》卷一四《列女志》作万历三年建祠祭祀，误，第493页。
④ 陆可教：《广西按察司副使郑公一信墓志铭》，焦竑：《焦太史编辑国朝献征录》卷一〇一，《续修四库全书》第530册，第742页。

郑一信减徭招民，发展生产，教诲诸生。郑一信"为政持大体，尤加意学校"。①万历六年，郑一信用官银购买学田，地点在琴蛮坡田，每年纳租谷伍拾伍石肆升伍合。②石阡府城南有明德书院，隆庆六年知府吴维京建，万历六年郑一信重修。郑一信重视教育，故石阡府城南有遗爱祠，万历元年祀知府吴维京；万历十年，郑一信升任，士民感德，并入遗爱祠内。③然（万历）《贵州通志》载郑一信升任在万历十年，与《明神宗实录》所载万历八年不同，当以实录为准。

八、知府陆郊

王世贞（1526—1590）有诗《送石阡守陆》言：

> 横金被紫拜新除，官好何妨万里余。仡佬衩衣仍讳鬼，咨陬入馔解名鱼。
>
> 石田虽瘠堪供赋，斋阁长闲好著书。却笑郁林先太守，虚将压载累舟车。④

"陆"是指陆郊，字承道，号三山。⑤不知王世贞送陆郊在何年。王世贞卒于万历十八年十一月二十七日，送陆郊当在此日前。⑥

（乾隆）《贵州通志》载：

> 陆郊，上海人。官生。万历间知府。温厚和平，爱民如子。

---

① （乾隆）《贵州通志》卷二〇《名宦》，《景印文渊阁四库全书》第571册，第548页。
② 郭子章：《黔记》卷一七《学校志下》，第425页。
③ （万历）《贵州通志》卷一七《石阡府》，第382页。
④ 王世贞：《弇州续稿》卷一八，《景印文渊阁四库全书》第1282册，第226—227页。
⑤ 柴志光编著：《浦东古旧书经眼录续集》，上海：上海远东出版社，2016年，第285页。
⑥ 周颖：《王世贞年谱长编》，第719页。

　　　　捐俸购古今书籍贮尊经阁以训士,历久犹颂之。

陆郏对石阡教育有贡献,万历十八年,陆郏捐修石阡府学,并将府学迁于文庙之左。[①]万历二十四年(1596),陆郏又改建文庙,将明伦堂改为尊经阁。[②]

　　(乾隆)《石阡府志》载陆郏任石阡知府在万历二十年,出身是进士。[③]依《黔记》和(乾隆)《贵州通志》的记载,(乾隆)《石阡府志》所言陆郏任石阡知府的时间恐有误。

九、知府石恂

　　石恂,字惟谦,号诚吾,山东青州府益都县人,生于隆庆元年(1567)三月二十三日,卒于崇祯十一年(1638)十月二十四日,享年72岁。石恂之父石茂华在万历年间任兵部尚书。

　　石恂以父荫入仕,任宗人府经历、刑部山西清吏司郎中等职,官至石阡知府。据青州市博物馆藏《明中宪大夫贵州石阡府知府前任刑部山西清吏司郎中诚吾石公暨元配诰封恭人高氏合葬墓志铭》载:

　　　　……嗣后,考绩得石阡守。石阡,古牂柯(牁)地,罗夷杂沓,深箐篁□,不睹光日。苗人时□筇马、弦药矢,以剽行者。迩之,则遑遑跳匿深险,溪毒淫而山峭攒,怅然莫得谁何。公至,则单骑入抚谕之,呼其渠帅示恩信。复申以严法,钩考杀人之凶数

---

① (乾隆)《贵州通志》卷二〇《名宦》、卷九《学校》,《景印文渊阁四库全书》第571册,第548、222页;郭子章:《黔记》卷一七《学校志下》,第425页。
② 邱禾实:《修补文庙碑记》,(乾隆)《石阡府志》卷八《艺文》,第382页。
③ (乾隆)《石阡府志》卷三《职官》、卷六《名宦》,第320、352页。

辈,付从吏系归。会日暮,遂留寝其中,解衣酣睡,鼾声若雷,群
酋相顾愕眙。已,复感激下泣,稽首誓不复为盗劫。终公之任,
如一日。公暇,乃更躬教阅步骑,明赏罚,远烽候。凡平日之隙
于苗,及比苗而阴之为伺者,皆丽于法。南北之旅,乃不以夜郎
为畏途,盖自公始也。石阡故瘠,且地狭甚,公清静为理,宜卧治
之。三载考成,晋阶中宪大夫。当公少无宦情,又久处绝徼
(徽),蛮烟瘴雨,落莫朱虞,意颇倦游也。一旦,径拂衣归。归则
携弟今平乐守钟歧公放浪山水间,极意所至,每以忘返……①

石恂的主要功绩是采取措施保障石阡社会的稳定,维护地方治安。
(乾隆)《石阡府志》记载石恂的功绩有:"爱民,多惠政。改建学宫,
而人文蔚起。"②

　　石恂任石阡知府的时间有不同的记载。(乾隆)《石阡府志》载石
恂任知府在万历三十九年。清末知府孟继埙抄录乾隆年间石阡知府
罗文思的文稿,言"三十八年,镇箪苗叛,陷阡城,郡守石恂业甓城以
石"。(民国)《石阡县志》记载石恂的任职时间也是万历三十八年。③
(乾隆)《石阡府志》的记载恐有误。

十、知府钱以式

　　(乾隆)《贵州通志》载崇祯年间有知府钱以式,浙江绍兴府会稽
县人。④而(乾隆)《石阡府志》载:钱以式在天启二年任石阡知府;

---

①　李森:《明代石恂墓志考释》,《史学月刊》2008年第4期,第127页。
②　(乾隆)《石阡府志》卷六《名宦》,第353页。
③　(乾隆)《石阡府志》卷三《职官》,第321页;孟继埙:《黔行水程记》卷一,第45
　　页;(民国)《石阡县志》卷一二《名宦志》,第453页。
④　(乾隆)《贵州通志》卷一七《职官》,《景印文渊阁四库全书》第571册,第464页。

又载：天启二年，钱以式加石阡城北三里之文峰塔二级，始成七级文峰塔。[①]（民国）《石阡县志》载钱以式在天启元年加文峰塔二级，[②]应误。

沈德符（1578—1642）《逢钱用甫太守自石阡入觐》：

> 人云五马贵，荒险乃如斯。地以不争重，文非无故奇。
> 仲宣五土赋，子厚远州诗。亦有居夷想，输君逐凤嬉。
> 遐方怀郡印，暮齿待公车。尽扫相轻意，翻思易地居。
> 世卿披晋乘，循吏续班书。出处何妨异，予归已蠹鱼。[③]

沈德符称石阡为"荒险"之地，钱以式是循吏。

十一、知府沈延赏

阮大铖（1587—1646）在崇祯十四年《送沈郡丞含虚之石阡太守任》言：

> 韦杜家声著素丝，一时歌诵满江篱。争传击楫销鲸浪，依旧宣纶出凤池。
> 剖竹远询槃瓠俗，垂棠深荫岘山碑。野人遥指天童月，相忆惟赓八咏诗。[④]

---

① （乾隆）《石阡府志》卷三《职官》、卷五《附祀》，第321、339页。
② （民国）《石阡县志》卷三《秩祀志》，第362页。
③ 沈德符：《清权堂集》卷一六，《沈德符集》，杭州：浙江古籍出版社，2018年，第279页。
④ 阮大铖：《咏怀堂辛巳诗》卷上，《咏怀堂诗集》，合肥：黄山书社，2014年，第426页。

（乾隆）《石阡府志》载：

> 浙江官生。崇祯二年任。优免民欠，加惠士子，捐舟以渡行
> 人。遇旱，步祷为民请命。卒于官。①

（民国）《石阡县志》载：

> 浙江官生。崇祯二年莅任。时饥馑频仍，民欠颇多，延赏为
> 请豁免。又以士首四民，加意培养。复设官渡，以济行人。遇旱
> 灾，为民请命，天人感应，丕著循声。卒于官。②

（乾隆）《石阡府志》、（民国）《石阡县志》与阮大铖关于沈延赏赴石阡
知府任的时间记载不同。

全祖望（1705—1755）辑选的《续甬上耆旧诗》有沈延赏传记：
"沈石阡延赏，字思赞，一字合虚，文恭公嫡孙，以荫授中书舍人，累官
石阡知府。有《畅园觞咏诗》。"沈延赏是浙江宁波府鄞县人，首辅沈
一贯之孙。《续甬上耆旧诗》收录沈延赏诗四首，其中无关于石阡的
记载。③

十二、知府程际云

（乾隆）《石阡府志》载康熙年间知府程际云的履历：

---

① （乾隆）《石阡府志》卷六《名宦》，第352页。
② （民国）《石阡县志》卷一二《名宦志》，第453页。
③ 全祖望辑选：《续甬上耆旧诗》卷二《沈石阡延赏》，杭州：杭州出版社，2003年，
第22—23页。

程际云，康熙　年任。山东平阴。贡生。[①]

孙光祀（1614—1698）撰写的《贵州石阡府知府沛霖程公墓志铭》，可补充程际云的履历。程际云，别号沛霖，山东兖州府平阴县人，生于万历甲寅年（四十二年，1614），卒于康熙庚申年（十九年，1680），享年67岁。程际云年十九补诸生，顺治五年（戊子，1648）拔贡生，在直隶顺德府、广西梧州府任同知等官。康熙九年（庚戌，1670），程际云以梧州府同知"入觐。事竣旋任，取道于家，拜两尊人膝下。念高堂皆八十余，依依不忍去，思所以为归养计。封翁持不可，乃洒泪而南。是岁，复以覃恩，授奉直大夫，父母晋封如制"。"逾年，升贵州石阡府知府。""逾年"，指康熙十二年，非康熙十年，（雍正）《广西通志》载梧州府同知：

> 程际云，山东平阴人。贡生。康熙八年任。
> 张行，湖广石门人。贡生。康熙十二年任。[②]

孙光祀在墓志铭中继续写道："抵郡甫半载而寇乱作。"指程际云在康熙十二年从梧州府同知赴石阡府知府任后约半年，吴三桂反，三藩之乱作。此后的情形，墓志铭载：

> ……遂以病谢职。携眷居山村，渐移铜仁。道阻耗绝，倍尝艰苦，燕齐万里，目断魂飞，问天靡从，叩阍无路，安危死生，悉置之度外矣。播迁流寓者凡四年。庚申（康熙十九年）夏，王师入

---

① （乾隆）《石阡府志》卷三《职官》，第321页。
② 金鉷等监修：（雍正）《广西通志》卷五八《秩官》，《景印文渊阁四库全书》第566册，第643页。

黔，寇氛肆靖。时兵燹载途，公徒步冒险，六月行赤日中，见楚督蔡公于沅州。旋闻黔抚杨公已入境，又冲署①宵行，欲一赴军前请进止。乃次麻阳而病，遣使具呈抚军。先是，公寄有书信，于七月至家，令子遴四伻往迎。遇于麻阳，见家函，涕数行下。少间，问两尊人及诸亲，知近状，曰："吾不意得生还，至此闻汝等所言，此身已如返家园矣。"日冀少愈，谒抚谋归。而撄劳过甚，卒不起。向者忧辛万状、跋涉饥困而不死，兹获见旧仆，殁于王土，则犹公志也。于是去价泣报麻令及辰常道田公。以公榇还，于十月抵里门。②

程际云陷于吴三桂统治区，并未慷慨就义，而是借口生病去职，逃离石阡，往铜仁转移。康熙十九年五月二十四日，贵州巡抚杨雍建进入铜仁府境。③对于"久陷贼巢"的原清廷在黔官员，官方的政策是："愿在军前者仍留黔省外，其余愿归本籍者暂准回籍，俟底定之日，详查汇题。"④如铜仁府署知府沈珍生首先投诚，奉绥远将军、湖广总督蔡毓荣之令，仍照旧管事，⑤故程际云冒暑先见总督于沅州，后欲见巡抚，因疾卒于麻阳。

除以上官员外，石阡知府还有郑文峰。文徵明（1470—1559）《送郑文峰出守石阡》：

黄放由来困白催，使君心计独恢恢。扬城政事原非拙，刘晏

① "署"，或是"暑"字。
② 孙光祀著，魏伯河点校：《孙光祀集》上编《贵州石阡府知府沛霖程公墓志铭》，济南：齐鲁书社，2014年，第177—178页。
③ 杨雍建：《抚黔奏疏》卷一，《四库全书存目丛书》史部第67册，第309页。
④ 杨雍建：《抚黔奏疏》卷一，第317页。
⑤ 杨雍建：《抚黔奏疏》卷一，第333页。

征输别有才。

　　千里尽沾时雨润，三年刚赖福星来。一麾却向西夷去，剩有
余恩被草莱。①

文徵明以诗送郑文峰任石阡知府。但查各种资料，此期间无郑姓知
府，不知何故。

---

① 文徵明著，周道振辑校：《文徵明集》（增订本），上海：上海古籍出版社，2014年，
第1576页。

下　编

石阡府历史文献辑存

整体而言,关于明清石阡的文献不多。

明代,徐𤊹《徐氏家藏书目》所载《费道用集》、(乾隆)《石阡府志》所载费道用《碧桃轩》各集,今已不存。

清代,道光年间石阡知府宋庆常(字香樵,盛京奉天府铁岭县人,嘉庆二十四年举人)有《涵性堂诗钞》,[①]其中《石阡竹枝词》收入《中华竹枝词全编》第7册[②]、《贵州竹枝词集》[③]。

贵州省文史研究馆胡海琴整理了《石阡成其济自撰年谱》(《贵州文史丛刊》2020年第3、4期)。

石阡人邓第武(字止侯)以团练起家,升至常德副将,捐田产助学。[④]有人记载邓第武的事迹,特别是其镇压号军起义的经历,成《石阡邓将军战功纪略》(封面题《邓将军战功纪略》,版心题《战功纪略》),收入《中华历史人物别传集》第60册。[⑤]又有石阡人蓝廷玉撰述邓第武的事迹,成《邓家队平黔战事记》,收入《续黔南丛书》第7辑下册。[⑥]《邓家队平黔战事记》与《石阡邓将军战功纪略》内容大致相同。

---

① 袁行云:《清人诗集叙录》卷六二,北京:人民文学出版社,2016年,第2220—2221页;伦明:《续修四库全书总目提要》,东莞图书馆整理:《伦明全集》第4册,广州:广东人民出版社,2017年,第477—478页。
② 潘超等编:《中华竹枝词全编》第7册,北京:北京出版社,2007年,第5—12页。
③ 贵州省文史研究馆编:《贵州竹枝词集》,《续黔南丛书》第12辑,贵阳:贵州人民出版社,2019年,第97—110页。
④ (民国)《石阡县志》卷一三《人物志·邓第武传》,第482—483页。
⑤ 国家图书馆分馆:《中华历史人物别传集》第60册,北京:线装书局,2003年,第159—177页。
⑥ 贵州省文史研究馆编:《邓家队平黔战事记》,《援黔录》(外五种),贵阳:贵州人民出版社,2014年,第1061—1080页。

石阡人李绍莲的诗集《小芳园诗稿》，收入《贵州文库》。

其他在《石阡府志》《石阡县志》等方志中提到的明清石阡文献，因战乱等因素的影响，已淹没在历史长河中，虽只言片语，亦弥足珍贵。然由于条件限制，未整理石阡的碑刻、家谱、契约等文献，只能期待将来再行整理。

已经整理出版的石阡文献，不再整理。

今就已公开出版、可公开查询到的关于石阡的各种记载、不为人注意的文献整理之；冯惟敏《宦适轩赋》较为重要，虽已整理出版，仍录之。

冯惟敏《宦适轩赋》^①

　　嘉靖戊子春，余方束发，从家君薄游南中。盖自司徒大夫出守平凉，寻调石阡，实为贵州支郡。土夷并隶，故号难治。居亡何，骎骎乎中华风俗矣！三载政成，奏最，当行。乃郊庙复古，庀材未备；又境外屡多事，诏可久任，有擢毋移，督郡如故，由是上下安焉。郡故有轩在厅后，往祁守题其额曰"宦适"。嗟乎！守衔命万里，下郡芜废，鞅鞅宦况，日且不给，适岂易易乎哉？温清奉引之暇，展素抽毫，感而有赋。其辞曰：

　　冯子侍大人于宦适之轩，于时四邻休息，民熙俗敦，吏事无宣。肃肃公门，则取适于此也。斯轩也，壁有咏，俎有尊，周有流，隙有园。山翩翩兮若翔，石盘盘兮如蹲。远流盼于霞际，俯投迹于苔痕。客有造之者，目轩而揖曰："异哉！轩之额也。是方宦也，又奚而适也？抑尝思之：斯地极偏，而物华则妍，适固其然哉！侧闻冯子学礼闻诗，从适于此者，四三年矣，盍以耳目之所睹记，而为我言之。"冯子乃敛容答揖，肃宾即席："仆虽不敏，概陈什一。粤若兹轩，正位有邦，采椽不斫，疏寮流光。师帅在前，二千石堂。圣哲与邻，数仞宫墙。盖尝

①　谢伯阳编纂：《冯惟敏全集·赋·宦适轩赋》，第130—134页。

于是乎俛仰乎天壤,而泛观乎四旁也。尔其东望镇山,实称知府。肇自荒服之未通,天锡嘉名于裔土。兆圣化于百世之上,奠郡国于万代之下。斯固天意之有在,而今之宦于斯者,非其一定之数也耶?

尔其诸山环峙,天然门庑兮。排衙岫列,跄跄抃舞兮。挂榜崔平,如削以斧兮。笔架蝉联,尖峰为伍兮。大乐在县,金镛铜鼓兮。云堂月巘,玉岘瑶圃兮。森森东面,拱揖轩户兮。西临长河,触目悠悠。挟壮志以横飞,兼丹心而北流。侵青峰兮影倒,涵碧落兮光浮。下有扬波之尺鲤,上有眠沙之匹鸥。余于是挈瘿罇,酤白酒,访逸侣,借扁舟,啸空江而畅怀,览彤霞以明眸。盖清溧之气,不能以取醉,而逝水何之,曾不为我而少留也。南瞩温泉,于彼山曲。光薄晴云,气涵朝旭。仰脉腾珠,颓波漱玉。芳暖岂谢于骊宫,惠风庶蹑乎沂麓。尔乃乘韶景,曳春服,来游兮来歌,童冠兮五六。聊逍遥兮濯缨,偕容与兮休沐。澹暝烟兮已沉,踏明月兮归复。北际长空,浩浩无涯。望东海以侧身,瞻北极而扬眉。睨平芜之尽处,看白云之起时。山缭绕而环遮,独此一面之不迷。夫固纵吾目之所极,骋吾人之旷怀者乎?故轩之独秀也,山川奥区,灵谲权奇,余未之悉究也。东如斯,西如斯,南北如斯。翻图经之所载记,信亡能出其右也!乃若卉木毛羽不可缕数。

余所举者,轩中所有。周垣之外,略而弗取。其木则有银杏一章,高数十丈,巨室之材,故国之望。景蔽翳兮垂云,声击搏兮奔浪。烟条含春,风叶号秋。蛧蜽绝续,鹊室绸缪。山禽珍翼,以类鸣求。大者如鹳,小者如爵。文者如鹔,鸷者如鹗。咨其名之莫得,睹其奇之可愕。或朝啼而暝栖,借一枝于水末。翠柏双清,余手自栽。绿竹交阴,余手自培。忽经岁而逾茂,干已侔于楼台。岂造物者之独厚,方属意于将来也邪?其花则有紫薇之株,众芳之尊。种分台省,名借星坦。渥丹葳蕤,浅碧披翻。擅百日之芬芳,耻三春之斗妍。饱光泽于湛露，夺艳阳于遥天。菊傺陶怜，莲兼周爱。准天象地，通中直外。落英延龄，秋荷为佩。萧萧兮逸士之流，亭亭兮君子之辈。其卉则有蒙茸扶疏，侵阶夹渠。岁寒不凋，四序荣敷。芝兰乃植，萧艾是锄。生生不息，实繁有徒。虎须之草，凤尾之刍。龙爪之菽，马齿之蔬。燕麦可糇，兔葵以菹。渚水交流，菱芰雕胡。药饵所珍，茞莒夫须。其禽则有金鸡之文，五采毕彰。胸颜正赤，背色纯黄。颈披片锦，顾盼辉煌。尾若璋瑁，摇曳修长。双来白鹇，有美如玉。翠鬐朱牟，缟衣绀足。绿文如波，痕细而曲。栖之檐间，矫矫越俗。丹鹤昂藏，得之乔林。以飞以舞，纵之竹阴。雄雉间关，绣服文矜。以饮以啄，以娱我心。乃有鸎鸽，暨彼仓庚。振羽牵衣，鼓舌长鸣。入言儇巧，簧韵丁宁。开雕笼兮不去，依画栋兮忘形。环兹檐楹，爽垲幽窅。既驱溽兮繁阴，亦搴芳兮瑶草。娱雅志兮琴书，息机心兮鱼鸟。耽至乐兮天伦，日游衍兮至道。形神亡斁，民物维新。阴阳式序，宇宙同春。生意不伐，协气乃臻。有菀者园，是产岐麦。渔阳效灵，张堪比德。千里讴歌，三农叹息。幸甚至哉！觏兹宝稑。灿彼夭桃，条枚不殊。累累嘉实，并蒂合荂。侧如累卵，垂若双珠。叶如眉而浅黛，腮相偎而半朱。瑶池千载之不遇，武陵数代之所无。方诧美于天台，又何有乎玄都？纷溶菖蒲，渗漓水田。一寸九节，灵根驻年。短剑淬锋，铁铓刺天。神农尝之以定魄，韩众饵之而升仙。皇皇者华，倏尔其馥。茁若玉簪，烂如金粟。夺水仙之标韵，发天香之清郁。飔咫尺之蕙风，惜幽退于兰谷。青青箕筈，林林琅玕。喜寓兴于淇澳，羞会计于渭川。既敷华之非常，又结实而贞鲜。感箨龙之神化，下威凤而授餐。耀彼三灵，是生四瑞。余之所举，不逾轩署。疆境休征，弗可殚记。优哉游哉！聊以卒岁。"客曰："美矣！盛矣！太守之麻。充养性情，与造物游。令终有俶，后乐先忧。宦成弗怠，民瘼是求。尝谓至是邦者，必闻其政。太守默默无言，抑埶循而得此者哉？"

　　冯子曰："大人之事，不求人知。自视不足，惟日孳孳。大凡举动，咸亡所为而为之也。簿书填委，言不尽意。余之所举，视已成事。厥性醇壹，故其民绌诈以还朴。厥德正直，故其民向方而不慝。厥行廉洁，故其民亡扰以自殖。昭朗卓荦，故其政不贰而吏不黩。盖上以翊太平之治，下以成偏安之俗已耳！于时庶事底续，四方多衅。芒部煽祸，株连远近。虔刘边陲，凭陵州郡。天兵乃来，惟公筹运。粮械山积，军声霆震。渠酋褫魄，兵不血刃。奉诏班师，大明威信。播州败类，凯里夺嫡。树党操戈，转战累叶。道路不行，居民殆绝。招亡纳叛，流獠千亿。天地常惨，杀气闭塞。朝廷隐忧，公乃奉檄。顷刻就道，单车执策。人心惟危，公独正色。蛮山绝险，深入其穴。瘴溪毒淫，濒死靡怵。猇猇虎狼，鏦鏦锋镝。艰辛万状，寒暑再易。一贞不回，乃奏斯续。荷天颜之怡豫，下褒美之玺书。熄百年之屠戮，驱万山之猣猶。民散耕而休息，苗徙置而奠居。尊格心而臣妾，咸囿化于唐虞。"客曰："伟哉此功，岂曰小补。允垂竹帛，著之风雅。惠昌华夷，利存宗社。犹愿有闻，识其大者。"冯子曰："唯唯。圣人在位，乃建明堂。四郊奕奕，九庙皇皇。云橑辰极，虬栋虹梁。杰材鸿干，梗楠豫章。厥大千围，厥乔百寻。坚如贞珉，价重南金。郡罄其产，公竭乃心。穷搜遐历，夙夜惟钦。共工弗匮，细民弗侵。禘祫迭举，上帝居歆。大礼斯成，载降德音。圣谟洋洋，明伦大典。颁之郡斋，写之琬琰。三纲既正，百行端本。民斯兴起，昭训久远。宣上达下，以副忠悃。若是之类，谓非其大者乎？"客起而叹曰："噫嘻大哉！靖共臣节，执礼齐民。彝伦既敕，斯谋斯猷。惟我后德，然而根极。本源之地，岂无相观而有得者哉？"冯子曰："圣人继天，皇极乃立。大道为公，心法弗秘。爰诂四箴，始阐敬一。群蒙有觉，守臣承式。翼翼惟寅，乾乾不息。进则有为，退藏于密。亡动亡静，亡所不适。乃砻巨石，采之名山。乃构崇宇，立之学官。昕夕讲解，遐迩传宣。缙绅谛听,耆儒聚观。"于心有得,而后即安。

盖有慎修之思,自亡便僻之干。向非沉潜乎圣训,抑岂能亡离合于其间者哉？于是客乃俛而咨,仰而赞曰："于戏噫嘻！至矣尽矣,又何加焉。放勋钦明,敬以格天。重华协帝,一以心传。四勿复礼,天下归仁。宪章三圣,卓哉五箴。兼总条贯,究极天根。锡厥臣庶,反本还淳。声教南暨,讫于斯轩。盖闻柔远之政举,则笃近者可从知也。无外之德豳,则内治者有以基之也。故宸翰钦崇,尧舜传心之要也。大典式颁,司徒敬敷之教也。明堂既建,五礼攸叙也。蛮夷格心,三苗分北也。守臣承休,岳牧赞治也。翼翼乾乾,思其难以图其易也。先难后获,无逸乃逸。轩之名义,斯其兼得。再拜昌言,大启瞽惑。"于是客辞而谢,没阶而退。冯子乃敛衽以趋庭,载承颜而流愒。

陈奕禧《天下第一郡楼记》[①]

此文语句沓拖，觉少抑扬含蓄之意。每念得兹郡，其间甘苦，人不尽知，故委曲畅达言之，宁冗不惜矣。奕禧自记。

余留滞农曹十年，甲申一月，[②]铨得黔之石阡郡守。其时十四缺皆美而近，惟余独掣边远，辇下满汉大人先生与余有堂属年谊交亲者，都为扼腕。先是，前守以粤西公牒议处，此缺方出需次，及余因默揣我设选此当奈何，惟有听乎天而已！不期竟得之，怡然自处，未尝动乎中也。出朝归邸，见家人辈，谛目相视，阁泪欲下，因之悄然改容。追旬日来，索逋渐集，拮据之门断，始萧然无策矣。夏末，得大中丞于公擢自蜀藩之命，去计方决。赖群公族党各尽情，亲资其舟车，遂茫然挈家，泊群书、秦汉唐墨拓五六千卷以行。自杪秋南发，凡道路所经，脂秣意厚。至乙酉闰夏，九越月而抵郡焉。尝观京师中言贵州者，多以鬼方置之，鄙弃不足道。余引见畅春园，亲承政府公东直、京江、泽州太息云："此子可惜！"渔洋司寇公谓余："诸困苦且弗论，第为子再三寻好处属县，仅一无赔累之虞，边俸较腹地颇速，此二事

---

① 陈奕禧：《春霭堂集》卷一三《天下第一郡楼记》，第129—131页。
② 陈奕禧《春霭堂集》卷七明言"二月选得黔之石阡守"，第73页。

庶几可慰。"余对夫子："曩朱悔人载震令石泉，今某郡则石阡，属则龙泉，师门得地皆不离'石泉'二字。"大为拊掌。悔人蜀使适至，夫子作长函述此语致之，却成一则佳话。且捡《名胜志》，明陈公甫门人祁顺者曾守此郡，公甫寄诗，有"三年饱读石阡书，习气而今想破除"。余因呈夫子诗，云"师门今日同祁顺，应有新篇寄白沙"之句。而顾书宣翰林录《一统志》，载石阡山水有江名乐回，余取以名南行之集。

　　至是入境，先渡此江，顾视山川深秀，胸中殊觉旷然。盖从常德棹小舟溯辰沅而上千余里，其间重峦叠嶂，渌水湍流，不知几经层折而至镇远。自镇远登陆，西北行荒翳丛箐，三日而至郡，幽邃窈窕，又莫可纪。极郡衙，大门南向，数级而登，仪门西向，又数级而登堂，又数级而入后堂，又数级而入内宅，则岿然有楼焉。楼之旁作两厢，于北厢设一木榻以安太守。时已晚，闭厢门，里无据外，无屈戍竹椅支以卧，周垣皆颓。傥有人推户入，直逼太守枕前也。微明未起，辄闻喧声，则牛羊游于后堂。郡每阙官，民间畜牧，忘其为公廨也，出入熟径，无怪乎，而新太守从者能无骇然。行香排衙毕，无所为郡事也。次第施条约，补隙突，严门户，立釜甑，安奴仆。稍暇，乃登楼延瞩，见轩楹豁然，疏牖洞达。中间方广二丈，左右居房室，以回廊绕之。中庭老桂一树，榴花欹倚，高出前檐；丛竹一林，芭蕉引绿，便娟于垣右。余补之以荼蘼、栀子，错杂相间，高桐八株，森阴护槛，繁蕊低垂，紫薇、白槿、小竹数千竿，拥老桂四树环峙于后窗，芙蓉、林禽、枣榴交互，墙内点缀，尤密檐后。便临石磴，林木在磴上，磴下开寻丈小池，侧生金丝、荷叶、凤尾、翠云海棠、九节石菖蒲、蒙茸缠络，素鲦、金鲫游泳唼喋于浅碧间。小景幽踪，跬步便得。穿磴出林，有平台，可施三间屋，或竟作台，玩月亦佳。台北石径数十武缘坡，起石岩。四五岩隙，清泉一泓，供郡守之饮啜。泉北深涧，淙淙合流，若琴瑟铿然悦耳。涧北岭脊延亘东上，桃、李、椒、桐、冬青、椿、柏、皂荚、榆、槐蓊郁,曲迤中露孤石,建一亭焉。涧西下平地二十亩,马圈豚栅而外,可以引泉种艺,得百斛稻。余将修理,且于坡间栽竹成园,则尤可欢也。由亭南陟度涧,上平皋,梨蜡被冈,翠篠满涧。又有桃、李、枣、榴数十树,其高下处拟辟篱门,门外结团瓢,瓢南隙地凿方沼三四丈,下莲藕、菱芡之属。沼西高柳古柏地尚十余亩,太守之菜、姜、葱、薤、蒜、菔、茄、瓜殖焉。凡此皆楼之映带也。于是设帘幕列几案于楼之中,有馈楠瘿器者,落然并陈,图书炉研,秩然洒然,览望穆然,吟哦悠然。面当府山、天榜、万马屯、太虚洞,离然翠屏,矗立平江,油然作匹练界之背负高峰,俯仰五老人,屹然扶杖,接引顾盼,若欲语笑。伴云寺晨钟夕梵响流岩。半时方春夏之交,晴雨不常,况在深山穷谷,云光恍惚,峦霭虚无,顷刻变态,应接不暇。我得此楼,真欣然,乐而忘忧。虽金华玄畅、武昌南楼,应未具此幽赏矣。

　　夫丰于山水游观之趣者,宁歉于食肉名钱。食肉名钱讵不愿,非吾志之所尚耳,故题此楼之额曰"天下第一郡楼",系以联云:"地僻民穷贪无可贪,此郡之清为天下第一;山围水绕赏不胜赏,此楼之佳为天下第一。"盖纪其实云。郡之在唐名义泉,城南二三里温泉出焉。所属夜郎县,即李白放流之地也。元为石阡州,红苗后门屡出攻陷,明永乐中立郡,迄于今。丁赋粮税总二千五百有奇,郡所亲辖,补垫之余,岁入百金耳。公事交际,来往衣食,悉取办于此,何待备举,已知不胜其苦。其境南北七八十里,东西四五百里,兵民茅屋数百家聚而居。石郭半倾,城无门扇,虎狼时至,禽鸟交啼。讼庭无人,苗狫屏迹。且去官道远,静而无扰,亦黔之最。余既乐乎此,自适其性也。自适其性,盖天与之合,曾何勉然。居半月,藩伯张公以书来召,述于大中丞公久望余至,闻已入镇远,亟欲相见。余因初到,欲略知情形,方可上谒。更十许日,张公书复来趣。不得已,暂舍郡楼。去行十日,以六月四日谒中丞。公甚悦,未及他语,即问曰"尔家口几何,以何为自食计"，且告司道诸公，石阡地小，不足劳其治，可留省办理公事，当亦如朱悔人之在蜀也。捐给廪食并膳家口赀，诸公亦各以力相助。授馆于牙门东偏书院，出入台中，咨略治道。公之虚怀秉公，洁清操持，宽严得宜，诱掖群吏，担当任重，以一身并包十一郡苗汉之事，帖然安和。未匝期而已，措南荒于光天化日之中。虽本清端公家学渊源，而公之素负者深，正足以上报圣主知人简畀之明也。余何人，斯顿蒙知遇若此，并及翰墨，每当挥洒，啧啧叹赏。酒阑席散，独自涕零。十月，权贵西巡道，往习安。岁暮，而公移节江苏，家兄出抚。丙戌二月，权臬。三月，家兄至。五月，交印回避，飘然归矣，不复登兹楼矣。

嗟乎！余当束发，涉钱江，探禹穴，还渡扬子；经宋汴入邺，转由严滩，上豫章，登滕王阁，观入境台；逾梅岭，极两粤，登阅江楼、五层楼；返过彭蠡，乱淮浮河，入燕；复至大梁，再游齐鲁，登光岳楼，上泰岱，归览金、焦、北固；更由燕赵官于晋，以转运历渭溯汾，游太华；入秦，越六盘，出长城，抵甘、兰，经汧、陇，尽汉、沔入蜀；更历九江，宿琵琶亭，上匡阜，访赤壁寒溪，登晴川、黄鹤、岳阳楼，眺洞庭，上君山，溯五溪、桃源入黔，度铁锁桥至滇，泛昆明池，极寰宇郡阁之游，观求其江山花木泉石俱美者，盖无以逾于兹楼也。然则余非石阡，不知石阡之苦；余非石阡，又乌知石阡之乐；余非大中丞公，又何能长乐石阡之乐。嗟乎！感发其性情，扶持其气力，固在上之人有以涵煦而沐浴之，而其人始能自拔于艰难之会，悉心民隐，服劳公家，且以恣其闲情，钩稽图史，端居骋望，觞咏自如，而后乃无沉埋郁结之慨也。夫岂易言哉！夫岂易言哉！江上归舟远人，万里缅怀兹楼，邈不可见，欲求题纪，故著斯篇。依依之思，形诸楮墨，并及于大中丞抚黔之大略，非以为谀也，幸具识者谅之。

孟继埙《黔行水程记》^①

自叙

　　溆阳旅馆，我心伤悲；夷州山衙，方寸尤乱。穷冬忽忽，无以为生。自念奔走天涯，当知珍重，戚戚终日，实曰非宜。乃于春间，取当年旧作，重事推敲，定为《陋巷集》一卷、《春梦集》一卷、《诗余》一卷、《夏间读〈晋书〉集录记金石》一卷、《记异闻》一卷，秋间成《漫录》一卷、《石阡物产记》一卷。寒冬无事，检上年舟中日记，详其夷险，证以见闻，复成《黔行水程记》一卷。以支离憔悴之身，当落寞穷愁之地，不惜此三百余日光阴，尽消磨于笔砚间者，岂为著述计耶？以宽吾心，以遣吾兴而已。此书既成，吾将理行装，问归程，返我故乡，与家人相聚。出此七八卷书，以示吾弟也侄也，以赠吾友与朋也。见吾之书，可知万里之外，一年之中，吾一身之宦况矣。他日返斾，春明移舟鄂渚，未来之事，又不知将何如也。

　　光绪二十二年十一月志青氏^②自书。

---

① 孟继埙：《黔行水程记》卷一，清末抄本。以民国年间屏卢续刻本《黔行水程记》校。"扵""於"之类不出校，实、宐等异体字不出校。
② "氏"，刻本无。

黔行水程记[①]

光绪甲午腊月，奉命出守石阡。次年乙未二月，出京师。到籍小住一月，以三月十七日夜十一钟由津搭轮船以行。船名连升。[②]是夜，蕴清族祖、士林弟、悦山侄及大二三四五诸侄，登舟送别。

十八日，微雨。早由紫竹林开船，午后四钟出大沽口。

十九日，早十钟至烟台，停泊三时许。晚五钟开船。

二十日，过黑水洋。水色清碧，与传闻如墨者迥别。

二十一日早，微雨。午后，入吴淞口。五钟抵沪，投寓于三洋泾桥泰安客栈。一路风平浪静，毫无所苦。船中遇故友谢子石同年之婿及侄。

二十二日，吴绍伯大令宗周，贵州大挑知县，因解铅来京，结伴。携其侄来访。乡人纪锦斋兄招饮，午后族联浦弟继珠[③]来访。晚，招饮，灯下作家书。

二十三日早，赵翰墀姻弟来访。晚，联浦弟复招饮。

二十四日午后，纪锦斋兄约游愚园、张园、徐园三处，晚留饮。愚、张两园池台亭榭皆极繁华，并各色花木红绿鲜妍，但一种尘氛未能免俗。徐园，自然幽雅，地僻人稀，尚有旧家风味。是日，于张园遇陈次亮同年炽[④]，别五年矣，闻其次日北上。

二十五日早，乡人张星桥兄招饮。晚，乡人贾润生兄招饮，廉浦[⑤]、翰墀均来访。

---

① 刻本在题名后有著者："天津孟继埙志青著。"
② "船名连升"，刻本中作正文。
③ "宗周""继珠"，刻本中作正文。
④ "炽"，刻本中作正文。
⑤ 案："廉浦"，前文作"联浦"。

二十六日早，翰墀招饮。午后，廉浦携儿辈游愚、张两园，吴逊之祖悌①，绍伯侄也。来访。

二十七日早，微雨。廉浦招食鲥鱼、滋味鲜美，正莫春，恰好时也。春笋、甚肥，长二三尺许。瓢菜、青翠可喜。油菜、香而嫩。鲈鱼、松江土产，小而不肥。黄花鱼、质大而肥。面条鱼、海蟹、均与吾乡无异。刀鱼、瓶鱼、均肥嫩。豆腐、精品。枇杷。少酸。②

二十八日早，雨止。自二十七日雨，至夜，檐溜尤急，二十八日巳刻③渐歇，午后新霁。为乡人书扇三柄，绍伯来访。乡人刘子鹤大令槼寿④为癸酉年侄榜下，以知县分发江西，晤于泰安栈，次日赴九江矣。贾润生兄馈食物数种。

二十九日晚，绍伯招饮灯下。小雨。为乡人作隶书对联。是日，定作兰笔三支。京国遥遥感别离，暮春三月雨如丝。此行慰我无多事，江上鲥鱼恰好时。

三十日早，乡人汪林孙兄招饮，路遇王梦九兄锡龄⑤，亦乡人，时差次沪上。晚，梦九来访。

四月初一日，廉浦来访，午后访锦斋诸君，均得晤。林孙送食物，润生送茶。灯下寄大女、大侄书。

初二日午后五钟，上安庆江轮船，锦斋送茶点，锦斋、廉浦、翰墀各登舟送别。

初三日丑正开船，午正至通州界，四钟至江阴界，六钟至泰兴界，十一钟至镇江，夜不能辨。

---

① "祖悌"，刻本中作正文。
② 本日食品中的评价小字，刻本均无。
③ 案：抄本作"己刻"，刻本作"巳刻"，应为"巳刻"，据改。
④ "槼寿"，刻本中作正文。
⑤ "锡龄"，刻本中作正文。

初四日早,至金陵,小雨,望城楼在指顾间。九钟过采石矶,十一钟至东西梁山,午后二钟至芜湖。晚十钟至大通,急雨。

初五日寅正至安庆,小雨。八钟至东流。十钟过马当。青翠回环,山容如画,绿阴深处一簇村居,江面至此开阔异常,波平似镜,想见当年王勃一帆风顺时也。十一钟过小孤山。万顷澄波,一山中立,天然奇峭,好景无双。片刻许至彭泽,万山重叠,惟林峦烟雨而已。午后二钟至湖口。四钟至九江。舟由城下过百雉雄关,俯临江面,人烟辐凑,山色排连,形势正复可爱。八钟至武穴。夜至蕲州。途间因雨未得望大孤山,他日重游,当留意也。

初六日寅初过黄州,惜夜深不见赤壁。午初至汉口,寓马王庙河街①高升栈。行大江三日许,望南岸群山,冈峦起伏,气象万千,北岸则偶一见之,无甚佳妙处也。安庆轮船管事人唐虞卿,山东黄县人,与润生、廉浦相善,舟中待客,情意殷殷,可感也。舟回云影天光里,人在斜风细雨间。三日江行最佳处,马当山映小孤山。

自上海至汉口江行路程凡二千二百四十里。

吴淞三十六里、狼山一百五十里、江阴一百九十里、西山一百九十里、三阴六十里、镇江六十里、仪征六十里、南京九十里、采石矶九十里、梁山五十里、芜湖四十里、荻港九十里、大通九十里、中阳九十里、安庆九十里、东流九十里、马当六十里、小孤山二十里、彭泽四里、湖口九十里、九江六十里、龙坪九十里、武穴三十里、田家镇二十里、蕲州四十里、道士袱六十里、黄石港三十里、黄州九十里、叶家洲九十里、杨逻三十里、青山三十里、汉口三十里。②

初六日,登江干酒楼,望对岸武昌城郭,如在目前,惜黄鹤楼仅存

---

① "河街",刻本作"上河街"。
② "自上海至汉口江行路程"清单,刻本无。

遗址而已。晚寄家函并致贾润生、廉浦弟一函。^①

初七日午后,访乡人李仁甫、刘璞^②臣两兄于鲍家巷,归来细雨纷纷也。汉口市面繁华,与沪上无异,惟街衢窄狭,较吾津尤甚。

初八日子刻,急雨片刻许。午后,遇黔人戴寿臣太史、秦仲友大令于客寓。灯下寄胡虎臣驾部、赵芝轩姻弟各一函。

初九日午后,沿江步行,望樯帆如织,居民楼房连亘,凡数里许也。

初十日,得铁开元泉一枚。食江鱼肥美。其大者长七八尺。^③

十一日早,微雨,至午后止。

十二日早,吴绍伯偕其侄自沪来。

十三日,微雨,午后顿热。灯下拓古泉寄大侄。^④

十四日,观潮。是日,江水陡涨,波翻浪卷,襄汉争流,风起涛来,其声如吼。唐人"不尽长江滚滚来"句,真写得出也。灯下寄徐菊人太史一函。

十五日雨,至夕而止。

十六日,晤贵州试用县丞高君凤灵字梧山,山阴人。于客寓。

十七日,汉口镇属汉阳,去城约五里。

十八日午后上船。船主李姓,麻阳人,俗谓麻阳船。^⑤

十九日,停泊。

二十日早,开船,舟缘汉堤行,堤以大石筑成,长数里,其工甚坚。

---

① "登江干酒楼……廉浦弟一函。"刻本中置于初六日"可感也"之后、"舟回云影天光里"之前。从体例上看,抄本中两列四月初六日,于体例不纯;刻本将之合二为一,体例前后一致。
② "璞",刻本作"朴(樸)"。
③ "其大者长七八尺",刻本中作正文;"长七八尺",刻本中作"数尺"。
④ "灯下拓古泉寄大侄",刻本中作正文。
⑤ "船主李姓,麻阳人,俗谓麻阳船",刻本中作正文。

望堤上晴川阁、古洗马口、濂溪祠，见汉阳城半面，并过鹦鹉洲。城与武昌对岸①。

二十一日，夜雨，至次日辰刻止。见江豚，长数尺，出没水中，其头如猪，色深黑，随波逐浪，结队而行。

二十二日午后三钟得顺风，舟行甚利。至夜十一钟始停泊，不知其处。自汉口而下，每日停泊之所地名，不过得其仿佛，以土音难辨，仅备记载而已。

二十三日，泊白鹭洲。二水中分，然非唐诗所指之地，属嘉鱼县。沿堤居民数百家，有小船数只开灯卖烟来往，于客舟之侧内少妇一二人，如花船也。

二十四日，泊新堤，属沔阳州。市面长数里，人烟辐凑，商贾数百家，生意之盛，与汉口略似。

二十五日，泊螺山，属荆州江陵县，去城六十里，岸有吴王庙。戌刻雨，至二十八日午后止。

二十六日，舟自岳阳楼下过。泊岳州城南五里许，地名南津口，由此入洞庭矣。岳州城临大湖，附郭而居，人家稠密。楼上白扁额"岳阳楼"三字，笔意古拙。西行三里，有高塔危立，与楼相映。

二十七日，守风南津口。岸有小山，渔者两三家结茅棚而居，雨笠烟蓑，扶罾弄网。望君山。

二十八日，出洞庭，泊营田汛，属湘阴县。是日，顺风利甚，一日之间舟行二百里，极目汪洋，茫无涯涘。一舟如叶摇簸，其中巨浪掀天，长几数丈。舟中人皆变色危坐，其险异常，至今思之，犹为心悸。按洞庭古长八百里，今中间淤出百数十里，湖分为二，故有东湖、西湖之名。舟行东湖不过三百里，惟居中二百里遇风为险，其前后皆有岸

---

① "城与武昌对岸"，刻本中作正文。

可依,不似无边大海也。

二十九日,泊人字口,属湘阴。水分两岔,因以得名。岸有洞庭庙、镇江门,三四里人家邻接。

五月初^①一日,泊沅江县城外,闻"割麦插禾"禽言。

初二日,泊杨阁老万寿宫前,属龙阳县。

自过洞庭,万树葱茏,浓青夹岸,其人皆编茅成屋,引水浇田,水色山光,自是江乡风景。棕间野竹,高柳长槐,沿湖以千百计。又有长条细植,叶如刺梅,花如白丁香,丛杂而生,垂垂于两岸间者,可爱而不能识。

初三日,泊姚塘,属龙阳。自午后雨,至夜止。

初四日,泊牛鼻滩,属武陵县。

初五日,泊常德府城下。远望城外,有两塔对岸而立,即到矣。是日端阳,城下居民鲜衣楚楚,观竞渡而归,足见地方热闹,首县武陵。

初六日,停泊。得大和泉一枚。

初七日、初八日,皆停泊。

常德府学牌坊景隆斋茶食铺荤葱饼滋味极佳,虽都中不及也。

初九日,泊桃源县。山下渔舟获鲥鱼重三斤,买而食之,鲜美无比。是日酷热。

初十日早雨,午后止。泊桃源。洞口外山重水复,风景绝佳。昔日避秦之人,只今何许。但见碧杉翠竹,掩映参差,时有青绿,水禽飞鸣枝叶间。乐意相关,自成天趣,真红尘不到处也。

由此入滩河,河两岸皆大山中夹一水,雄冈峻岭^②,起伏排连,历

---

① 案:抄本无"初"字,刻本有"初"字,据抄本体例,应有"初"字,据补。

② 案:抄本作"峻领",刻本作"峻岭",应为"峻岭",据改。

辰沅两府直抵黔界。凡千数百里曰河，实则山涧，深不过四五尺，浅止一二尺。河底平铺碎石，大如斗而小如栗，其大而出诸水者则为小山，为乱石卧于下者则如倒墙如磴级，淤出之地则石子成堆，不啻亿千万万计。滩凡数十处，如清浪滩、金丝洞、高丽洞、满天星等，皆著名奇险。舟行过此，极半日之久，数十人之力始得进。遇浅则舟阁于碎石之上，亦非数十人推挽扶持不能行，其难如此。格格然船底有声，一日不过行十里。时当炎暑，天旱水干，虽有智者，无所施其技矣。至沿河城郭，皆负山面水，无复繁华，乡居村落多则十余家，少或①一二家，架木编茅，荒凉殊甚。自曹家溪入黔境，尤为萧索，不堪入目。

十一日，泊桃源界之寡妇山下。

十二日，泊络纬，属辰州府沅陵县。是日，由友人冯莘垞兄门外过。

十三日，泊沅陵界之荒山下。地多菰蒲，别无居人，不知其名。是日，过清浪滩，峻嶒怪石，林立水间，中有口门，其宽数尺，溜为乱石所逼，直注而下，其流甚急。船行到此，篙子皆为色变，汗水淋淋，吃力可想。岸有多人负缔②而立，船夫呼之来以助力。过滩后，每一人得碗米③，计数斗与之。

十四日午初，始闻雷，泊杨家塘。

十五日，泊辰州府城门外。观竞渡，舟坐数十人，各持短棹，分水而行，数舟争进以夸其速，余人或擂鼓或摇扇，或粉墨涂面，作种种丑态，相为嬉笑。地当府治，尚属繁华，士女游观，扁舟容与④，自是南中

---

① "或"，刻本作"则"。
② "缔"，刻本作"纤"。
③ 案：抄本无"米"字，刻本有，据文意补。
④ 案：抄本作"客与"，刻本作"容与"，应为"容与"，据改。

景象。

十六日,泊舒溪口。

十七日,泊白龙岩[①]下。数山壁立,景物苍然,秀拔雄奇,绝无依傍。其高千丈,形如画家之烘远岚,有天外三峰之势。是日,过马驹崖,崖势高低相间,浑如卧马。崖旁有两穴,相隔数十丈,在半山之腰,非人迹能到。一穴中置木箱,一置几案,虽皆残缺,其器犹存。相传昔有仙人比邻而居,不知何年遗此。其说虽由附会,然亦自是奇观。又过泸溪县城下。

十八日,泊蒲市。午后片刻雨。

十九日,泊王霸流。是日,过辰溪县。

二十日,泊上猛滩下。

二十一日,泊凉水港。

二十二日,泊青豆江,读冈。属黔阳县。

二十三日,泊安江。是日,过杨王庙、金丝洞。此处河面甚宽,中流旋转,舟至此,随溜而折,动为急溜打下,极两时许犹在庙前。

庙甚雄整,不知杨王是何时神明也。

二十四日,泊沙湾。[②]

二十五日,泊红江[③],地为川楚滇黔行商萃集之所。市面甚盛,贩土药者于此分往各省,有公所焉。

二十六日,停泊。食杨梅,每斤直十许钱,红而多酸。

二十七日,泊孙甸。是日,过大鸬鹚滩。乱石之尖,匀排水面,以千百计,远望如鸬鹚点点也。船欲过此,必于石之空处盘绕而行,方转而之北,又折而之东,而南而西,决无定向。半日之久,过此一里之

---

① 参见杨宾:《晞发堂诗集》卷七《白龙岩》,《杨宾集》,第69页。
② 参见杨宾:《晞发堂诗集》卷七《沙湾遇雨》,《杨宾集》,第70页。
③ 案:"红江",多作"洪江"。

程，一经触石，不堪设想。

船家名险滩为狠滩，前有狠处，必候三五船至，相辅而行，始能前进。俗谓搭帮遇险滩，则合数船之人相为料理，一船既过，再助一船，旧规如此。

二十八日，泊黔阳县属境山下，不知其名。是日，过分水滩。邻舟阁浅甚久，众力牵挽不能动，至群下水背负之始行。

县城临河，河干有龙标书院，甚修整。旁有牌楼，题"龙标胜迹"。

二十九日，泊长滩。是日，过高丽洞。洞亦滩也，最奇险。

河内横排巨石，形似大堤，上流之水高于下流者凡五六尺，两石相夹，中有缺口，仅过行舟。溜势下趋，几如黄河落天，声力俱猛。凡船行至此，坐客皆下岸步行，行李、货物重大者亦须盘运而下。船之前后设四大纤，前两纤用三十许人，后两纤十余人，于急湍乱流间极平生之力，将船掉正直对口门，方敢昂然前进。水从上激，船在下争，由卑而高，直与升阶无异。其时船上篙工数辈左右枝梧，面如土色，其要者必须相度形势，尤在扶舵，两人稍偏则触石，略迟则退回，一弃前功，再上不易。行路之难，一至于此。

三十日，泊雨水湾。

闰五月初一日[1]，泊马耕坪。居民深处有一小小衙署，不知何官。

初二日，泊芭蕉滩。是日早，雨。

初三日，泊沅江府城下。舟过大桥，桥凡十四，空舟由下度，必先去其桅。自辰沅一带直至黔境，凡府县城郭必临河，城外必有石桥一座，处处皆然。沅州河岸有定江观，楼阁参差，亭台轩爽，居人游眺于此，足以骋怀。

初四日，停泊。荸荠圆厚而高大，甘美多浆，一钱一枚，枚重一

---

① 案：抄本作"朔一日"，刻本作"初一日"。据抄本体例，应是"初一日"，据改。

两。是日府考。自常德起,沿途天气甚旱,至沅州适值求雨,断屠。

初五日,泊窝滩。是日,过官洞。溜急缆断,舟顺流直打而下,去如急箭,一二里后始收住。幸此处尚无乱石,未致沉触,然其险殊甚。

初六日,泊白马洞口外。是日,过打瓜滩,缆断凡二次,溜势奔腾,极两时许始得过。

初七日,泊慈滩外里许。是日,过白马洞、满天星、黄侯滩、慈滩,皆险恶极甚。四滩相去不及十里,每上一滩必须略为停顿,以舒人力。自朝至暮,历此四滩,夕阳西下矣。

凡滩之有险,非河流转弯,即纷排乱石,皆须着力。而其最险者,则大石立其两旁,凹缺处所,中为水道,河流勇猛,至此为之一束,如满瓶之水仅于小口泻出,逼之太急,必出也。突然此处行船,殊非易易。日间所过四滩,凡此种种险恶,无不悉备,打头之浪挟怒气以俱来,逆水之舟必力争而直上。及其既过,彼船夫数辈莫不鼓舞欢欣,相为庆幸。窥其意态,似可告无罪于坐客者。客乃共慰其劳,为之色喜,酬以白酒,谁曰不宜。

初八日,泊三门滩,是日,过曹家溪,入黔境。次日,又入湘境,盖插花地界,从此始矣。

附录插花地说①

插花地为黔省一大流弊,夫人而知矣。乃阅四五百年之久官斯

---

① 恽毓鼎《恽毓鼎澄斋日记》宣统二年五月二十六日载:"已刻诣史馆……校正史馆《贵州地理志》,府与附郭之县分界而治,乃他省所无。又如石阡府,出城门一步,皆属他县所治;而府治之地,转隔在数十里外,尤不可解。志中叙山川,只能据地形而隶于府城,否则无从措手矣。余尝语李子伟太史(贵州人),黔中地多插花,赋税词讼皆不便,何以三百年不加厘正。子伟云,必先均州县公费,而后疆界可得而均也。真切要语。《孟子》均疆界与平谷禄并称,圣贤之言固无所不包也。"杭州:浙江古籍出版社,2004年,第491页。

土者，皆相率隐忍迁就，以至于今。而不思急为经理者，其故何耶？自明初设立郡县，草创经营，版图未定，后虽屡经改易，叛服无常，有苗之患，实与前明一代相为终始。其时干戈扰攘，经理未遑，但冀蠢尔苗蛮，无劳挞伐，至于分疆画井，仍俟①徐图。洎我朝定鼎以来，今二百数十余年，寄籍迁流，汉苗杂处，虽生其间者，食毛践土，怀德畏威，而日久相沿，不忘积习。地则深山大壑，最易藏奸人，则好杀喜兵，成为故事。地界之不清，实由民情之易动，虑其扰而生变，适以纵而养奸，姑息目前，有由来矣。鄙人石阡出守一载，于兹于黔省情形略知一二，试即石阡一处言之。

去城十余里，即为镇远属境，而镇远城外二十里又分属石阡。郡治所辖之地，北至江外迎仙一带，极四百八十余里之遥，不可谓不广。而此四百八十里内，则又或属思南，或属安化，或为湄潭之治，或为印江之民。犬牙之形，何错之甚耶！由是而丁粮隐匿，为数颇多；窃盗逃亡，漏网诚易。甚至顽民狡诈，讼狱繁兴，此具控于思南，彼鸣冤于镇远，原告准于施秉，被告诉于石阡。百弊丛生，视同儿戏。遇有重大案情，往往迟至数月之久不能到案一质者，非称邻境以抗传，即倚连村为异属，差役因之勒索，讼棍借以转移。庐墓田园，可彼可此；冒名跨考，至再至三。而且田土无顷亩②之分，房屋③无官地之说，私相授受，动起争端。此等风气，通省皆然，正不止石阡一郡已也。插花之弊，可见者如此。而其尤为地方害者，则又有团首、哥弟两宗。团首者，或数乡而一人，或一人而数县，非刁劣生监，即武断豪民，皆持有官司印札，名为首事，领袖一方，而实则鱼肉乡民，幸灾乐祸，把

---

① 案：抄本无"俟"字，刻本有"俟"字，据文意补。
② 案：抄本作"倾亩"，刻本作"顷亩"，应为"顷亩"，据改。
③ "房屋"，刻本作"房产"。

持地面,欺罔^①官司,生波诈赃,坐地成虎。其甚者,招募土勇,设立公堂,攘臂一呼,擅杀数命。此风不革,民不得安。哥弟者,其人皆无业游民,大半来从川楚,潜藏山野,来往乡场,飘忽无常,行踪诡秘,拐诱妇女,出售分赃,抢劫赀财,不时酿命。土著贪小利,甘为窝家,愚民畏凶锋不敢出首,相见自有口号,结党呼为弟兄,扰害闾阎,其患非浅。昔胡文忠公守黎平,谓"欲增田赋,清盗源,资治理,奠民生,必先自清插花始"。至哉斯言!惜其官非大吏,言不足以令通省,权不足以摄同僚,虽有其才,徒存其愿而已。且黔为苗疆重地,图治称难,今虽族类无多,犹复二苗一汉,苗人好乱,固自性生,而汉民之机械变诈,攘利营私,鬼蜮情形,有较苗人为尤。甚者虽云苗汉相安,其实相欺如故,此又插花外一大隐忧。正不得以地瘠民贫,忽忽焉谓无足虑也。

初九日,泊龙溪口。舟进口,因水势甚猛,曳之吃力,缆断二次^②,趋下数里。其夜,邻舟人泅水,为鬼所困,我舟救而苏。

初十日,泊伏龙滩。是日,过打鱼塘,水面甚宽,路通铜仁。自此以下尽黔境。

十一日,泊三仓。是日,过鲇鱼套、宝洞、清水滩。鲇鱼套山根一洞,形如庙,门内有山僧数辈,击法器,诵真言,以求雨泽。乡民持香烛荡小舟来者,相继不绝。既入洞,皆顶礼维虔,望岁甚迫。

十二日,泊玉屏县城下,属思州府。是日,过打狗滩,缆复断。

玉屏出洞箫,以白竹为之,光洁可喜,其名甚著,黔人称"苏州笛子玉屏箫",言其可比美也。傍岸后,来舟售者,皆一匣两枝^③,名曰对箫,一刻之间,来者十许辈。余不知音,故未一问价。

十三日,泊一湾水。是日,过石灰滩,见乡民得何首乌一枚,其长

---

① 案:抄本作"冈",是"罔"字的草体书写,据改。
② 刻本在"缆断二次"前有"致"字。
③ "枝",刻本作"枚"。

二尺,抱若婴孩,奇异之品,殊不多得,药肆所见才薯蓣[1]等耳。

自入滩河,适当夏令,山岭[2]间奇花异草,娇艳可人,无言自开,色香俱胜。一日舟人折合欢数枝[3],余截竹为筒,纳水其中,权作瓶花供养。五月间,人家墙院及山寺紫薇盛开,花色鲜红,皆高数丈,舟人名包矾花,又名月月红。

滩河多蜻蜓,皆黑色,每过险滩,必集篷舵之上,或飞入船窗,落人衣袖间,安稳不惊。舟人谓为护船,嘱客勿逐之,滩过乃去。

过清浪滩数十里,为老鸦滩。其地乌鸦最多,一遇船来,辄无数飞鸣,盘绕其上。舟人见之喜,谓此行必利,乃切豆腐及肉投诸空,群鸦争攫之。相传有食荤食素之别,可异者必下水,船乃随之,上水者不一至。

十四日,泊风字龙。是日,过香水滩、明白滩。

连日见渔舟甚多,皆畜鸬鹚,一船或至数十,并有养獭者,能入深渊,逐鱼必得。更有深夜间于船头挂铁笼一具,内燃柴火烘烘,自上流而下,其行甚急。途间常见之,询之舟人,亦捕鱼者,特不知其术耳。

十五日,泊青溪县城下,属思州府。是日,过箭道滩。滩之上下四五里,渔人凡以千百计,或驾小舟,或牵巨网,长叉利刃纷立水中,如斗如猎,望之可骇。有人网一大金鲤,鳞光射人,闪闪夺目,长几五尺,力能穿网,已曳之登舟,竟一跃而去,后数十人尾追之,不复再得。滩水较深,故鱼聚于此。

附录机器局纪闻

青溪界中有大山,向以产精铁称。城外有机器局一所,临河就

---

① 案：抄本作"薯预",刻本作"薯蓣",应为"薯蓣",据改。
② 案：抄本作"山领",刻本作"山岭",应为"山岭",据改。
③ 案：抄本作"含欢数枝",刻本作"折合欢数枝",应为"折合欢数枝",据改。

水,地厂^①宽平,为光绪十四五年间潘中丞抚黔所建。其时借藩库银七万两,善后局银二十万两,外招商股十万两^②,有自本省及别省集入者,有候补为得缺集入者。凡候补人员能入股则委缺,量款之多少定缺之优劣,故贫困无聊诸君子不惜出重利借巨债,为名利兼收计,吏治因之可想。大僚开其风气,官绅视为利途,举国若狂,兴高采烈。总局务者,为潘四大人。四大人者,名则候补道员,分则中丞贵介弟也,向以精西学自命,食必洋菜,居必洋房,所用必皆洋器,并携其娇姬数辈分住局中,铁厂而金屋矣。于是扎委黄平、镇远各州县招夫运煤,青溪、玉屏各知县招夫运铁。四大人乃亲向上海洋商订购机器^③,不知用价若干。至十六年,机器来黔,滩河触石沉船,尽没于水。以千万斤之重器,费千万人之群力,经营累月,始行捞出,则已损者、损缺者、缺精者,钝钝者锈矣。及运青溪,复加以修理数月,然后位置妥贴,俨成巨观。择十七年春间开工。是日也,机轮转动,大力盘旋,四大人阅之欢欣,各司事赞之鼓舞。乃无何而砰然一声,天旋地转,所谓铁也煤也,机器与炉灶也,又不知其几千万斤,融为一大顽物也,至今尚存。所惨者,有宁波看火工人,已支解为百数段矣。前功既弃,再举维艰。不得已,乃筹借洋款三十万,为亡羊补牢之计。业经订约而来,因洋商必得藩司印信,始肯交兑。适其秋,王方伯德榜^④到任,闻之不悦,谓:“黔省著名瘠苦,平时仰协饷为生,今以艰难库款浪掷如此,将来伊于胡底。吾官可罢,印不可用也。”无已,复遣陈令利达、方令峻^⑤赴上海退约,作为罢论。嗣方伯既追前欠,股商亦迫着赔,中

---

① “地厂”,刻本作“厂地”。
② “外招商股十万两”,刻本作“外招商股数十万两”。
③ 案:“订购机器”四字,抄本无,刻本有,据刻本、文意补。
④ “德榜”,刻本中作正文。
⑤ “利达”“峻”,刻本中作正文。

丞从此告官，四大人仓卒死矣。后接办者为候守^①曾君彦铨^②，曾既不精洋学，亦复无意求功，惟以前受潘恩报之去后^③。然而无米之炊，不能见功^④，仍复力求方伯少借库储，用所余零星机器，小试其端，但为斡旋^⑤弥补计。乃库出四万金，限四年归还，并以富商作保。及至期年之后，依然一物无成。初限已届，万金无措，于是责偿于原保商人。商不得已，乃求救于其兄，兄为四川某知县，力不能偿，并以荒唐责之，商计无出，因投川江而死。其后王方伯下世，至嵩方伯任内，不知曾君如何挹注，归藩库万五千金，而曾君之力亦从此遂竭。迄今官款，尽属虚悬，商股一无着落，曾君措词远去，亦不知遁迹何方。厂中数辈工人，惟日炼余铁，以供糊口而已。是役也，凡借官款前后三十一万两^⑥，搭股者支离恍惚，不知为数十万两，乃不三五年间，赔累亏空，尽归乌有。此外手持股票破产倾家，及官员因重债所逼、愁苦身亡者，人命不知凡几。非常大利，即有非常大害随之。西法误人，可寒心哉！^⑦

十六日，泊将军岩。是日，过铜鼓浪。

自入黔境，天愈旱，水愈涸，日仅行数里，处处阁浅，几不能行。乃于滩下另雇小舟，分载行李，始得进。

十七日，泊朗洞。是日，过刘昆荡、荔支冲。

沿水舟行^⑧，常见山路边立有石幢，高五六尺，刻"南无阿弥陀

---

① "候守"，刻本作"候补知府"。
② "彦铨"，刻本中作正文。
③ "报之去后"，刻本作"图报"。
④ "功"，刻本作"巧"，误。
⑤ 案：抄本作"干（斡）旋"，刻本作"斡旋"，据刻本改。
⑥ 案：抄本作"三十一万"，刻本作"三十一万两"。前文书写银两数目均加计量单位"两"，据改。
⑦ "西法误人，可寒心哉！"刻本作"可不寒心哉！"
⑧ "舟行"，刻本作"行舟"。

佛"等字。询之土人,乃知其地有水鬼,不时溺人,设此以镇之,且示舟人毋停泊于此。

十八日,泊高华滩。是日,过金平滩。

十九日,泊龙抱溪。是日,过把路滩、大王滩。滩有金龙四大王庙,整肃庄严,时有多人执旗幡等具至庙祈雨。滩间石齿棱棱,出水一二尺,凡里许滩,水多急湍,一经触石,滚雪飞花,激成群响,故每至一滩,遥闻怒涛作声,令人生怖。

二十日,泊镇远桥外。是日,因雨未得过。

深夜闻路旁如牛吼,声长而曲,舟人急解缆,避于中央①,势甚仓皇,问之则虎啸也。

二十一日,午刻抵镇远城,投寓于萧家官栈。

城外甘公祠,为乡人刘星岑前辈守镇远所修,房廊幽洁,台榭临河,为官绅宴集之所。其侧为大山,岩壑参差,林峦重叠。左右有两洞,其间建万寿宫、藏经桥②,跨山俯涧,结构颇佳。

水路至此而止,鄙人心绪至此而③不佳。嗣后山程,遂阁笔未记。

光绪二十二年十一月下旬,志青重书于石阡署中。④

《黔行水程记》一卷,吾乡孟志青先生由御史出守石阡时途中之日记也。黔地多崇山峻岭,惜此记只形波涛汹涌之奇,而未写峦嶂嵯峨之胜。盖以行抵镇远,乃有鼓盆之戚,遂辍笔也。先生善隶书,工画兰,嗜金石碑版,仕至湖北武昌道署按察使,卒于任。吾宗

---

① "中央",刻本作"水中央"。
② "藏经桥",刻本作"藏经楼"。
③ "而",刻本无。
④ 刻本无此书写时间、书写地点。刻本在此书写时间、地点后有《附录石阡即景诗》,不录。

立甫为先生之女孙婿，因得展转假读手稿，爰亟移录，授之梓人。想见先生逢偃武修文之际，作乘风破浪之游，于兹甫逾四十而世变沧桑，殊不胜今昔之感矣。复取《石阡即景诗二十首》附之于后，借以少补山色，且为考边徼风土者，亦庶几得其窀较焉。戊寅仲冬，后学金铖。①

黔阡纪要（以下摘录自《石阡志》）

文思守石阡，阅黔省通志，详且备矣。先王父《游黔记》载，黔为荆梁边陲，同三吴、楚、蜀皆未通中国，黔尤鄙远，开辟最后。商曰鬼方，周曰靡莫。战国时，楚将庄蹻略地，至于且兰，始附楚。张仪欲以商、於易黔中，即其地。楚灭，并于秦，为黔中郡。黔之名于②是乎见。汉元鼎六年，平西南夷，置牂牁③、犍为、越巂、武陵四郡，犍为隶蜀，越巂隶滇，武陵隶楚，牂牁则黔地也。蜀汉兴古，即今之安顺，隋之巴东、黔安、清江、明阳四郡。唐贞观十六年，拓其地，置牂、夷、播、珍等州，属黔中、剑南二道采访使。其时所谓黔中者，思南、思州、黎平、镇远、都匀与石阡及附近楚、蜀也，惟贵阳不与焉。五代时，楚王马殷遣八姓帅率邕、管、柳州兵讨两江溪洞，留兵戍之，遂各分据，号八番，是为定番州。

宋至道三年，以之分隶荆湖、剑南二路。宣和元年，以田佑恭加贵州防御使。嘉定元年，以宋永高④擢贵州经略安抚使，黔称贵州始于此。

元宪宗时，于矢内附。至元十六年，西南八番、罗氏等国亦内附，

---

① 此段跋文，刻本有，抄本无。
② 案：原文作"于于"，衍一"于"字，据改。
③ 案：原文作"牂柯"，（乾隆）《石阡府志·黔阡纪要》作"牂牁"，据改。
④ 案：原文作"宋高"，（乾隆）《石阡府志·黔阡纪要》作"宋永高"，据改。

置八番罗甸等处宣慰司。十七年，讨罗氏鬼国。十九年，以降夷八番、金筑、百万寨，皆为郡县，置顺元路金筑府领其事。二十年，讨平九溪十八洞，并置郡县，立总管府，俱听顺元路宣慰司节制。间设流官，实同羁縻，无城郭、田赋之制，无乡会宾兴之典，犹然荒服也。

　　明初，分隶滇、楚、蜀三省。洪武四年，蛮长密定等举土来附，置贵州卫。五年，命江阴侯吴良讨平古州等处，置永宁卫。八年，置黄平所。十年，命安陆侯吴复讨普定阿买寨。十四年，命颍国公傅友德征云南，为征南将军，还，置贵州之普定、乌撒两卫。十五年，开设屯堡，筑贵州省城，设贵州都指挥使司，领各卫所，以汝南侯权其事，卒，以平凉侯署理。是时纪纲初定。十六年，置普定军民府、都匀安抚使暨永宁州，改习安州为安顺州，立毕节卫。十八年，思州苗叛，命信国公汤和为征虏将军，[1]周德兴副之，帅师从楚王平其地；洞蛮吴面儿寇古州，复命信国公从楚王剿平。十九年夏六月，颍国公讨平越、麻哈。二十年，命靖宁侯叶昇、普定侯陈桓讨东川、普定诸蛮，平之，屯田于毕节等卫。二十一年，东川蛮复叛，以西平侯沐英、普定侯陈桓俱从将军颍国公帅师讨平，仍命普定侯屯田毕节，宋国公冯胜镇永宁。二十二年，狼洞黄平苗叛，颍国公移师剿服，置赤水、兴隆、安庄三卫；平普旦阿资、马乃，置普市所。二十三年，命延安侯唐胜宗[2]讨平贵州叛苗，置新添、龙里、威清、安南、平坝、清平六卫，改都匀安抚使为都匀卫。二十四年，凿永宁河。二十五年，命越巂侯俞通渊征古州洞蛮，命都督王成通贵州道路。二十八年，贵州蛮阿榜、曹宁等司叛，守将夏国公顾成讨平，置贵州前卫。三十一年，分命夏国公顾成

---

① 案：原文作"恩州""征普将军"，当作"思州""征虏将军"，据《明史》卷三《太祖本纪三》、卷一二六《汤和传》改，第42、3754页。

② 案：原文"延安侯胜宗"，延安侯是唐胜宗，据史实改。

讨水西，楚王湘①讨古州，都督杨文讨清平、黔阳，平羌将军何福擒永宁蛮十八加如，讨毕节、都匀，进征五开诸蛮，悉平。永乐十一年，叛苗田瑛、田宗鼎伏诛，罢罗甸宣慰司，置思州、黎平、思南、镇远、铜仁、石阡各府，设贵州布政使司，贵州于是乃为专省。十三年，改普安安抚司为州。十八年，设贵州按察使司。洪熙元年，令贵州就试湖广。宣德元年，诏令云贵两省乡试。正统元年，以木瓜、麻向、大华割属金筑。三年，设安顺州流官。四年，始命右副都御史丁璿巡抚贵州。六年，添设屯田副使。九年，置施秉县②，其偏桥卫与镇远卫仍属湖广。十四年，邛水、草塘、烂土、凯口诸洞③苗叛，陷思州、都匀、黄平、思南、石阡等卫府，总督侯琎率副总兵官方瑛讨平之。景泰元年，苗贼韦同烈叛，据清平之香炉山，命保定伯梁珤督征。二年，韦同烈伏诛。是年，设驻巡抚。天顺元年，大坝山都掌蛮叛。成化三年，兵部尚书程信督川、湖、云、贵四省兵讨平；又打罕州土蛮韦阿礼叛，调泗城④兵会剿，平之。八年，裁巡抚。十年，置程番府。十一年，巡抚复设。弘治四年，烂土蛮叛。五年，副都御史邓廷瓒帅师讨平之。六年，置都匀府，改印江司为县。八年，置麻哈、独山二州，清平、永从⑤两县。十一年，普安夷妇米鲁叛，执太⑥监，右布政司阎钲死之；置镇远县，其镇远卫与偏桥卫仍之。十六年，南户部尚书王轼讨米鲁，平之。正德二年，复裁巡抚。五年，再设。六年，平贼方四。八年，平卧龙司贼王伦。十一年，讨香炉山叛苗，不克。十二年，湖、贵合师讨平。十四

---

① 据《明史》卷一一六《楚王桢》载："三十年，古州蛮叛，帝命桢帅师，湘王柏为副，往征。"第3570页。《黔阡纪要》有误。
② 案：原文作"秉县"，应是"施秉县"，据史实补。
③ 案：(乾隆)《石阡府志·黔阡纪要》无"洞"字。
④ 案：原文作"四城"，(乾隆)《石阡府志·黔阡纪要》作"泗城"，据改。
⑤ 案：原文作"水从"，应是"永从"，据史实改。
⑥ 案：原文作"大"字，应是"太"字，据改。

年,芒夷寇永宁。嘉靖四年,参将何乡平之。六年,芒夷复叛,仍以晋阶副总兵何乡讨平之①。十四年,开科,本省学者日益多。十六年,都匀苗叛。十九年,金石司苗叛。二十一年,铜镇苗叛,陷石阡府,执推官邓本中,官兵前后讨平。二十七年,罗番龙受祖叛,党贼龙许保陷印江。二十九年,铜仁苗陷思州,知府李允简死之。三十年,置铜仁抚苗通判。三十一年,平金筑叛苗阿季。是年,设总督,节制湖、川、贵三省②。隆庆二年,改程番府为贵阳府,益以金筑、平伐二司,移治省城,为首郡。万历三年,平者芽苗,立宁威营。十四年,以程番府旧治为③定番州。十九年,置新贵县。二十四年,迁贵阳府学于北关。二十六年,置铜仁县。二十七年,皮林④蛮叛,播贼寇平越,刺都司等官,复寇东波、乌江及龙泉,参将以下多死之。赐总督李化龙、湖抚支可大誓师讨播⑤,杨应龙自缢死,余党悉平。以其地设平越、遵义两府,湄潭、瓮安等十县。平越府辖平越、湄潭、瓮安、余庆⑥四邑,以龙泉一邑属石阡府,俱隶于黔;遵义府辖遵义、绥阳、桐梓、仁怀、正安,隶于蜀。二十九年,贵抚郭子章会楚、粤师剿皮林。三十年,改安顺州为军民府。三十一年,奢贼叛,次年平;改水德司为安化县。三十四年,征东路苗。三十七年,红苗劫印江县,典史邵士元死之。三十九年,置广顺州。四十四年,平定番狆苗。天启二年二月,水西罗鬼安邦彦叛,围贵阳,总督张我续领兵来援,十二月围解;城中饿

---

① 案:"讨平之",(乾隆)《石阡府志·黔阡纪要》作"讨平"。
② 案:"是年,设总督,节制湖、川、贵三省",(乾隆)《石阡府志·黔阡纪要》作"是年,设总督,驻沅州,节制湖、川、贵三省"。
③ 案:"为",(乾隆)《石阡府志·黔阡纪要》作"置"。
④ 案:原文、(乾隆)《石阡府志·黔阡纪要》均作"皮休",应是"皮林",据史实改。
⑤ 案:"赐总督李化龙、湖抚支可大誓师讨播",(乾隆)《石阡府志·黔阡纪要》作"赐总督李化龙剑,令便宜从事。二十八年,贵抚郭子章会总督李化龙、湖抚支可大誓师讨播"。
⑥ 案:原文作"余荄",应是"余庆",据史实改。

毙者过半，苗猓之害，于兹最酷。三年，进师六广。四年，巡抚王三善督战，为逆贼陈其愚诈降遇害，同时遇害参将以下百十余人，御史傅宗龙疏请赴黔讨贼，诏命以巡按监军。五年，擒其愚诛之，余未服，进师鸭池河，败绩，总督鲁钦殁于战。六年，师至杨家海，不克。崇祯元年，川、贵合师会剿，总兵官侯良柱①，许成名斩安邦彦于永宁。二年，建上卫、连云等十一城，诏命贵州、四川、云南合兵讨水西余党。三年，贼乞抚，疏闻，许之。四年，置开州，设敷勇、镇西二卫，②修文、熄烽、赫声、濯灵、于襄、威武、定南、柔远、诘戎等九所。十六年，以宣慰司旧学址为新贵县学。是年，开州狆苗叛，陷州城，知州黄嘉隽死之。终明之世，讨叛苗百余，辟地十郡，州县二十有一，卫十八，所、千户九，为十三省之一。

　　我朝威德所及，无远不服。顺治十五年，命经略洪承畴平定贵州全省，通黄平水路。十七年，马乃苗叛，平其地，置普安县。康熙三年，水西罗鬼安坤叛，命吴三桂讨服，以水西为黔西府，比喇为平远府，大方为大定府，乌撒为威宁府，乌撒卫仍其旧。五年，平郎代，诛陇安藩。十一年，改龙里、清平、都匀卫为县，裁安庄卫归镇宁州，裁黄平所归黄平州，裁新平所归普安县③。十二年，广顺州苗叛，刺吏目蒋士璘。二十二年，改黔西、平远二府为州，割湖广之镇远、偏桥二卫归黔。二十五年，徙土司韦有伦等，以其地入永从县。二十六年，改贵、前二卫为贵筑县；敷勇卫为修文县，修文、濯灵、熄烽、于襄四所益其地；裁新添卫归贵定县，改威清、镇西二卫为清镇县，益以赫声、

---

① 案：原文作"侯柱"，应是"侯良柱"，据史实改。
② 开州，设置于崇祯四年十一月；敷勇、镇西二卫，设立于崇祯三年，非崇祯四年。敷勇卫领于襄、息烽、濯灵、修文四守御千户所，镇西卫领威武、赫声、柔远、定远四守御千户所，无定南、诘戎两所。"熄烽"，一般作"息烽"；"定南"，《明史》作"定远"，见《明史》卷四六，第1198、1216—1217页。
③ 案：原文作"安普安县"，前一"安"字衍，据改。

威武二所；改平坝卫为安平县，益以柔远所；改安南卫为安南县，裁普安卫为①普安州，裁定南所归普定县；改永宁、毕节二卫为县，裁普市所归永宁，裁赤水卫归毕节；裁乌撒卫归威宁府，改府为州；裁兴隆卫归黄平州。三十四年，并新贵县于贵筑；裁安龙所为南笼厅，归安顺。雍正二年，改湖广之玉屏、清溪、天柱、开泰、锦屏五县隶黔中。三年，巡抚毛文铨讨定番叛蛮，擒贼首阿近斩之。四年，威宁镇总官兵石礼哈率师讨古州生苗，设古州兵备道；置永宁州。五年，改南笼厅为南笼府。六年，改遵义合属归贵州。八年，以新辟苗疆，设同知三，驻八寨者隶都匀，驻清江者隶镇远，驻古州者隶黎平；设通判三，驻都江、丹江者隶②都匀，驻归化者隶安顺。九年，讨平松桃红苗，移正大营同知驻其地，隶铜仁；于郎代设同知，隶安顺；割广西之荔波县，隶都匀。十年，古州苗复叛，巡抚元展成发兵剿捕，伤副将等十余人，署提督鹤丽镇总兵官讨平；提督哈元生至自京，除其余党。十一年，改天柱县隶镇远；移大定府通判驻水城；移清江同知驻台拱，设通判驻清江，俱隶镇远。十三年，古州苗复叛，陷黄平、清平等州县，经略张广泗帅川、湖、粤、滇、黔五省兵讨平，斩首万余，设古州总兵官、清江副将等镇其地，千百年苗患至此一靖。守斯土者，抚司道大员，贵阳等十三府，长寨等六同知，丹江等七通判，定番③等十四州，贵筑等三十四县，乡科额取四十四人，声名文物埒于中州矣。

此《游黔记》所载，较省志更详且备也。我皇上御极以来，士乐于庠，民安于野。乾隆元年至今④，黔苗恭顺，共享太平之福。

石阡，黔中一隅也，地东界铜仁，南镇远，西遵义，北思南。文思

---

① 案："为"，(乾隆)《石阡府志·黔阡纪要》作"归"。
② 案："隶"，(乾隆)《石阡府志·黔阡纪要》作"俱隶"。
③ 案：原文作"守番"，应是"定番"，据史实改。
④ 案："至今"，(乾隆)《石阡府志·黔阡纪要》作"至于今"。

二十八年癸未孟秋月朔莅兹土，巡历山川土田，咨绅士父老遗事，欲成郡志。公暇辄搜奇访古，凡断碣残碑，必往摹拓^①，偶有剥漏，虚衷讨论而续补之。越明年甲申夏，得郡故明经全延庚《阡郡纪载》^②。阡^③自明永乐十一年置。十二年建文庙，正统十四年毁，成化十六年郡守余志重修。正德五年，土官杨再珍奏准筑土城。至嘉靖元年，郡守何邦宪始创筑之^④。隆庆六年，郡守吴维京建城内明德书院^⑤。万历二十八年，贵抚郭子章讨杨应龙后，巡行石阡，捐赀增南北月城。三十四年，郡守郭原宾重修明德书院。是年冬，郡守江大鲲莅任，初建祭祀各坛庙，凿南关外两温泉。推官李应期升文庙正殿于上层。三十八年，镇筸苗叛，陷阡城，郡守石恂^⑥业甃城以石。四十五年，郡守曾之可造北关外文峰塔，又建南关渡江、太虚洞楼阁，额书"黔南第一景"。天启元年，郡守孙光颢建文峰寺之前后殿，并置田^⑦。二年，郡守钱以式加文峰塔二级，旋圮，推官王登邦重修。是年，水西安邦彦叛，阡民供运，苦之。四年冬，红苗拥阡西门外达旦，忽去；次年正月九日，复来，焚城外殿宇、民居殆尽^⑧，郡守许国秀亲冒矢石，与绅民坚守之，仅得瓦全^⑨。继苗族时扰，郡守陈达道、推官王命来设侦防

---

① 案："摹拓（摹搨）"，（乾隆）《石阡府志·黔阡纪要》作"摹塌"。
② 案："全延庚《阡郡纪载》"，（乾隆）《石阡府志·黔阡纪要》作"全延庚之《阡郡纪载》"。
③ 案："阡"，（乾隆）《石阡府志·黔阡纪要》作"郡"。
④ 案："创筑之"，（乾隆）《石阡府志·黔阡纪要》作"创筑"。
⑤ 案：此处指出明德书院在石阡城内，（万历）《贵州通志》卷一七《石阡府》言明德书院在石阡城南，第382页。
⑥ 案："郡守石恂"，（乾隆）《石阡府志·黔阡纪要》作"郡守萧立"。
⑦ 案："田"，（乾隆）《石阡府志·黔阡纪要》作"田亩"。
⑧ 案："焚城外殿宇、民居殆尽"，（乾隆）《石阡府志·黔阡纪要》作"焚城外殿宇、民居、客店殆尽"。
⑨ 案："亲冒矢石，与绅民坚守之，仅得瓦全"，（乾隆）《石阡府志·黔阡纪要》作"亲冒石矢，与绅士、军民坚守之，因得瓦全"。

守①，不遗余力，民至今德之。明末南宁侯被我朝官兵追至石阡，推官王命来时②署郡事，阻（驻）扎南关外迎恩寺，弥月无敢扰一民。嗣岁遭屡荒③，郡丞傅尔砺、推官谢国梗出资④给粥，全活甚众。顺治十四年，武陵侯杨国栋屯田石阡，性严刻，劾副将杨新桂，新桂不服，伙众乱，城内官民衙舍悉火之。时委思仁道张炳象单骑至阡，加意抚恤，民乃宁。十五年，经略洪承畴扫除贵州逆党，拯民于水火而登衽席，老死不见兵革矣。

右节录乾隆二十九年知府西蜀罗文思《纪略》。

石阡地，秦属黔中，汉魏属牂柯（牁），晋、后魏、后周属夜郎，隋⑤属明阳郡，唐为夷州，宋为珍州⑥；元为石阡军民长官司，隶思州宣抚司；明改隶思南宣慰司，永乐十一年改为石阡府。

龙川渡，在城南里许，相传古有卧石如龙，因是得名。昔太白谪夜郎，渡此西去。

温泉，在城南一里。泉暖，其气上蒸，浴者可愈疮疟。

太虚洞，在城南五里，一名燕子岩洞，分上、中、下，有石龙、石虎、观音大士像、童子像、钟鼓，扣之有声，皆自天生成。

刘珍，直隶清苑举人，成化十七年任知府。

薛编，直隶魏县举人，嘉靖　年任知府。

许国秀，直隶沙河举人，天启五年任知府，入名宦祠。

刘启复，北直辽东人，康熙三年任知府。

---

① 案："设侦防守"，（乾隆）《石阡府志·黔阡纪要》作"密设侦探，多方防守"。
② 案："时"，（乾隆）《石阡府志·黔阡纪要》无此字。
③ 案："嗣岁遭屡荒"，（乾隆）《石阡府志·黔阡纪要》作"嗣逃岁屡荒"。
④ 案："资"，（乾隆）《石阡府志·黔阡纪要》作"赀"。
⑤ 案：原文作"隨"字，应是"隋"字，据史实改。
⑥ 案：原文作"珍"，应是"珍州"，据史实改。

　　徐义，直隶顺德人，景泰　年任通判。

　　董弘祚，直隶奉天荫生，康熙三十六年任知府。

　　龚宗道，直隶密云人，正德　年任推官。

　　贺君弼，直隶辽东人①，万历　年任经历。

　　金廷奎，直隶新城贡生，康熙二十二年任经历。

　　郑嘉忠，顺天武清吏员，乾隆元年任经历。

　　周梦龙，顺天大兴监生，乾隆二年任经历。

　　朱钥，顺天宛平举人，乾隆十三年任经历。

　　袁四升，直隶深州人②，康熙六年任教授。

　　陈起凤，辽阳武举，顺治十八年任守备。

　　黄璋，北直武举，康熙　年任守备。

　　太白祠，旧祠即经历署，康熙五十五年改于斗母宫，并塑武侯像，为二贤祠。今温泉之左。

　　伴云③寺，城后偏北山上。昔土司安氏别业，立望江楼，今为寺。

　　夜郎县，今葛彰司西六十里。太白过此，书"夜郎古甸"四字于岩。

　　郡七里，曰龙底里、在城里、水东里、苗民里、苗半里、江内迎仙里、江外迎仙里。

---

① 案：原文无"人"字，据前后文补。
② 案：原文无"人"字，据前后文补。
③ 案：原文作"灵"字，石阡无伴灵寺，有伴云寺，"灵"字当为"云"字之误，据改。

孟继埙《石阡物产记》[①]

自叙

石阡僻处穷荒，地方鄙陋，为夜郎之故境，沿有苗之余习。两山夹岸，三里为城，如井底之窥天，实弹丸而作郡。附郭之家，不及千户；极富之子，未见千金。地瘠民贫，由来久矣。敝衣蓝缕，苟且偷生；破壁萧条，不成居室。加以人皆健讼，士不通经；朋友之交，绝无信义；骨肉之忧，直等仇雠。风俗人情，尚何言哉？鄙人一麾出守，善政无称，万里辞家，闷怀何已。所幸蛮花狨鸟，物类蕃滋，夏草冬虫，土宜茂育。学惭多识，兼收俚俗之名，谱订群芳，无负宦游之兴云尔，作《物产记》。

光绪二十二年岁次丙申中秋，志青氏自识于石阡官署。

目录

---

① 据国家图书馆编：《清代边疆史料抄稿本汇编》第37册，第447—558页整理。

曰蔬菜，凡四十七种。

曰药草，凡六十四种。

曰鸟兽，凡六十三种

曰虫鱼，凡二十八种。

曰货殖，凡二十五种。

山野间花木虫鸟之属，异类甚多。我既目所未见，彼亦问而不知，其并无土名可纪者，概置不录。阅历经年，采访所得，统凡三百五十五种，分为八类。览物起兴，聊以自娱，语多伤时，不堪问世，故名之曰〔记〕，不得以志称焉！

石阡物产记

花木之属

松

岩谷间丛林茂密，皆马尾一种。民间取以供爨，未免可惜。若北地所产，苍然圆盖，密叶如针者，百不一见。

柏

民间伐作器具，较北材稍软。土人名曰柏香。

枞

松叶柏身，俗名罗汉松者，即此。土人名西松。

桧

柏叶松身，俗称龙须柏者，即此。

杉

一名沙木。亭亭直上，枝叶无多。一干千寻，高撑碧岭。民间作屋，取为栋梁。其大者，解整板为棺具，有青沙、红沙之别，较北方所运之料，香色为优，惜地僻不能致远。其树初生，遍身细刺，可知杉字命名，义取象形。

楠

叶似竹而有刺，凡二种。其香者，民间以作箱具，性能避虫，胜于樟脑；入土多年，作云花纹者，名阴沉楠，尤佳。

梓

木心色白，文理回环，作书具颇雅。

檀

叶似槐而小，坚多节，名曰白檀。又有黄檀、水檀诸名目。

槐

其树高大，不如北产，间一遇之，结子甚少。

合昏

树与槐无异，其叶朝开晚合，花似槐而略小。五月间即开，作粉色，花落生扁角，如椿子然。署后院山下大小百余株，长春。夏浓阴，森然一碧。

榆

不如北产之高，而其叶较大，春初结钱无异。

杨柳

枝细而短，干瘦而高，垂条者多长杨无几。

桑

土人种桑三四年后，辄削其枝，取叶嫩宜蚕，故无大树。干作赭色，与北产略殊。

长桑

长直而坚，良材难得。古寺院梁柱多用之，今不恒见。

柘

俗名构树，又名谷树，取以作纸。

楮

枝叶略似柘，夏结软红子，野鸟争啄之。京师呼为麻果树。作纸者，皮叶并用，古法犹存。

黄杨

大者无多，雕为小器。

乌杨

木心黑色，光可鉴人。宜为盘匣之属，即乌木也。

枫

其木甚香，故土人呼曰枫香。取以供爨，别无可用。万树逢秋，鲜红如染；村居掩映，如画如诗。

青杠

读作冈。树高十余丈，径圆七八尺。干色白而无皴，叶似榆而较大。木坚材美，土人取以烧炭，谓能耐久。闻遵义一带放红蚕于上，作茧为绸，即所谓贵州绸者是。霜皮溜雨，黛色参天，可以移赠。又名橡树，结子如豆。

梧桐

直干孤标，其高百尺，叶如雨盖，柯似青铜。大堂下分植四株，每当长夏雨晴，一院绿阴如洗。

泡桐

枝干与桐无异，惟叶员整而一尖，其大如之。

桊

俗名桊子，音作倦。叶似丁香而蜜，鲜丝可爱，经霜则红。土人取其子为油以然灯。并作烛。

槲

大叶长枝，迎风作响，皮叶皆可造纸。

椴

干直而细，木有红纹，取作轿杆，名曰红绸。

椿

春食其芽，惟香者一种，臭者不可食。

楸

间一有之，而高大逊于北土。

樗

按《本草》，香为椿，臭者为樗。

栎

皆大树，而轻松多节，仅供樵采。

冬青

柔枝似桂而瘦，冬开小白花，叶色深绿。

女贞

纤枝袅袅，细叶尖尖。或谓即蜡树，结子小于豆，秋末霜零，叶痕如赭。《本草》谓与冬青为一种，实不同也。

棕闾

自生篱落间，叶如败葵，扇高有一二丈者。土人剥其皮，为囊、为索、为雨衣。

竹

有紫竹、斑竹、金竹、苦竹诸名目。志载方竹，今不见。土人取竹鞭为烟杆，名烟龙，人各一枝。

芭蕉

一株之高，或逾一二丈；一叶之大，或长八九尺。浓阴（荫）蔽日，宜雨宜晴。古人名曰绿天，品题绝妙。署中凡数丛，柯如大盆盎，根如巨盘石。其叶经冬不凋，可知雪里芭蕉，古人并非虚语。

天竹

似天竹而不结子，与北土所见红豆者异。

相思树

小树也。离离红豆，碎叶纤枝，自昔嘉名，宜生南国。

铜钱树

其叶如椿，其干如桃。夏初作穗，开如油菜花。秋时结实，一树累累，形似林禽而中空，有黑子三四枚，摇之作响。

义子树

枝条拗折，错节盘根。

牛郎刺

叶碎如榕，花黄如菜，枝条柔弱，散乱敧斜。民间以其多刺，植院边护墙以防窃。榕，马缨也。

老鼠刺

似牛郎刺，而高大过之。

薜荔

俗名爬山虎者是，有大叶、小叶诸种。秋初结小红子，光润可喜，青冠鸟群食之。

藤

古梗长条，蟠结老树。凡数种。

荆棘

有长叶、细叶，如月季、如蒲桃。各种长条披拂，满地丛生，钩衣碍路。以上皆木属。

牡丹

花多粉红、浅紫色，土人名曰玉楼春、天香国色。生长蛮荒，姑（辜）负春光，视同凡品。

梅花

老树丑枝，繁花冷艳，横斜于颓垣断井间，惟孤芳自赏耳。

海棠

惟铁梗一种，密木丛生，不甚高大。花作朱红色，附枝而开，绝无长蒂。署内卧房院一丛，春时颇艳。

桂花

丹、黄二种。棂星门之左，有老树一株，高逾五六丈，密影婆娑，奇香远彻。郡城中此惟极古。卧房窗外一树，仅丈许耳。

碧桃

花多白色，粉者未见。淡妆轻素，玉骨冰肌，斜倚门墙，东风一笑。

紫薇

树有高二三丈者，古干无皮，光洁有致。土人呼为紫荆，未免错认鲁公。艳如碎锦，鲜若明霞。

山栀

署后院一株，花开千百朵，树高一丈余。风送奇香，自然幽媚；晚烟晓雾，夏景宜人。子入药，其性凉，能泄火。

茉莉

瓣密而尖，其香较澹。

玉兰

城外僧寺一大株，花时未得往见。

蔷薇

人家墙院常有之，黄、白、红三色，黄者较大。

迎春

墙阴屋角，丛杂而生。黄雪离披，条长数尺。

月季

土人呼月月红。问以月季之名，多不知。高有逾丈许者，红、粉两种。

玫瑰

较北土色澹,香气无异。

芙蓉

高过檐瓦,居然大树。花一日三变,随处而生,朝白午红,至晚尤艳。所谓初日芙蓉,不如夕阳为妙。

木槿

红、白二种,丛生山野间,白者可食。

紫荆

夏开紫花,略似丁香。山路边甚多,土人不识。

绣球

花红叶厚,其植不高,与群草相间。

芍药

红粉新妆,娇如解语,白色者未见。

兰蕙

叶瘦而花小,有红色者不如建产远甚。

合欢

花如玉簪,叶如百合,而其大皆过之。初夏着花,空山无主。

萱

花未开可食。古名忘忧草。

荷花

西城垣下数塘,多粉红色。花宜晴旭,叶喜斜风。

菊花

其花甚粗,绝无佳品,惟黄、白、红三色。想见东篱秋艳,古人所见不过此耳。

茶菊

黄花如钱,一枝数十朵。自生碎石间,北地无此。

秋葵

娇花瘦叶,高出短垣,秋色迎人,别饶逸态。

蜀葵

又名一丈红,有大、小二种,北地名蜀苴。

向日葵

园圃间多种此。熟其子而鬻之,如北人食瓜子然。

秋海棠

梗较长,花较艳。偶一见之,秋花妙品。

水仙

人家墙院石隙丛生。高逾一二尺,其根小于闽产。寒香寂寞,沁我心脾。

石竹

与北土无异。土人不知本名,呼刷把花,象其形也。

凤仙

阡地无顶头凤,土人名指甲花。

鸡冠

黄、紫二色,人家墙下常有之。

雁来红

深秋冷艳,红紫宜人;滴露含烟,山家风趣。

蝴蝶兰

自生山野间,初春作蓝花,翩翩自喜,土人呼马兰花。

草茉莉

多紫色者,俗呼胭脂花。

翠雀

与凡草相间而生,土人不知名。

蚂蛉花

叶细如萱，一茎十余朵花，作杏红花瓣，小而有黑点。此京师俗名也，土人不之知。

龙爪花

挺然一茎，高二三尺而无叶。盛夏作花形，如北土晚香玉。数花攒为一朵，各出长须二寸许，花皆朱红色，姿态横生，娇艳可赏。冬时出长叶，如水仙。山坎丛生，本名无考。其花拟晚香玉，不如拟金针，俗名其根为山蒜。

果实之属

桃

花色鲜红，艳于北地，一树能开二十许日。土人不善接植，故实小而不甘。花时，群树一望如霞，颇有山居之乐。

杏

花、实与北土无异，惟无八达种耳。未熟时，土人呼为梅子，误甚。

李

凡青、紫、黄三种。青者名同果李，甘美多浆，极佳之品。次则紫色者，名鸡血李，亦可食。最次则黄者，大小二种，味皆涩。

桃李

其形大如桃，其核亦如之。色紫，无霜味。与李等为北地所无，异种可爱。

梨

青、赭二种，坚而多渣，逊北产远甚，土人名曰窝梨。以上数种，花时皆有可观。

以上数种，花时皆有可观。

橘

质小而皮红，如温州种，然一树可结三四百枚。

柚

树高二丈，实大于壶，一树多者凡得二百枚，剖而食之。中有红、黄之别。

柑

京师呼为橙，与新会种无异，土人又名黄果。署中卧房院一株，高过丈余，夏秋结实，深冬遍树垂垂，皆黄金色，可爱之至。凡得二百余枚，腊月摘而食之，香美无比。

香橼

土人呼为麻柑皮，作丹黄色，似橘而微酸。以上数种，皆夏初开白花，其香酷烈，比美山栀。冬月果熟，惟土人喜青时食之，谓酸者胜甘，口之于味，不同如此。

枇杷

冬初结子，小而绿，夏初果熟。其品逊江浙所产，稍嫌味涩。上房后院一株，倚墙而生。叶长而厚，木性至坚，入水则沉，叶入药能清肺止嗽。

石榴

凡二种，一花大而无实，其实者花小而瓣稀。一树之多，得二三百枚，枝条长茂，如大树然。

核桃

较北土实小而坚。多三棱者，土人名孩头。

木瓜

较曹州所产略小，土人售者皆青色。

佛手

与京师所售无异，无小种者。

樱桃

味如仙露，形似明珠，实美而甘，丹丸可喜。

牛奶

似樱桃而尖，色如浅赭。土人名牛奶，象其形也。

葡萄

青、紫二色。二堂后一株，土人称美品，不如北土远甚。

林檎

北人名沙果，土人名花红，较北产稍坚。

柿

青者甘脆，地暖味变，红则不适口，无磨盘一种。

君迁子

《文选·蜀都赋》平仲、君迁，皆木名，注缺。按司马温公《名苑》：君迁子，如马奶，俗云牛奶柿也。见《丹铅录》。今石阡山径丛生小树，其叶如桂子、如牛奶，俗名野柿，色味皆与柿无异。黔、蜀接壤，故宜有此。

无花果

与北土无异，本名不可考。

枣

青者尚可食，而味不甘，红则如柴矣。

栗

与北产无别。土人名曰板栗，其树甚高大。

莲子

藕

与北土同。

百合

山谷中时见，其花娇艳可爱。

荸荠

较北产为佳，土人呼蒲荠。

甘蔗

紫皮无浆，高仅二尺，不如闽广远甚。

刺梨

惟黔省山野间有此。花、叶与刺梅相似，春开夏实，大如枇杷，形如石榴而多刺，味酸微甘，性能清热，土人取以酝酒，亦有别趣。苗民采而鬻诸市，黔称美品焉。俗作"茨"，则平声矣。茅草之属，于义无取，不如作"刺"为宜。

落花生

与北地同。叶如草决明，朝开夕合，花落土中则果生。有大、小二种。草决明，又名望江南。

米谷之属

稻

粒粗而不肥，逊江浙所产远甚。黔以稻为大宗，包谷次之，余则间一植。

糯

江米也。土人捣而为糕，或以油炸之，鬻诸市，名曰巴巴。

包谷

京师名玉米。土人以此酿酒，或作腐、作糊食之。

大麦

土人以为炒面，如北土然。或以作饧。

小麦

黏而不香，与北产迥别。当夜开花，其性阴沉，不宜多食。其色灰，故土人名曰灰面。

粟

小米也，粒小而色淡。

秫

高粱也。粒小味薄，非石田所宜，土人以作酒、醋，不如北制味醇。

荞

土人开荒山则种此，名曰荞子，北土名荞麦。

稗

土人名曰红米，可以供两餐。一名青稞。

芝麻

白、黑二种，皆不肥。亦以作油，色黑者与破故纸同功。

蚕豆

土人名胡豆。花如小蝶，角比肥蚕，严冬独秀。

豌豆

生可作蔬。以上二种皆冬种春收。

红豆

又名饭豆，如北地小豆，作豆沙用之。

黄豆

实小而员。无青豆一种。

绿豆

与北产无异。土人作面为条，名为绿豆粉，年节、喜庆则食之，并以饷客，称为美品，实北土绿豆杂面耳。

黑豆

实小于北产之半，土人以作豉并作腐。

江豆

生可作蔬，土人或风干其角以御冬。黔地多雨少晴，如麦、豆、秫、粟之类，皆非土宜，故不及北土所产。

蔬菜之类

辣椒

一名海椒。无论男妇老幼，非此不能下饭，并祀神皆用之。黔人嗜此成癖，故列为第一。

崧

白菜也。不如北土肥美。别有紫色一种，用为咸菜。

瓢菜

似崧而色深，与京师所产形异。北土所生形如瓢，故得名。

油菜

或谓即云台也。春晚花黄，野色可爱。捣敷乳痈丹毒。

菠菜

春冬可食，质短而味老，土人名甜菜。

葱

自大江以南，葱皆细如箸，阡地所产尚较肥也。

蒜

与北土无别。

芥

叶碎而根瘦。

韭

白短味老。

姜

石田所宜。土人浸以盐供下饭，一枚之大有斤余者。

芹

茎长而瘦，一名水芹。

苋

红、绿二种。红者入碗，饭变为胭脂色，黔人多嗜之。

冬苋菜

冬时始生，梗长而叶员。

萝卜

红、白二种，无绿色者，一枚之大有逾一二斤者。

胡萝卜

土人名红萝卜，根细而涩。

芫荽

短而细，入药名胡荽。

茄

紫色，长形。[与]京师白茄颇相似。

瓠

与北产无别，即匏瓜也。

壶卢

北人名瓢葫芦，味与瓠无异。

山药

土人名麻山药，性能健脾。

薯蓣

红皮者少，土人名红苕，读为"烧火"之"烧"。则再误矣。

慈姑

[与]北同。或作菇，亦入药品。

芋

与北产无别。又有洋芋一种，北人名洋山药豆者即此，实非芋也。

蕨

初生嫩叶，其屈如拳，岁歉则采而食之，其根可作粉。

南瓜

黔无南瓜，误北瓜为南瓜，京师名倭瓜。

冬瓜

瓜长员,亦有白霜,与北产形略异。

黄瓜

短而少刺,味不香脆。

丝瓜

其嫩者可食,并能入药。

菜瓜

形短,如北产,并有似甜瓜形者,用作酱菜。

绞瓜

形似北土西壶卢而小。煮熟后以箸绞之,去皮成丝。

苦瓜

一名癞瓜。南人喜食此,即吾乡癞蒲桃也。

茭瓜

京师名茭白。甘脆似冬笋,胜北地远甚。

地瓜

生土中,形员如拳,色白似萝卜。土人生食之,谓能去热。以上二种皆非瓜也,《本草》名土瓜。

茭头

形如蒜而长,用作酱菜,胜于莴笋。

莴苣

叶可生食,笋作酱菜最宜。

擘蓝

形小而尖。

金针

色黄,京师名黄花菜。

花椒

山野丛生，小树多刺。

扁豆

紫、白二种。矮屋疏篱，村居秋色。

四季豆

京师云扁豆也。

竹笋

细而不肥，夏月始生，煮而鬻之，味殊不鲜。黔虽多竹，而无美笋。

茴香

有大、小二种，并可入药。

蒿菜

根、叶均可食，与京师异味。

木耳

石隙自生，不尽在朽木间也。

菌

红、白二种，味薄而瘦，不如北地。省城有鸡踪（枞）菌一种，长数寸，尚佳，阡地无之。

木姜子

小树所生，略似花椒，土人喜食之。春时作黄花，略似桂。

野葱

根如小蒜，浸以盐水而食之。按旧志所载，有刀豆、灰藋二种，不知何物，附记于此。

药草之属

何首乌

墙垣篱落间，处处有之。梗、叶曼延，略似山药，附物而生。根如薯蓣，赤入血分，白入气分，惟大者不易得。补剂上品，列为第一。

茯苓

乡民掘土，时得之。色白，入肺甘温益脾。

半夏

一茎三叶，尖细如篁，高三四寸许。附根一子，形如大豆。

香附

叶如短麦冬，根如大枣核。调气开郁，即莎也。

茱萸

小树如椿，子如花椒，人家墙下多植之。大热，有小毒。

金银花

一名忍冬藤。遍地丛生，春时作花，初开色白，久则黄矣。甘寒入肺，泄热解毒。

枳椇子

树极高大，秋时结实，细而曲拗。味甘而酸，其香如梨，名曰拐枣，小儿喜食之。《本草》一名木蜜，俗名鸡距，蜀名棘枸。叶入酒，酒化为水。

牛膝

院落间常有之。梗之近节处，光员而凸，其形如膝，因以得名。其根为药，益肝肾，强筋骨。

桔梗

其实，根也。形如荠苨，味苦者，良肺经要药。

皂荚

署后院有大树一株，高逾十丈，阴遮数亩，干围八九尺，其叶似槐多刺。深秋角熟，居民摘而去者，可得百余筐。黔人洗面，不知用胰，惟用皂角，浸水以供沐浴。

龙胆草

遍地皆生，土人治跌打、狗咬诸伤，摘其鲜者嚼而敷之，其效甚著。泄肝胆之火，去下焦之热。

夏枯草

遍地丛生，至夏而焦。能补阳，散结，消瘿瘤。

车前

芣苢也。冬夏皆生子，可入药。行水，泄热，凉血。

紫苏

紫、绿二色，子、叶、梗皆入药，发表散寒。

金灯

较北产实小，北地俗名红姑娘。能清热。

青皮

形如小青橘。疏肝泄肺，破滞消坚，除痰化痞。

牛旁

叶大可喜，如北土独脚莲然。一名大力子。

山查

南查也。泄滞消积，散瘀化痰。

益母草

叶小而花红，与北土叶多歧者稍异。一名茺蔚。

石菖蒲

石之阴处多生。开心孔，利九窍，明目发音。

艾

蒲艾之类，与北土无别。

萆麻子

俗呼大麻子者是，并可为油。一株能生二三年。阡地多暖恒雨，草木经冬不萎者颇多。

五倍子

生树间，并可染皂。涩能敛肺，寒能降火。

牵牛

黑丑也。有蓝、红、白三色,花大。泄气,分湿热。

沙参

大如干萝卜。皮作土色,轻松而内白者真。北地所用伪品,黔人名明党参。清肺养肝,兼益脾肾。

莺粟

土人获稻登场,将田水放出,即种鸦片,明年三四月间割其实以取膏。花红白者良,紫黑者低。黔人以此为生,贩之闽、粤间,大宗也。故余谓"烟熟则有钱,稻熟则有食"。土人无他志矣,积习相沿,挽回不易。其余土产,概不经心。壳可入药,子可为油。《本草》名丽春花。

仙桃草

叶如小蒿,子如青豆。治跌打损伤颇效,见《验方新编》。夏至前采之,内有虫,可接骨,过期则飞去矣。

胡麻草

形略似紫苏,能避蝎。黔地独无蝎者,以此利脾胃。

木贼草

土人名接骨草,北人名错草。发汗退翳。

木通、通草

旧志有通脱一种,或谓即此也。按《本草》:木通,古名通草;通草,古名通脱。

枳实、枳壳

功能破气,气行则痰行,止喘消胀。

橘红、陈皮、橘核、橘络

行气之品,补泄皆宜。

葛粉、葛根

解肌升阳,散火除烦。

桑叶、桑白皮、桑寄生

各树皆可寄生，能成大枝干。坚肾固齿。

竹茹、竹叶

茹开胃而清肺，叶凉心而除烦。

厚朴

民间种朴，三四年后剥其皮，鬻于蜀，紫油者良。

黄连

大苦大寒，入心泄火。

芎䓖

补血润燥，行气搜风。

大黄

大泄血，分泾热，能下有形积滞。

贝母

润肺清痰。

麦门冬

补肺清心，泄热润燥。

柴胡

发表和里，散火升阳。

天南星

燥泾祛风。肝脾肺要药。

知母

上清肺金而泄火，下润肾燥而滋阴。

黄柏

泄火补水，润燥滑肠。

黄芩

泄中焦实火，除脾家泾热。

苦参

补阴益精,养肝胆,安五脏。

诃子

开胃调中,治腹胀、气逆诸证。一名诃黎勒。

防风

发表,去风,胜湿。

枸杞

其根即地骨皮,叶名天精草。

荆芥

一名假苏。发表,祛风,理血。

地骨皮

甘淡而寒。降肺中伏火,泄肝肾虚热,凉血而补气。

五加皮

辛,顺气而化痰苦,益精而坚骨,温祛风而胜湿。

苍耳子

卷耳也。发汗散风,除湿去痒,能通上下。

蛇床子

益阴补肾,治阴痿、阴痛、阴痒各证。

酸枣仁

甘酸而润,专补肝胆,助阴气,坚筋骨。

金樱子

苦以泄气消痰,酸以敛肺降火。似石榴而小,多刺。

五味子

益气生精,补虚明目,强阴涩精,退热敛汗。

按:川、广、滇、黔,世称产药之区,阡地药类甚多,惜不能遍识。即其真知者,列于右,其余从阙。

鸟兽之属

锦鸡

似雉而差小，羽兼五采，金碧辉煌。

雉

野鸡也，与北产同。时飞鸣草木间，喜食半夏。土人探穴，得雏育于家，与小鸡无异。毛作黑黄色，大则文采可观。或得其卵以家鸡抱之，小者名野鸡娃。

鹭鸶

云影波光，孤飞一白，癯形瘦态，不受纤尘。

鹄

形似鹭而较肥，喙、足皆黄，北人名信天翁。

鹰

健翮盘空，飞而食肉。京师呼鹞鹰，土人呼石鹰。石读为挨，故石头曰挨头。

鸽

与北产无别，惟绛色、杂花两种耳。

斑鸠

色灰紫，形与鸽同，声音重浊，其拙可知。

鹞

质小于鹰，可以搏雀。

杜鹃

形色皆似八哥而灰，其声为"不如归去"。春时始来，土人呼为阳鸟。遗恨千年，空抛血泪。

绶带

朱喙褐身，顶翘翠羽，茂林修竹，翔集多姿。

练雀

红、白二种。两尾飘飘,飞时有致。

黄莺

喙足皆赤,娇色可人。其鸣为"脱却布裤",每当晓日初晴,雌雄相应之声,入耳可听。

画眉

山洞间常有之,苗民得其雏售于市。性尤善斗,土人以争胜负。有双抱、单抱、扯脚、扪丝诸名目。

八哥

有黄嘴、黑嘴之别。翅间有白羽,飞时则见。其黑嘴者,土人名洞八,一名牛矢八,不如黄者舌巧。

鸬鹚

鱼鹰也。渔舟群蓄之,形略似凫而色黑。

竹鸡

喙长尾秃,形大于鹑。

喜鹊

土人名鸦鹊。

乌鸦①

土人名老哇。别有白项一种,名寒鸦。

燕

春来秋去,结垒梁间,与北土所见无异。

鸥鹈

质小于北。

---

① 案:原文作"雅"字,应是"鸦"字,据改。

鸺鹠

似鸮而尤小，土人呼猫头鸟。其音如休留，因得名。

鱼翠

朱喙绿衣，性喜食鱼，一名鱼虎。鲜妍毛羽，宜人画图。

桑扈

一名窃脂，俗名蜡嘴。

布谷

大如鸦，灰黑色，北地俗名找姑。初夏则鸣。

割麦插禾

以声得名。

鸥

水面有白鸟，状似凫，土人名为鸥，姑存之。

麻雀

京师呼为家雀。

黄头雀

似麻雀而小，灰赭色，性善斗。土人名黄豆雀，音之转也。又名忙豆崽，不可解矣。

乌春

其音清脆，似八哥而较瘦，喙、足皆深紫色。亦有金喙黄斑者，名金乌春，声尤可喜。

四喜

形如喜鹊，大于画眉。生檐瓦墙穴间。春时能作数种声，冬则喑哑叉叉然，不堪入耳矣。

青冠

形似画眉，顶有黑毛一簇翘立，飞时则鸣。

水鸦鹊

形较长于四喜,顶白而员,双尾如剪。其性喜浴,因以得名。

沙和尚

黑喙褐身,形如北地松鸦。两羽鳞鳞然作翠绿色,巧于学言。

抚不浪

色皆平果青,京师名虎不喇,皆俗名。

铁弓鸟

鸟读为刀之上声。形如八哥而稍大,金喙金距,目深红而有光,性能搏雀,恶鸟也。

土画眉

形同画眉,色深而头黑,不善鸣。

朱砂雀

大如麻雀,毛羽朱红而有斑,类珍珠鸟也。

高粱雀

形如黄头雀,乌头白项。

天麻雀

形如麻雀而略小,项下作淡青色,有斑,音甚高。

黄斑雀

形小于画眉,自项以下多黄朱斑,色甚艳。

黑斑雀

形似京师吱吱,黑而背灰。

青雀

与北地白眼树叶等相类,雀之极小者也。

鸡

与北产无异,土人名其雏为鸡娃崽。

鸭

大江以南多湖鸭，纯白者甚少。

鹅

白色者大，与北产无异。花者绝似雁，小于白鹅。

虎

黔音读为抚，俗名大猫。黔地皆山，时有虎出，猎者得之。一虎之皮，其直不过数千。首无王字者，质较小，或谓为彪。土人得虎，全骨制为胶，服之壮筋力。

豹

黑质白章，南山隐雾。牙爪之利，炳蔚同功。

豺

形类苍狗，故土人名野狗。子时于深夜群出，其声如号，闻之凄惨，窃人家羊豕食之。

鹿

黔地茸麝，其价皆廉于北地，而茸不及也。

獭

生山洞间，其形如猫而色苍。渔者蓄之，性驯甚。船有小木箱，内横置瓦罐一具，獭欲睡则伸其头入罐中，醒而出，伏舟边以待鱼，故土人名鱼猫。

猴

去城十余里，洞中常有之。时群出浴溪涧间，抱子而行，恩情如见。

兔

《本草》所载，小儿食兔肉不出痘，出亦较稀。

马

小于北地，登山能捷。阡地无骡、驴，民间或一见之，皆自远来，故不录。

牛

小于北产。其形如大犊，角更短，土人呼黄牛。

水牛

其色深灰，角长而质大，耕水田必用之。夏日卧水中以避暑，则昂其首焉。

羊

黔地皆胡羊，毛直而髯长。有黑、白、黄三色，质小而膻，不堪入食。

山羊

野产也。苍白花，小于胡羊，长蹄钩爪，能上悬崖。

猪

大江以南多花猪，至黔则黑者多矣。妇女背负一筐，向山野间捡蒿菜之属，归以饲之，名曰打猪菜。故其肉粗而不香，土人呼曰肥猪，虽瘦者亦然。

野猪

形大于猪，性喜害稼。土人捉而食之，重或四百斤，其巨者至六百斤。

刺猪

色黑、白相间，两牙出唇外，鬣甚利，能飞以刺人。土人得之，为顶簪，粗如箸，荆钗寒俭，此尤过之。

狗

两耳多翘，土人名其子曰狗崽。

猫

凡民间所蓄，多梨花猫，间有黑白色者，百不一见。饲以薯蓣①，干瘦殊甚，不如北产肥洁可爱。黔人养猫，皆缚以细绳，坠以木板，防其

---

① 案：原作"薯预"，文中多处作"薯蓣"，据改。

远去被窃。一猫之直，可得数百钱，少而难得。土人名其子曰猫娃。

竹鼬

旧志所载，不知何物。

虫鱼之属

鲤鱼

口短而宽平，与北产形异，土人名石鲤鱼。石读挨。黔地水浅鱼稀，石泉所产，其味不鲜。

青鱼

似石鲤，口尖而色黑，其长盈尺。

白条

细长而鳞白，大五六寸许。

鳜鱼

形与北产无别。

甲鱼

土人多嗜此。

旧志有尾鱼，今不可得。

蟹

溪涧中偶一见，不可食。

蝴蝶

地多花木，故蝶亦较多。浅绿深黄，各翻新样。有纯黑一种，形如蝙蝠，小翅间浓翠一点，其大如钱，左右相映，文理精妙，实为北地所无。灵奇造物，育此微虫，翠墨斑然，画师阁笔。

蜜蜂

阡地产蜜，故乡民多蓄之，或穴于空心树中。

黄蜂

土蜂也。有紫色一种，其形尤大。

蛾

花开所见，有较蝶尤大者，色灰而喙长，能吸花露。

蚕

红、白二种，白者食桑，红者食青杠。土人养此，不甚经意。

蜻蜓

惟红、黄二种，无大而绿者，土人名点点毛。

蟋蟀

四月即鸣，十月而止。地气之殊，于此可见。

油葫芦

此京师俗名也，亦蟋蟀之属。

金钟

此京师俗名也。以上二种，土人不识。

络纬

青、黄二种，形如北地蝈蝈，而翼长于身，土人名为纺花娘。露草烟莎，繁声急响。

蝉

四山耸翠，万树笼青，长夏午晴，一声林表。

螳螂

有黄、绿、紫、黑四种，土人名猴子，北地仅黄、绿二色。

蚂蚱

黄、绿二种，有尖头、员头之别，皆蝗属。绿而员头者，土人名抓母，黄者名油抓母，尖头者名千担科。抓母，疑蚱蜢之转音。

萤

惹草黏花，一星幽火。

蛙

形大而声异，土人名其麻，又名克麻，盖蟆之音转为麻。

螺

水边石隙皆有之,石阴经雨生者,其细如锥。

蛤蚌

水多沙石,故宜有此。

蛇

山居多雨而地湿,故多蛇,有长丈余者。

蜈蚣

大有尺许者,行时籔籔有声,土人以竹片插其头尾,鬻诸药肆,即金头蜈蚣也。

蝙蝠

生山洞,间有较大者。北人俗传鼠食盐化为蝠,不尽然。

催米虫

形如大蜂,秋初鸣树间,人谓其催稻熟也。

皂角虫

形似蟋蟀而大甚。头之前从生两戟,前长寸许,后二寸许,戟之尖各分四歧,其形怪异,故特纪之。

货殖之属

茶

乡民多植茶。雨前采者,为最上品,不逊于浙产龙井。黔省所售皆阡产,名石阡细茶。纤如雀舌,美比龙团。松火山泉,一瓯青碧。

茶油

夏秋结子,形如大红枣,土人取以炸油,民间皆食之。山茶花,另是一种。

桐油

树大而阴浓,叶作黑绿色。秋初结子,形如大核桃,取以炸油,名之曰油树。叶如秋海棠,背有紫筋。

柏油

乌桕也。树大而叶密,取子炸油以作烛,北人所用素蜡即此。

漆

树似椿而多节,土人以刀斫其干为横画,嵌大蚌壳于内取浆,出作黄白色,即漆也。山路间望其树多刀痕者,知为漆树矣。

蜡

蜡树极高大,古干多瘿节,叶瘦而条长,夏开小白花,遍树颠。树有虫,遗矢枝叶间,取而炼之,即白蜡。蜡树凡二种,一为冬青,一似椿榆。

蜜

土人精炼蜜,味甘而色白,价廉于蔗糖,名曰蜂糖。

黄蜡

蜂蜜之。[①]《本草》谓能续断绝伤。

烟草

园圃间分秧种之,其叶为烟,花开粉红色,如小铃也。黔省所产,以贵定县为极佳。

灯草

有草生直条,剖其中为灯心。黔省途路间,见有货茶叶、灯草者,问之皆阡人。

蓝靛

乡人取花沤之则为靛,以染布。

松香

松根凝结,光润如脂。

麻

短而黑,沤而捣之则色白,土人纺为线。民间多用麻线。

---

① 案:原文如此,似有脱漏。

棉

土不宜棉，地尤多雨，故花小而无力，较北产迥异。其子为油，可然灯。阡地妇女多善织带及织小布。

雄黄

土人鬻于市，块或数十斤。山精地脉酝酿而成，质重且坚，丹黄生色。

硝黄

山多产磺，禁之严，土人偷采之，即硫黄。

铁

土人偷采，炼之不精，形作方块，名曰毛铁，斤直二十钱。

煤

炭

以青杠木烧者为佳，余木不能耐久。

石灰

均与北产无异。

皮纸

去城数十里，有小河名曰纸厂河，居民皆业此。其纸之厚者与高丽同，薄者灯花类也，惜篇幅太小。

竹笠

黔地多雨，男妇出门皆戴笠而行，晴则可遮日，盖一物而两用。场市鬻者颇多，其精者上黄油挂红里。

草鞋

稻梗织成，赤其脚而缚之，以便行路，冬夏皆然，着鞋袜者无几。北人乍见，嫌其不雅，土人囿于习，恒以自夸。并有鬻猪草鞋者，乡民来城卖猪，恐山石折缺其爪，皆为之着鞋以行。真创见也。

竹器

如筐、筥、席、箔之属，皆以竹为之，业此者称篾匠。

陶器

如砖、瓦、盆、盎之属，皆有之，惟作壶无。盖民间呼为罐罐，盆则呼为钵子。土人所烧粗碗，则呼为土钵子，多黄、黑二色。

按：阡地土产，如油、茶、漆、蜡之属，皆美利所在，土人溺于种烟，概不经意，可惜也！

附记青杠典故

青杠本名橡，结子形如马料豆，初作绿色，熟则黄，岁饥则乡民采而食之。《杜工部集》"身经离乱，负薪拾橡"，即此也。

补遗

卫矛

小树也。按《本草备要》，一名鬼箭羽。性苦寒，破陈血，通经络，落胎，杀虫。干有三羽，叶似野茶。署之二堂后蒲桃下，有小树一株，枝柔而叶尖。每枝出三四棱，如箭之羽，作赭色。秋后结子如豆，即此也。此树人多不识，今阅《本草》始知之，不胜欣喜。俗名娑罗树。

钟乳

岩洞穴中，石髓凝结而成，下垂而亮，形如冰箸。《本草》谓强阴益阳，通百节，利九窍。

谷精草

收谷后荒田中生此。叶似嫩秧，花白如星。

刘寄奴草

一茎直上，叶尖而长，花如小菊，白瓣黄心，花落有白絮飞起。《本草》谓能破血，止金疮伤。

紫花地丁

细叶如柳，夏开紫花如小菊，花落生小角。

蒲公英

叶如莴苣，花如小菊，落后起絮，茎有白汁。上二种皆治疮证。

大气草

俗名也。高或三四尺，一枝十余叶，对生如椿。其根出土蔓延，夏开小白花，秋结员子，形如玛瑙珠，累累枝上，红润可爱，野鸟喜食之。土人采其根叶，以治风湿肿胀，不知《本草》何名也。

马齿苋

遍地皆生，与北地无异。见《本草》。

水鸦子

北地俗名哇。去声。子，其形如鸦而灰色，喙较长。土人谓其鸣则欲雨，北地亦有是说。

蜡梅

署后墙外山坡，自生一株，高逾丈许，色淡而心紫。仲冬开花，满树离离，以千万朵计。冷意寒香，袭人襟袖。

啄木鸟

每至秋冬落树间，辄闻有声丁丁然。

阴沉木

多年大木，沉埋水土间，经山精蕴蓄千百年后，则为阴沉。香气如兰，其色青灰，坚润如铁，永不朽矣。民间掘土时得之，滇境尤多。

鹳

水鸟也。其形与鹄相似，惟喙、足皆黑，背作苍黄色，土人谓其鸣则欲雨，与东山诗意正合。

青菜

形与北地箭杆白略略同。色深绿而长大，根如细萝卜。秋时贩之镇远,用作酱菜,名道菜焉。

商陆

俗名山萝卜,根大如薯蓣,大叶丛生,粉花黑子,随处而生。居人采其根,熟而食之,谓能养血。红、白两种。

辛夷

即木笔花。形与玉兰相似,花作紫色,三月间盛开,俗名茄包花。

杜鹃花

花作朱红色,俗名映山红。暮春作花,满山秾艳。

扁竹

略似胡蝶兰,而花繁色浅。

蒙子树

狸狠

侯栗

金丝桃

华槁

柞

验方随笔记

理中汤

白术、东壁土妙①二两。人参、炮姜、炙草。各一两。

每服四钱,治伤寒、太阴病、自利不渴、寒多而呕、腹痛粪溏、脉沉无力、吐泄等证。

如泄而腹痛,加木香。不痛而利多及口渴者,加倍用白术。术能益气、渗湿、生津。倦卧沉重,作利不止,加附子。腹满胀者,去甘草。

---

① "妙",应是"炒"。下同。

呕吐，去白术，加半夏、姜汁。脐下气动者，去白术加肉桂。心悸不眠者，加茯苓。

人参补气益脾，白术健脾渗湿，甘草和中补土，干姜温胃散寒，以脾土居中，故曰理中也。大致参、术、姜、草、木香、附子、肉桂、半夏、茯苓、生姜，十品必备。

人参养荣汤

人参、白术、炙耆、炙草、陈皮、桂心、酒当归、各一钱。熟地、五味、炒杵。茯苓、各七分。远志、五分。白芍、一钱五分。姜枣煎汤，治法略与前同。如气血不足及年老者，宜常服之。

归脾汤

人参、白术、土妙。茯神、枣仁、炒研。龙眼肉、各二钱。黄芪、二钱五分。当归、酒洗。远志、各一钱。木香、炙草、各五分。姜枣煎服，治思虑过度、劳伤心脾、食少不眠、气血虚损各证。与养荣汤大略相似，老年者宜常服此。

六味地黄丸

地黄、砂仁、黄酒拌，九蒸九晒，八两。山萸肉、酒洗。山药、各四两。茯苓、丹皮、泽泻。各三两。蜜为丸，加肉桂、附子、车前、牛膝，凡十品，名金匮肾气，专治气血亏损各证，妙剂也。

七宝美髯丹

赤、白何首乌、各一斤。米泔浸，竹刀切片去皮，用黑豆打碎拌匀，砂锅九蒸九晒，忌铁器及诸血，无鳞鱼、莱菔、葱、蒜等物。云茯苓、洒当归、甘枸杞、兔（菟）丝子、各半斤，俱酒浸。牛膝、半斤，酒浸。同首乌、第七次并蒸，晒凡三次。破故纸。四两。炒黑芝麻炼蜜共为丸，盐汤下或酒下均可。添精补髓、养血祛风，强筋骨，乌须发，令人有子，为滋补良药。气血太和，则百病皆除。昔唐人五十八岁而无子，服此七日后生数子。

一切虚损及思虑伤脾、饮食不畅、夜不能眠、精神短少、颜色干燥、面容不光、内伤外见诸证,照以上数方酌服,必效,无能出其范围。

一切疮证

用芙蓉花叶、根、皮皆可。鲜则捣而敷之;干则为末,蜜调涂四围,中留头。干则频换。初起能消,已成脓出,已溃能收。外料秘之,名为清凉散、清露膏、铁箍散,皆此物也。极效。

惟北方芙蓉不易得,宜收干者备用。

接骨法

用杉木烧炭研细末,先用白沙糖蒸化,将炭末和匀,摊纸上乘热贴之。无论筋骨断折,一二贴后必愈。忌生冷发物。杉木,即沙木。

又古钱烧红,淬好醋内,凡七次。研末酒服二钱,重者三钱,其骨自接,奇方也。

止血急救方

用瘦猪肉切薄片,贴破口上,其血立止;或猪皮亦可。此备仓卒无药,救急之法。

治汤火伤神效方

平时用秋葵花,以麻油浸之,久则其花融化尤妙。敷患处,即刻止疼,且免肿腈。

余在京师,种秋葵数十株,每年摘花浸油,施治甚多,皆见奇效。

玉真散,一名附子散

白附子、十二两。明天麻、羌活、防风、生南星、姜汁妙。白芷各一两。六味研极细末入磁罐封固,端治跌打损伤,敷之奇效。甚者热酒冲服三钱,功在七厘铁扇之上。受伤重者,急用热酒冲白沙糖二三两,灌入可免瘀血攻心,亦要方也。

目疾神方

甘菊花、甘枸杞共为细末蜜丸,每晚服三钱,永无目疾。

虞雍公道中冒暑弥月,梦至仙居延坐,见壁间有词,云:暑毒在脾,湿气连脚,不泄则痢,不痢则疟。独炼雄黄,蒸饼和药,甘草作汤,服之安乐。别作治疗,医家大错。如方服之而愈。

鹿性纯阳,多寿,又多食良草,故其角、肉食之有益。西蜀道士"货斑龙丸歌"曰:"尾闾不禁沧海竭,九转灵丹都漫说。惟有斑龙顶上珠,能补玉堂门下穴。"盖用鹿茸与胶霜也。斑龙,鹿别名。以上二则皆见《本草备要》。

三香散

荆芥、四钱。檀香、降香、沉香、细辛、各三钱。郁金,十钱。或共为细末,或炼蜜为丸,勿令浅气,专治七十二种痧证、霍乱、转筋,神妙无比。凉茶吞服一钱,重者二钱,不宜多服;小儿减半。

霍乱、转筋入腹

吴茱萸、二分炒。酒二杯煎服,分二次服之即愈。

胎衣不下神效方

鸡头米叶一个,煎水一杯,饮之即下矣。叶整则衣整,叶碎则衣碎。相传如此。惟其叶甚大,不必煎透,取其性足矣。

戒烟四物饮

赤沙糖、一斤。生甘草、一斤。川贝母、一两,去心研。老姜,四两。先用烟灰五钱熬膏,再用前药同熬,去渣成膏。如瘾一钱者,食药五钱,逐日减少,并时饮赤沙糖水即断,不可轻视。

又倭瓜藤取汁,调红糖饮之,亦效。

已断之后,常食倭瓜,免生别病。秘方也。

治竹木刺方

牛膝敷效。吾乡有人因劈柴,木刺入眼,其痛难忍,目不能开,乃检方书,用牛膝嚼碎敷之,次日即愈,视药中木刺在焉。

叶氏养胃方

治胃虚,少纳谷土不生金,音低气馁。麦冬、生扁豆、玉竹、甘草、桑叶、沙参。此方生谷芽、广皮、白术、石斛、乌梅俱可加入，如燥加甘蔗汁，无蔗改用冰糖、白糖亦可。

八味大建中汤

黄耆、当归、桂心，即桂枝去皮，非肉桂之心。酒芍、人参、炙草，各一钱。制半夏，炮附子。各二钱五分。每服五钱，加姜三片、枣二枚。

大便下血方

荸荠汁、藕汁、好酒各半盅，空心温服，极效。

肾囊偏坠神效方

绵花子一撮煮水，置磁罐内，将肾囊对罐口薰之，数日必愈。

烂眼边神效方

雄猪板油二两、炼融。川椒，三钱，去子，要开口者，并去蒂。入油内炸焦，将椒滓去净再用。铜绿五钱。合猪炼膏，候冷。临睡时点眼边，三五次必愈。

孟继埙《夜郎吟》^①

天津孟继埙志青甫初稿

岁暮感怀四首丙申

山城宦迹阻南天，乡国迢迢路八千。北望京华空感旧，东来春色又迎年。

愁怀困我形骸减，远道惊人岁月迁。老至那堪抛骨肉，萧骚白发近盈颠。去岁来黔，未及百日，内子、大儿相继病殁。

历遍江湖作远游，荒衙岑寂守夷州。浇风力挽才无补，长日虚抛岁已周。

宦兴且看山对面，客怀难遣月当头。归期苦恨淹迟甚，春水安排一叶舟。本年九月推升湖北盐法道，迄今数月之久，交替无期。

孤城一片俯临河，绕郭岚光拥翠螺。惯见羊牛来日夕，无惊鸡犬在岩阿。

---

① 孟继埙：《绿庄严馆诗存 夜郎吟》，国家图书馆藏，光绪二十二年（1896）刻本。

名祠古渡千年迹，城南二里许，温泉之左，二贤祠祀武侯、太白。故垒寒云万丈坡。城西山颠有吴三桂遗屯数处。我向天涯独凭吊，蓟门朋旧问如何。

萍踪两度换年光，岁晚羁迟古夜郎。廿载虚名感今昔，一家恨事痛存亡。

麦苗腊雪滋新绿，柳色春风透嫩黄。送我征途从此去，愧无遗爱荫甘棠。

石阡即景二十首①

郡城景物多为北地所无，花鸟新奇，林峦幽邃。公余无事，凑拍②成诗，把一切牢骚语意扫净。毫端写得无限风光，几与桃源无异。兴酣落笔，未能细细推敲，不过览物兴怀，聊作竹枝一唱耳。③

其一东

寂寂光阴类转蓬，更无群籁石城中。郡于明正德初筑土城，至万历三十八年，郡守石惟业始甃以石。倚空僧寺当窗见，绝顶人家有路通。

斜日半帘乌柏雨，晚凉一院绿蕉风。署中芭蕉数丛，高逾两丈许。每

---

① 《石阡即景二十首》又收入（民国）《石阡县志》卷一六《艺文志》，无序，第552—554页。案：《艺文志》在《石阡即景二十首》后，有教授顾履均《石阡杂咏》，可资参考：山城高处一荒衙，安顿琴书便作家。无地可栽三径竹，买瓶借看四时花。远峰倚槛联云矗，落日当窗有树遮。到晚阶前频眺望，图呈万变烂晴霞。踏青有约趁斜晖，赶集人都向晚归。稚女生涯花带带，阡俗，妇女勤纺织，小女子亦各织花带，每场期群集一寺卖之，其衣饰即能自给。将军遗爱柳依依。前都司常君于署中广植花柳，西街一带皆其墙垣，春夏间绿阴满地，遍荫行人，亦雅人也。寻芳我惜春将老，问俗谁云古已非。同上长桥看把钓，小桃红处一渔矶。
② “凑拍”，《黔行水程记》民国年间屏卢续刻本作“凑泊”。
③ 《黔行水程记》民国年间屏卢续刻本在此后有“时在光绪丁酉正月”，第26页。

逢长夏午晴，一院绿阴如幄。自从五马来南国，多少黔山望不穷。

其二先

几树修梧荫碧天，时闲一到讼庭前。大堂前梧桐四株，高各数十尺。大叶摇风，浓阴蔽日，夏午居民多纳凉树下。报衙吏少民无事，喜雨人多岁有年。

橘柚送香花作瘴，橘柚皆大树，四五月间开小白花，其香酷烈，相传能作瘴疠。棕榈如扇叶摇烟。树高一二丈，山径自生，一名栟榈。小山直上平于砥，助我登临听响泉。跨山建署，后院极高，院有小山可以望远。山上流泉终日，淙淙盘折而下。

其三麻

澹澹云阴薄薄霞，有时丝雨片风斜。喜闻莺语朝求友，每春夏间，晓日初晴，树树莺声，间关相应。怕听鹃声夜忆家。杜鹃夜啼，其声为"不如归去"。

香稻碧抽门外线，居人谓稻芒为线。刺梨红笑路旁花。刺梨、野花也，与刺梅略相似，结子如小石榴而多刺，可以酿酒。药苗三径青青色，随意春芳润露华。药草遍地丛生，惜不能尽识。

其四支

满城桃李万千枝，如此风光可入诗。方二三月间，桃、杏、梨、李之属，万树花开，如雪如霞，山城增艳。卷耳遍生新雨后，画眉偏叫落花时。

兰芽空谷无人问，兰生山谷间，三月作花，名曰"送春归"。莎草横塘有梦知。莎，香附。更喜园林消夏处，一株香玉放山栀。①后院山栀一

---

① 《石阡即景二十首》之第二、第四首收入《晚晴簃诗汇》卷一六五《孟继埙》，题为《石阡杂兴》，无注，第7204页。

株,老树也。长夏繁花,其香如海。

其五微

为适闲情坐钓矶,小池新碧衬苔衣。后院池塘两处,垂柳成阴。余蓄鱼其中,偶至池边,鱼苗点点可喜。绿杉风动梢千尺,杉木自生山岭,亭亭直上,其木多刺。皂荚烟笼干十围。院有皂角树一大株,黛色参天,阴遮数亩。[①]

鹿过野桥穿竹去,猿寻仙洞采苓归。群山忽送朝来爽,趁取晴光览翠微。

其六删

五老山前挂榜山,拓开人境两山间。两山相对,中为郡治。立锥塔影峰孤耸,文峰塔在北门外四里许,万历四十五年建。孤标河上,高入云端。漱玉泉声水一湾。

涧底泥融春雪足,渡头船稳夕阳闲。忘形鸥鹭烟波侣,日与鸬鹚共往还。

其七阳

占尽清闲是此乡,地偏人欲傲羲皇。云迷栈道春阴重,日永壶天午梦长。

白石捣衣沙岸水,民间浣衣多就门外沟渠或河岸之侧。红窗春米夜灯光。春米多在灯下,皆妇女辈为之。牛郎化作山中树,嫩绿丛生护短墙。小树,略似马缨,枝繁叶细,绿意婆娑,民间多植墙下以护院落,名曰"牛

---

① (民国)《石阡县志》卷一九《杂志》载:"公署内有皂荚一柯(棵),根大三围许。"第571页。

郎剌"。

其八齐

温泉直北板桥西，城郭依山四望低。龙底河边花映水，郡城前临大河，曰龙底河，居民河干凿塘以种莲，夏日花开，红白相间。羊义路上柳盈堤。城南数里有狭岭，纡回盘折，俗名"羊义路"，盖"羊肠"之讹。

闲牛引犊浮波去，娇鸟怜雏隔叶啼。多少秋光深院里，芙蓉高与画楼齐。芙蓉皆成大树，高过楼檐，一树花开，日或数百朵。

其九萧

倪迂画意为谁描，景物苍茫入望遥。岩窟仙踪云外宅，太虚洞为黔中第一景，在南门外燕子岩。洞凡三层，中有大士像及钟鼓、花木之属，自天生成。石阑人话水心桥。北门外大石桥，工甚修整，跨水长虹，形如飞渡。

雨侵薜荔青如洗，霜冷枇杷翠未凋。寄语垂杨应再绿，早将飞絮送征轺。

其十灰

松间石上扫莓苔，饱看青山日几回。鸟为插禾迎夏至，每夏初，闻"割麦插禾"禽言。虫知催米报秋来。有虫如小蝉，七八月时，飞鸣群树间，名"催米虫"，稻将熟也。

悬空瀑布千寻落，排闼云屏四面开。不负宦游辛苦意，万峰相对一衔杯。

其十一青

野田凹凸趁山形，"凹凸"，音坳突，又音洼垤。种豆分秧处处青。兰若上方安氏业，五老山之腰伴云寺，昔为土司安氏别业，有望江楼诸所在，雄

据一方,今废为僧寺。^①棠阴遗爱赵公亭。赵次珊廉访前守石阡有政声,居
人为立生祠,曰"赵公亭"。^②

丹砂穴孕陂塘暖,温塘在城南二里许,泉生石隙,其气如蒸,居民建房其
上以供沐浴。按杨升庵《丹铅总录》:"凡温泉所出,其下必有丹沙、硫黄之属。"
金粟香连俎豆馨。泮池之左有老桂一株,高三四丈,每值仲秋丁祭,花开满
树,香溢宫墙。狖鸟蛮花无限好,蔚然佳气地钟灵。

其十二侵

振衣千仞快登临,平视尊前点点岑。路指花桥碑有字,城内某巷
口有石碑,刻"花桥大路"四字。洞连苗寨树成阴。花桥、苗寨,皆地名。

夜郎故国无秦汉,郡为夜郎故地。仙客长流自古今。城外龙川渡,为
太白当日所经,故老传闻,见之郡志。遁水不知何处所,空留慈竹碧森森。
案《夜郎传》:昔有女浣遁水,见大竹流至足间,其中有声,剖之得小儿,归而养
之,以竹为姓,长即夜郎王也。

其十三蒸

高阁文光照上承,奎星阁在城内东南山顶,地势极高。倚阑双袖篆
烟凝。磴寻石齿盘千折,因山为磴,盘折而上,始能至阁。岚隔峰尖望
几层。

竹笠水村沽酒客,芒鞋山寺打钟僧。苍然梓漆前朝树,云表萧萧
挂绿藤。

---

① 关于伴云寺的沿革,参见(民国)《石阡县志》卷三《秩祭志》,第362页。
② 关于赵公亭的来源,参见(民国)《石阡县志》卷二《建置志》,第354页。李绍莲
作于光绪三十三年(1907)的诗《赵公亭公印尔巽,字次珊,守郡多善政,郡人士
于此亭建去思碑,立亭罩之。后人每于此饯别》言:"亭外甘棠亭内碑,饯行来此
动迟思。我公盛德推弥广,日替人间管别离。"见《小芳园诗稿》卷三,第191页。

其十四歌

林峦深处接牂柯（牁），蜀道蚕丛此若何。一线来龙分界岭，几人旋蚁陡山坡。人行山颠，望之如群蚁也。

松毛满架凉阴好，夏日凉棚皆平铺松毛于上。桊音倦。子成围宿雾多。桊子为油，可以作烛，民间多植之。谷雨节前寒食后，家家都唱采茶歌。阡地产茶，其品甚佳，凡黔省所售皆名曰"石阡细茶"。

其十五肴

门连深树屋编茅，掩映村居郭外郊。点水落梅红退粉，大树红梅，初春盛开，常见人家门巷中。过墙新笋绿垂梢。初春，笋生长至二三丈，其梢皆下垂。墙外嫩绿摇风，画师阁笔。

人因寒重犹笼火，居人畏寒，每出必携火筐，至仲春犹不释也。鸟趁春闲自补巢。山鸟经春，来自洞中，各寻旧巢补缀，为粥子计。晓起鸣驼花底路，白云如絮拥山坳。

其十六真

万山回抱势嶙峋，大斧何年劈此皴。悬崖峭壁，皆作画家大斧劈法。共井田分高下水，山田高下，未能一律，灌田之水自上而下，俗谓"上流下接"。插花壤错汉苗民。土壤相错，名曰"插花"，惟黔省有是说。

阴晴涧壑天常漏，蜀地西南多雨，旧称"漏天"。杜诗"鼓角漏天东"，今黔省名"漏天"也。[①]烟雨楼台屋比邻。皓首庞眉人寿考，欢然耕凿四

---

① 王士性（1547—1598）言贵州天气："又多蛇，雾雨，十二时天地阇昏，间三五日中一晴霁耳。然方晴倏雨，又不可期，故土人每出必披毡衫，背篛笠，手执竹枝。竹以驱蛇，笠以备雨也。谚云：'天无三日晴，地无三里平。'"见《广志绎》卷五，《王士性集》，杭州：浙江古籍出版社，2013年，第356—357页。关于贵州多雨的介绍，还可见洪亮吉：《卷施阁诗》卷一五《黔中乐府十二首·漏天谣》，《洪亮吉集》，第799页。

时春。阡地男妇年八九十者,所在长有,皆精神强固,步履如飞,至老犹勤稼事。

其十七尤

西风吹遍满山秋,万木重阴半去留。红叶晚霜凝一色,挂榜山枫林最多,秋容如画。黄柑香露缀千头。橙柑之属,当晚秋始熟。满树累累,寒香可爱。

鹰盘天外悬崖路,鸦点城边古戍楼。日暮烟光浮紫气,潺湲渠水泻寒流。

其十八鱼

几日严寒逼岁除,红添兽炭暖吾庐。晴窗飞过纤腰蝶,阡地冬寒时,与北地无异,一遇天晴,则飞虫满院。晓市穿来缩项鱼。阡地产鱼无多,头短口齐,味亦不佳。

五夜震雷惊腊尾,黔省虽严冬有雷,余于十二月秒闻大雷急雨。千家凉雨入年初。上元两夕春灯炧,民间于十四、五两夜有龙灯之戏。瑞雪平铺厚尺余。丁酉上元后大雪三日,厚将二尺,民间谓主丰年,相为庆幸。

其十九元

槲叶翻风绿一村,山家生计重鸡豚。圆轮转水田侵岸,缚竹为大轮,架之河滨,溜激轮转,取水而上,复以竹筒受水,远达于田。薄板围墙石筑根。居民造墙屋皆以碎石填筑其下,上加板壁,或筑土垣。

细捣红椒香入馔,辣椒,一名海椒,居人极嗜之。倒垂青菜晒当门。青菜,菜名也,形略似芥。居人蓄此,必悬之墙壁间,比户皆然。飞花满店无人管,樵客闲来话酒尊[①]。

---

① "尊",《黔行水程记》民国年间屏卢续刻本作"樽"。

其二十庚

四围云树绕春城，群峭摩天玉笋擎。华表名留烟外寺，南门外迎
恩寺，古刹也，有节孝两石坊夹寺门左右，甚修整。暮笳声动水边营。练军营
在城外河滨。

风飘橡子鸒鹡喜，橡木极高大，结子如小青豆，群鸟喜食之。露滴桐花
蟋蟀鸣。阡地四月即闻蟋蟀声，至冬初而止。好是禹王宫畔路，到来无那
动诗情。禹王宫在城西北隅门前，风景绝佳，青螺对耸，绿树前横，左瞰山城，
右跨河水，为夜郎之胜境，实神居之佳所。

丁酉三月，由石阡解印晋省途中口占，寄怀郡城诸僚友

河梁分袂意迟迟，两载心交几辈知。把酒临歧增别感，吟诗当日
盼归期。

途长我问来时路，政拙民无去后思。铁锁横空行不得，重安江上
雨如丝。跨重安江，有铁锁桥，人行其上，惴惴可畏。在黄平州界。

嗟余作郡走风尘，来是新秋去暮春。云水万家山太古，莺花三月
客闲身。

祇今衰鬓愁潘岳，何日扁舟载贺循。此后相思应问讯，尺书珍重
鲤鱼鳞。

连日东风透体寒，悬崖仄径望迷漫。宦游不是庸人福，老去方知
行路难。

琴峡暗听泉淅淅，瓮城高入岭盘盘。年来鸡肋真无味，输与山翁
一笑看。响琴峡、瓮城塘，皆经行处所。

奇峰高耸入云霄，回首山城去已遥。一盏昏灯人独坐，几家荒店
客无聊。

树皮盖屋排于瓦，木壳通渠叠作桥。道是不如归去好，子规啼遍
柳千条。

《贵州名胜志》中的石阡[①]

石阡府领县一、长官司三

秦黔中郡，汉夜郎县、牂柯（牁）郡地。唐初为思、黔二州境。武德四年，置夷州义泉郡，即今治也。贞观十一年，徙郡治于绥阳。五代复为蛮夷。宋太平兴国间，夷州蛮入贡，置绥阳、夜郎二县。元置石阡等处军民长官司，隶思州宣抚。洪武初，改隶思南。永乐十一年，改为石阡府。

龙山，在府城东南隅，山下有风鬼洞。知府余志《辩》略云："府后高崖曰龙山，矗耸云表。左崖畔一古洞，门敞若户，进三四丈，一洞门渐小，仅足容身。昔有人入，见其中铜鼓、金杯、银物之类甚伙。石隙中有水泻下，深潭莫测，疑有蛟龙潜之。风气逼人，毛发尽竖。春水涨漫，流至五巴寨桶口出，入于大溪，冬日则涸。岁旱，求水即得雨。大风飓发，人不能行，疑为鬼物所凭，名风鬼洞。以余言之，洞中幽深，阴淫之气胜。水亦阴气，水能生风，所以风之发有巨细无形影。谓之龙潜或者有之，谓之鬼，未之信也。"又二洞，《辩》略云："府治西

① 曹学佺：《贵州名胜志》卷四，国家图书馆藏，万历年间刻本，第2册，第62—71页。

面，两山高下相并曰崖门，崖下水流合平茫水入大溪。崖门西，上有洞，悬空，朝北，高峻莫能窥其深广。春夏间人过者仰视，其中有锣鼓声，秋冬则无声。又张家寨高山上有一洞，高险，人莫能到。春夏间亦有锣鼓声，秋冬寂然。人俱目以为风鬼。噫！洞者山之窍，其中空虚以通气，阴淫最胜，发为地风；又值洞口树木为天风吹嘘动激，其声贯入洞中，与地风相应，远闻似乎锣鼓。秋冬万物零落，无物触动，虽有风而声不作，所以寂然无闻也。"

龙洞在府西南。余《记》略云："洞在龙底江上，其山高峻，下有洞，阔三丈许，深约三里。燃炬以进，数十步有圆洞，门约三尺。又五十余步有天生桥，约丈余，桥内有石田。过桥，两石如盘，形类葵花，上有水滴盘中。其深莫测，洞内惟听水声潺潺而已。相传神龙所潜，故名龙洞。洞产奇石，大小类鸭卵，上有花纹，深碧色，俗名'醮果'。任人赏玩，不得怀归。"

龙泉县 在府西一百二十里

隋有义泉县。唐贞观十一年，改智州为牢州，徙治于此。元置大保龙泉长官司。永乐十七年，以安永和为正长官，传至安民志。万历二十八年，播酋杨应龙突犯龙泉，民志战死。及播平，改司为县。录民志一子世袭土县丞，其祖职长官与副长官朱承勋俱世袭土主簿。

腾云洞在县城北十里。平地突起一峰，四面险阻，中通一孔，仅可容人。入数十步，洞中高阔各五七丈左右，有罅通明者五。又十里，有黄鱼泉，水泛则黄鱼群出，大者百余斤。年丰，鱼出益广。

凤凰山在县东。山下有鱼子孔，口圆如盘，日出则光漾于中，其深无际，水泛，辄有青红间黄之色。前有石矶，鳅鱼满尺，常跃矶上，回旋泉窟，人不可捕。

府属土司

石阡长官司,附郭。唐为宁夷县,宋省入绥阳县,元置石阡等处军民长官司。洪武五年,杨正德以其地归附,改石阡长官司。正德本太原人,其先令公之后曰文广者,从狄青南征侬智高,克服南土,得世官,如石阡、乌罗、万山、邛水、提省、平梅皆宗之。孙智通征丹章有功,进思南都元帅府佥事。伪夏闻其名,授以思州都总管,不受。智通子即正德也,授承务郎、副长官,世袭。其正长官安景文,以永乐十四年任。景文本京兆人,祖宗诚,以隋大业二年平黔夷,授义阳元帅,在今龙泉司。至宋有安文者,与弟安武从田祐恭东平保靖,西克马湖、涪夷、擒龙川叛贼,任政隆加荣禄大夫,石阡、龙泉、葛彰、偏桥、思南土官皆其后裔。至景文,洪武三十二年,随宣慰司办事长官。永乐十一年,宣慰司革,随府办事,十四年授今职。

金鸡山,在司东。高百丈,翠微之色如沐。有黄杨山,产黄杨木,故名。

秋满洞,在治南。余志《记》略云:府南梭寨,隔岸之山,高峻凌空,下有秋满洞。洞门开敞,中有一眼通明。洞后穿过塘池寨,有平茫溪石泉长流灌田。正统间苗贼为乱,民多窜入洞内。贼不敢入,但守洞口,计必困死于内。而入穿后洞出塘池、平茫,遂皆得免。

苗民长官司,在府西南八十里。唐为洋川县,有水名洋川,今洋溪是也。宋为乐源县。洪武十年,置今司于故县治之北壁林。三十二年,以原任龙里司副长官汪得英为苗民正长官,世袭。

葛彰葛商长官司,在府南一百里。唐为都上县。贞观四年以县置夷州义泉郡,宋废,元置今司。洪武五年,以安永归附,授正长官,世袭。

夜郎县古迹,在司治西六十里。按《西汉书》:楚将庄豪从沅水伐夜郎，至且兰，椓船于岸。后以且兰椓船牂柯处，乃改其名为牂柯。《异物志》云：牂柯者，系船杙也。吉水罗伦谓：乌撒七星关水，即牂柯江源，析流为盘江，去此甚远。盖夜郎从高戎直通瓯骆，此亦所辖之地，但非其治所耳。《西汉书》云：夜郎最大；又夜郎侯问唐蒙曰："汉孰与我广大？"庄豪从沅水至且兰，乃破之，此其证也。汉武帝欲通西南夷，道不通，于是罢西夷，独置南夷、夜郎两县。此亦非县治。旧志云：晋分牂柯置夜郎，是以为晋郡。唐太白之谪夜郎者此也。

《贵州全省地舆图说》中的石阡[①]

石阡府简缺

沿革

《禹贡》荆梁南裔。周属楚。秦属黔中郡。汉属武陵、牂柯（牁）二郡。晋分牂柯（牁）置夜郎，为夜郎郡地。宋、齐因之。隋置明阳郡。唐初为思、黔二州地。武德二年，以信安、义泉、绥阳三县置义州，在今龙泉县义阳山下，并置都牢、洋川二县，寻改信安为信宁；四年，以思州之宁夷县置夷州、祈置、夜郎等十二县；五年，更义州曰智州。贞观元年，废夷州；四年，复置夷州；十一年，改智州曰牢州；十六年，废。唐宋陷于蛮。宋初为羁縻夷州。大观二年置承州，宣和三年废承州及都上诸县，以绥阳隶珍州。元置石阡军民长官司，隶思宣抚司。明改石阡长官司隶思南宣慰司。永乐十一年，置石阡府，领长官司五，曰龙泉、葛彰[②]、苗民、石阡正副。万历二十九年，改龙泉长官司为龙泉县，隶府。国朝因之。康熙二年，裁葛彰司；五十年，裁苗民司。雍正八年，裁石阡正司；今在副长官司。前于顺治十八年

---

① 贵州调查局：《贵州全省地舆图说》卷四，宣统元年（1909）石印本，第40—41页。
② 案：原文作"万彰"，应是"葛彰"，据改。

设城守营守备,雍正九年改都司。

疆域

京师中线二千四百八十三里,横距中线一千四百七十五里,直距京师鸟道二千百八十八里,陆程至京师省城北中线一百九十六里六分,横距省城中线东五百七十四里九分,直距省城鸟道一百三十七里九分,陆程至省城五百六十里。

按:各属广纵里数、四至八到,多用旧说,茫无确据。甚有以府属疆界为亲辖之地,屡催不报,姑缺以俟考。又陆程至京,多用缙绅书,州县下分驻,求一按程计里者,绝不可得。如贵州省至京七千余里,洪亮吉《乾隆府厅州县志》亦然。会典所载里数较多,或本之会典与?

天度

北极出地二十七度三十分,京师西八度一十九分,省城北五十九分,省城东二度二十三分。冬至日,出卯正三刻七分十七秒,日入酉初初刻七分四十三秒,昼四十一刻二十六秒,夜五十四刻十四分三十四秒。夏至日,出卯初初刻七分四十三秒,日入酉正三刻十分十七秒,昼五十四刻十四分三十四秒,夜四十一刻二十六秒。

山镇

阡山发脉于平越,蜿蜒数百里,石阡之名以此至。府城东十五里为九龙山,又迤东为五老峰,府治之屏障也,亦名府志山,或讹为知府山。其右为侯山,山后产煤。文笔山,城西三里,产石。挂榜山,城西五里,产煤。万寿山,城西北二十里。香炉山,城北十里,一名香炉坉,山前后产石。镇东山,城东里许。金鸡山,城东十五里。十万山,城南六里,昔杨再兴屯兵处。太虚山,城南五里,一名燕子岩。骆驼山,城西三里,又西为飞马山。琵琶山,城西南十五里,一名天马,又名云台。马安山,城西十里。纱帽山,城西三十里,一名朝大岭。黄杨山,城西南七十里。隘门山,城西南九十五里。金顺、飞凤、狮子诸山,城西南,均约百里。麒麟山,城西百五里。笔架山,城西百四十里。

水道

龙底江,城西南三里,其上源为包溪,径城东黄茅囤合大溪绕府前入思南界,注乌江。乌江,城西一百五十里,自瓮安、余庆之产门渡趋而东入府境,经葛闪渡,有余庆之白泥司佛山河北流来注之,又东经桶口渡有余庆之满溪及府属之龙底河、凯斜江、洋溪、深溪、乐回溪东北流来注之,又东为三江口,入思南大溪,即今白崖江。稍东为凯斜江,径城南合龙底江。乐回溪,在旧葛彰司南,过方竹箐注深溪;深溪,在城西北二十里;洋溪,城北十里,来自铜仁之提溪司,皆入于龙底江。新开河,城西二十里,明万历间知府郭元宾疏凿通舟。

桥十。曰迎恩,俗名寺沟,在城南。达远,俗名^①三板,在北关。八角、文星,均在北关外。水济^②,城南六十里。来宾、周惠、天生、桥板,城北三十里。启灵,旧名河下,在城西北。

渡六。曰白岩江,城南十里。洋溪,城北十里。葛门,城西一百二十里,旧设税关。龙底,在龙底江。桶口,城南一百二十里。水口,城西一百六十里。^③

坝堰三。曰戴家,城西八十里。登沙,城南二里。湾塘,城南六里。

乡镇

石阡府亲辖里七,曰江内迎仙、江外迎仙、水东、龙底;苗羊五

---

① 案:原文作"多"字,应是"名"字,据文意改。
② 案:(民国)《石阡县志》卷二《建置志》作"永济",第351页。
③ 案:(民国)《石阡县志》卷二《建置志》载:白岩渡,在城南十五里;洋溪渡,在城北十二里;葛闪渡,旧名葛商渡,在城西一百二十里;桶口,在城北一百二十里;水口,在城西南一百四十里,第351—352页。

里^①，旧属石阡长官；苗民，旧属苗民长官；在城，旧属葛彰。今并裁，分为六十五甲，共辖村寨二百六十八。

　　东乡，旧属石阡司，管村寨二十四，曰凯斜河、滥桥、三角塘、欧家湾、姚家寨、高坡、梁家坡上下、革比、松明坝、大寨、斗产、木绕、牛塘、思江岩、白水江、铁矿坪、余家沟、瓮昌坉、蒲草塘、林童下、浪甲、蛇盘溪、乍塘、磨溪坉。

　　南乡，旧属石阡司，管村寨十四，曰溪口、麻儿坪、龙底、夜蒿嘴、小长坡、白岩塘、包溪、高寨、平磨、启寨、灯旺、大小二堂、鬼洋溪、石板溪。

　　西乡，管村寨一百四十六，曰关口坪、荆竹山、罗家林、旧寨、石板溪、方家溪、白杨、叶家池、旺沟、孔石、保山、宴家湾、茶店、龙塘、琵琶沟、新寨、入小、二岩、白沙、滥泥沟、割米、李家瓮仰、鲁家沟、杉木溪、杨柳塘、荆竹园、打菜坪、罗家冲、瓮堡、董家坝、张家岩、头溪、许家山、野毛渡、茶溪、瓮家坝、乐桥、文现湾、纱帽山、邹家堰、赵家堰、古爽、岩底、彭家、水口、中泽、深溪、中下寨、水岩头、地桶，以上五十村寨旧均属石阡司。曰徐家瓮、要溪、雷洞、望香岩、蜡水桥、曹家坪、草里河、石家、袁家、山岩头、米家坝、蓝家寺、迎仙峰、正阳坝、韩村、龙塘窝、抵水、古楼坝、板桥、花水、余家湾、李岩井、黄白湾、枫香岩、土溪、土屯、长山、马头山、黄鱼塘、石离门、洞上、马老山、鱼跳、黑水、三碗种、五条溪、受水、打磨溪、襄川、祖石溪、苗寨湾、水田沟、大堰塘、唐家、犰哩、谢家、翁开、指甲坪、安签冲、火烧庄、石坎、小坉、葛栗、涂水溪、白记、土黄、陶家湾、保龙、大堂、旧倩、走马坪、梅子坡、椒园、白果、大小、二龙、小注、高王、黄坪、范寨、老寨、龙塘、唐家、新寨、八干湾、通木坪、小山、张家、石家、安家、寺寨、杨柳、葛彰司、瓮岩坪、翁

---

① 案："苗羊五里"，(民国)《石阡县志》卷一《舆地志》作"苗半里"，第338页。

舍、芦蒿、冲雷公、堡子、任家田、杉木岭、祝家、铜鼓山、野苗坝、走溪、野猫岩、马蹄山，以上九十六村寨旧属葛彰司。

北乡，属苗民司，管寨三十三，曰栗村、小峰溪、四叶屯、管寨、永兴场、核桃窝、苍蒲塘、长山、梁家坡、平贯、荆竹、小洋溪、杨柳塘、汪家、杨家、余家、邵家、骡子沟、万家、伍家、大塘坪、龙洞、崔家、李家沟、王灰沟、陈家、张家、新寨、苦竹园、犵老坝、芭蕉溪、苗民田、沙都。

东南乡，管村寨十九，曰黄毛塘、长安营、底鲁、哨登、木箭、杆林、犵下、茅寨、隆金、塘边、冷家塝、善家坪、龙洞湾、金银沟、青山、黄平坡、滥沟。按，东南村寨，府志止载十七，而曰十九①。

西南乡，管村寨七，曰塘池、梁阁、长坡、葛冲、亚溪、新山、登山。

东北乡，管村寨十四，曰上下平池、周家湾、打铁、都碗平、凯正、简部、严冷、龙塘、官坟、石窑、大小庄、黎家沟、双河口、翁谷溪。

西北乡，管寨十一，曰坨寨、杨眼塘、漆树坪、黄家、桐梓口、鄢家箐、甘家、王家沟、来家坝、天空、沈家沟。

市镇八，俗名场，西关口上下河坝。东乡，曰②石家，西城六十里。南乡，曰隆兴，距城一百里。西乡，曰龙塘，距城三十里；本庄，距城一百里。北乡，曰龙洞，距城二十五里；新场，距城六十五里；桶口，距城八十里。

关十二③，东曰松明，距城八里；凯斜。南曰松坎，距城三十三里。东南曰大定。北曰武定，距城五十里。东北曰石灰窑。④西曰，镇宁，距城四十五里，界黄平；铜鼓，界银南；蛮夷司、镇夷，界西江；

---

① 案：原文作"日曰"，"日"是衍文，本是"曰"，又多写一"日"字，据改。又案：(民国)《石阡县志》卷一《舆地志》作"郡东南十九乡村"，第338页。
② 案：原文为"台"字，应是"曰"字，据文意改。
③ 案：(民国)《石阡县志》卷二《建置志》载关十一，分别是：松明、松坎、镇宁、武定、石灰窑、铜鼓、牛塘坝、象鼻、竹坝坪、镇灵、乌茶，第350页。
④ 案："东南曰""东北曰"，原文作"曰东南""曰东北"，据文意改。

象鼻、茶园，界施秉锡乐坪、界余庆。

铺四，曰本城；铁厂，距城四十五里；板桥，城北三十里；塘头，城北五十五里。

塘十一，曰凯斜、三角、牛产坝，为东路。本城，城南里许。白岩、平贯，为南路。白马、本庄、葛彰司，为西路。荆竹，城北十里。龙硐，城西北二十五里。

练军，分紫①小鸡公，城东南八十里；本庄，城西八十里。

职官

知府一，教授一，训导一，经历一，都司一，千总一；把总二，随营一，分防龙泉县一；外委三，随营一，分防龙泉偏刀水汛一，副长官司一；新设管带练军官一。

---

① 案：原文如此。

参 考 文 献

一、方志

曹学佺:《贵州名胜志》,国家图书馆藏,万历年间刻本。

李传甲修:(康熙)《福清县志》,国家图书馆藏,康熙十一年(1672)刻本。

李藩修:(乾隆)《重修浦城县志》,国家图书馆藏,乾隆八年(1743)刻本。

徐景熹修:(乾隆)《福州府志》,国家图书馆藏,乾隆二十一年(1756)刻本。

方齐寿修:(同治)《石阡府志》,国家图书馆藏。

孟继埙:《黔行水程记》,国家图书馆藏,清末抄本。

孟继埙:《黔行水程记》,国家图书馆藏,民国年间屏卢续刻本。

贵州调查局:《贵州全省地舆图说》,宣统元年(1909)石印本。

清末《贵州各府州厅精绘舆图》,国家图书馆藏,清末彩绘本。

朱庆椿修:(民国)《晋宁州志》,国家国书馆藏,1926年铅印本。

《贵州名胜古迹概说》,国家图书馆藏,1937年铅印本。

王鏊修:《姑苏志》,《景印文渊阁四库全书》第493册,台北:台湾商务印书馆,
　　1983年。

赵宏恩等监修:(雍正)《江南通志》,《景印文渊阁四库全书》第511册。

谢旻等监修:(雍正)《江西通志》,《景印文渊阁四库全书》第516、518册。

郝玉麟等监修:(乾隆)《福建通志》,《景印文渊阁四库全书》第528册。

黄廷桂等监修:(雍正)《四川通志》,《景印文渊阁四库全书》第560册。

郝玉麟等监修：(雍正)《广东通志》，《景印文渊阁四库全书》第564册。

金鉷等监修：(雍正)《广西通志》，《景印文渊阁四库全书》第566册。

鄂尔泰等监修：(雍正)《云南通志》，《景印文渊阁四库全书》第570册。

鄂尔泰等监修：(乾隆)《贵州通志》，《景印文渊阁四库全书》第571、572册。

钟添纂：(嘉靖)《思南府志》，《天一阁藏明代方志选刊》，上海：上海古籍书店，1962年。

宗源瀚修：(同治)《湖州府志》，台北：成文出版社，1970年。

林应翔等修：(天启)《衢州府志》，台北：成文出版社，1983年。

李辅修：《全辽志》，《辽海丛书》，沈阳：辽沈书社，1985年。

福清县志编纂委员会、福清县宗教局整理：《黄檗山寺志》，福州：福建省地图出版社，1989年。

王耒贤等修：(万历)《贵州通志》，《日本藏中国罕见地方志丛刊》，北京：书目文献出版社，1991年。

罗文思修：(乾隆)《石阡府志》，故宫博物院编：《故宫珍本丛刊》第222册，海口：海南出版社，2000年。

喻政主修，福州市地方志编纂委员会整理：(万历)《福州府志》，福州：海风出版社，2001年。

田雯：《黔书》，《中国地方志集成·贵州府县志辑》第3册，成都：巴蜀书社，2016年。

古永继点校：《滇黔志略点校》，贵阳：贵州人民出版社，2008年。

沈庠修：(弘治)《贵州图经新志》，《中国地方志集成·贵州府县志辑》第1册。

谢东山修：(嘉靖)《贵州通志》，《中国地方志集成·贵州府县志辑》第1册。

蔡宗建修：(乾隆)《镇远府志》，《中国地方志集成·贵州府县志辑》第16册。

夏修恕等修：(道光)《思南府续志》，《中国地方志集成·贵州府县志辑》第46册。

周国华等修：(民国)《石阡县志》，《中国地方志集成·贵州府县志辑》第47册。

刘芳声等修：(万历)《合州志》，《中国地方志集成·重庆府县志辑》第9册，成都：巴蜀书社，2017年。

顾祖禹：《读史方舆纪要》，北京：中华书局，2005年。

顾炎武：《天下郡国利病书》，上海：上海古籍出版社，2011年。

郭子章著，赵平略点校：《黔记》，成都：西南交通大学出版社，2016年。

赵平略等点校：(弘治)《贵州图经新志》，成都：西南交通大学出版社，2018年。

二、诗文集

冯琦编：《冯氏五先生集》，国家图书馆藏，刻本。

陈奕禧：《春霭堂集》，国家图书馆藏，康熙四十六年(1707)刻本。

陈奕禧：《春霭堂续集》，国家图书馆藏，康熙年间刻本。

孟继埙：《绿庄严馆诗存　夜郎吟》，国家图书馆藏，光绪二十二年(1896)刻本。

《朱批谕旨》，《景印文渊阁四库全书》第416、423册。

杨士奇：《东里集》，《景印文渊阁四库全书》第1238册。

杨士奇：《东里续集》，《景印文渊阁四库全书》第1239册。

王直：《抑庵文集》，《景印文渊阁四库全书》第1241册。

王直：《抑庵文后集》，《景印文渊阁四库全书》第1242册。

彭韶：《彭惠安集》，《景印文渊阁四库全书》第1247册。

倪岳：《青溪漫稿》，《景印文渊阁四库全书》第1251册。

周瑛：《翠渠摘稿》，《景印文渊阁四库全书》第1254册。

吴宽：《家藏集》，《景印文渊阁四库全书》第1255册。

王鏊：《震泽集》，《景印文渊阁四库全书》第1256册。

林俊：《见素集》，《景印文渊阁四库全书》第1257册。

顾璘：《顾华玉集》，《景印文渊阁四库全书》第1263册。

何景明：《大复集》，《景印文渊阁四库全书》第1267册。

王世贞：《弇州四部稿》，《景印文渊阁四库全书》第1280册。

王世贞：《弇州续稿》，《景印文渊阁四库全书》第1282册。

毛奇龄：《西河集》，《景印文渊阁四库全书》第1321册。

黄宗羲编：《明文海》，《景印文渊阁四库全书》第1457册。

祁顺：《巽川集》，《四库全书存目丛书》集部第37册，济南：齐鲁书社，1997年。

唐龙：《渔石集》，《四库全书存目丛书》集部第65册。

徐阶：《世经堂集》，《四库全书存目丛书》集部第79册。

万士和：《万文恭公摘集》，《四库全书存目丛书》集部第109册。

李维桢：《大泌山房集》，《四库全书存目丛书》集部第152册。

杨德周：《铜马编》，《四库全书存目丛书》集部第184册。

何乔远编：《皇明文征》，《四库全书存目丛书》集部第329册。

费道用辑：《闽南唐雅》，《四库全书存目丛书》集部第345册。

顾梦游：《顾与治诗》，《四库禁毁书丛刊》集部第51册，北京：北京出版社，
    1997年。

王锡爵、沈一贯辑：《增定国朝馆课经世宏辞》，《四库全书存目丛书补编》第18
    册，济南：齐鲁书社，2001年。

魏源：《皇朝经世文编》，《魏源全集》第17册，长沙：岳麓书社，2004年。

曹学佺：《西峰集》，《四库禁毁书丛刊补编》第80册，北京：北京出版社，
    2005年。

冯惟健：《陂门山人集》，《四库未收书辑刊》第5辑第21册，北京：北京出版社，
    2000年。

刘谦吉：《讱庵诗钞》，《四库未收书辑刊》第7辑第24册。

陈田辑：《明诗纪事·丁签》，《续修四库全书》第1711册，上海：上海古籍出版
    社，2002年。

周亮工：《赖古堂集》，《清代诗文集汇编》第39册，上海：上海古籍出版社，
    2011年。

王士禛：《带经堂集》，《清代诗文集汇编》第134册。

陈奕禧：《春霭堂集》，《清代诗文集汇编》第173册。

汤右曾：《怀清堂集》，《清代诗文集汇编》第195册。

吴寿昌：《虚白斋存稿》，《清代诗文集汇编》第397册。

王瑶芬：《写韵楼诗钞》，《清代诗文集汇编》第607册。

黄恩彤：《知止堂集》，《清代诗文集汇编》第609册。

严谨：《清啸楼诗钞》，《清代诗文集汇编》第700册。

葛士濬辑：《皇朝经世文续编》，沈云龙主编：《近代中国史料丛刊》第75辑，台北：文海出版社，1973年。

徐世昌编：《晚晴簃诗汇》，北京：中华书局，1990年。

杨钟羲撰集，刘承干参校：《雪桥诗话三集》，北京：北京古籍出版社，1991年。

关贤柱点校：《黔诗纪略》，贵阳：贵州人民出版社，1993年。

龙顾山人（郭则沄）：《十朝诗乘》，福州：福建人民出版社，2000年。

张岳：《小山类稿》，福州：福建人民出版社，2000年。

洪亮吉：《洪亮吉集》，北京：中华书局，2001年。

王蕴章：《然脂余韵》，张寅彭主编：《民国诗话丛编》第5册，上海：上海书店出版社，2002年。

全祖望辑选：《续甬上耆旧诗》，杭州：杭州出版社，2003年。

潘焕龙：《卧园诗话》，高洪钧编：《明清遗书五种》，北京：北京图书馆出版社，2006年。

陈永革编校整理：《欧阳德集》，南京：凤凰出版社，2007年。

谢伯阳编纂：《冯惟敏全集》，济南：齐鲁书社，2007年。

钱谦益：《列朝诗集小传》，上海：上海古籍出版社，2008年。

陈永正主编：《全粤诗》，广州：岭南美术出版社，2008年。

赵德馨主编：《张之洞全集》第3册，武汉：武汉出版社，2008年。

谢肇淛：《小草斋集》，福州：福建人民出版社，2009年。

贺长龄：《贺长龄集》，长沙：岳麓书社，2010年

杨宾：《杨宾集》，杭州：浙江古籍出版社，2012年。

徐𤉤著，陈庆元、陈炜编著：《鳌峰集》，扬州：广陵书社，2012年。

严永华：《纫兰室诗钞》，胡晓明等主编：《江南女性别集三编》，合肥：黄山书社，2012年。

王士性：《王士性集》，杭州：浙江古籍出版社，2013年。

邓之诚：《清诗纪事初编》，上海：上海古籍出版社，2013年。

查慎行：《敬业堂诗集》，《查慎行集》，杭州：浙江古籍出版社，2014年。

阮大铖：《咏怀堂诗集》，合肥：黄山书社，2014年。

施闰章：《施愚山集》，合肥：黄山书社，2014年。

莫庭芝、黎汝谦采诗：《黔诗纪略后编》，贵阳：贵州人民出版社，2014年。

文徵明著，周道振辑校：《文徵明集》（增订本），上海：上海古籍出版社，2014年。

孙光祀著，魏伯河点校：《孙光祀集》，济南：齐鲁书社，2014年。

黄益整理：《陶楼文辑》，黄彭年：《陶楼诗文辑校》，济南：齐鲁书社，2015年。

许隽超、王晓辉整理：《张祥河奏折》，南京：凤凰出版社，2015年。

张之洞：《张之洞诗文集》（增订本），上海：上海古籍出版社，2015年。

曾异撰：《纺授堂诗文集》，北京：商务印书馆，2017年。

孙应鳌：《孙应鳌集》，北京：人民文学出版社，2017年。

沈德潜编：《清诗别裁集》，长春：吉林出版集团股份有限公司，2017年。

赵寿强校注：《张之洞诗稿详注》，石家庄：河北人民出版社，2018年。

沈德符：《清权堂集》，《沈德符集》，杭州：浙江古籍出版社，2018年。

杨博：《杨博奏疏集》，上海：上海古籍出版社，2018年。

陈献章著，陈永正笺校：《陈献章诗编年笺校》，广州：广东人民出版社，2018年。

邹一桂：《邹一桂集》，杭州：浙江人民美术出版社，2019年。

李绍莲：《小芳园诗稿》，《小芳园诗稿（外二种）》，贵阳：贵州人民出版社，2020年。

湛若水：《湛若水全集》第19册，上海：上海古籍出版社，2020年。

周际华：《家荫堂汇存》，贵阳：贵州人民出版社，2020年。

三、书目、笔记、日记、年表、年谱

杨士奇：《文渊阁书目》，《景印文渊阁四库全书》第675册。

黄虞稷：《千顷堂书目》，《景印文渊阁四库全书》第676册。

永瑢等：《四库全书总目》，北京：中华书局，1965年。

周鼎主编：《贵州古旧文献提要目录》，贵州历史文献研究会，1996年。

沈津：《美国哈佛大学哈佛燕京图书馆中文善本书志》，上海：上海辞书出版社，1999年。

孙诒让：《温州经籍志》，上海：上海社会科学院出版社，2005年。

沈初等:《浙江采集遗书总录》,上海:上海古籍出版社,2010年。

叶德辉:《郋园读书志》,湖南图书馆编:《湖湘文库·湖南近现代藏书家题跋选》第1册,长沙:岳麓书社,2011年。

徐㶓:《徐氏家藏书目》,上海:上海古籍出版社,2014年。

柴志光编著:《浦东古旧书经眼录续集》,上海:上海远东出版社,2016年。

黎恂著,王瑰校注:《〈运铜纪程〉校注》,成都:西南交通大学出版社,2017年。

阮元:《文选楼藏书记》,上海:上海古籍出版社,2019年。

焦竑:《玉堂丛语》,北京:中华书局,1981年。

梁章钜:《归田琐记》,北京:中华书局,1981年。

梁恭辰:《北东园笔录》,《笔记小说大观》第29册,扬州:江苏广陵古籍刻印社,1983年。

王士禛:《分甘余话》,北京:中华书局,1989年。

俞樾:《右台仙馆笔记》,济南:齐鲁出版社,2004年。

黄六鸿:《福惠全书》,扬州:广陵书社,2018年。

李星沅:《李星沅日记》,北京:中华书局,1987年。

恽毓鼎:《恽毓鼎澄斋日记》,杭州:浙江古籍出版社,2004年。

俞冰主编:《历代日记丛钞提要》,北京:学苑出版社,2006年。

钱实甫:《清代职官年表》,北京:中华书局,1980年。

张德信:《明代职官年表》,合肥:黄山书社,2009年。

林逸编著:《清洪北江先生亮吉年谱》,台北:台湾商务印书馆,1981年。

张秉国:《临朐冯氏年谱》,北京:人民文学出版社,2016年。

黎业明:《湛若水年谱》,上海:上海古籍出版社,2016年。

周颖:《王世贞年谱长编》,上海:上海三联书店,2016年。

胡春丽:《毛奇龄年谱》,上海:复旦大学出版社,2021年。

朱天曙、孟晗编著:《周亮工年谱长编》,上海:上海书画出版社,2021年。

四、其他

李周望辑:《国朝历科题名碑录初集:明洪武至崇祯各科》,国家图书馆藏,刻本。

朱云辑篆，林尚葵参广，李根较定，俞显谟较正：《广金石韵府》，国家图书馆藏，
　　崇祯九年（1636）朱墨套印本。

孙奇逢：《中州人物考》，《景印文渊阁四库全书》第458册。

李清馥：《闽中理学渊源考》，《景印文渊阁四库全书》第460册。

《皇朝通志》，《景印文渊阁四库全书》第645册。

章潢编：《图书编》，《景印文渊阁四库全书》第970册。

杨雍建：《抚黔奏疏》，《四库全书存目丛书》史部第67册。

毛奇龄：《胜朝彤史拾遗记》，《四库全书存目丛书》史部第122册。

罗凤：《延休堂漫录》，《四库全书存目丛书》子部第240册。

王晫：《今世说》，《四库全书存目丛书》子部第245册。

焦竑：《焦太史编辑国朝献征录》，《续修四库全书》第529、530册。

李钧：《转漕日记》，《续修四库全书》第559册。

朱保炯、谢沛霖编：《明清进士题名碑录索引》，上海：上海古籍出版社，1980年。

宁波市天一阁博物馆整理：《天一阁藏明代科举录选刊·登科录》，宁波：宁波
　　出版社，2006年。

龚延明主编：《天一阁藏明代科举录选刊·会试录》，宁波：宁波出版社，2016年。

龚延明主编：《天一阁藏明代科举录选刊·乡试录》，宁波：宁波出版社，2016年。

龚延明主编：《天一阁藏明代科举录选刊·登科录》，宁波：宁波出版社，2016年。

艾儒略、庐安德：《口铎日抄》，上海：土山湾印书馆，1936年。

《明实录》，台北"中研院"历史语言研究所校印本，1962年。

《明史》，北京：中华书局，1974年。

李聿求：《鲁之春秋》，杭州：浙江古籍出版社，1984年。

孙静庵：《明遗民录》，杭州：浙江古籍出版社，1985年。

《清实录》，北京：中华书局，1985年。

北京图书馆金石组编：《北京图书馆藏中国历代石刻拓本汇编》第55册，郑州：
　　中州古籍出版社，1989年。

梁章钜：《楹联丛话》，梁章钜等编著：《楹联丛话全编》，北京：北京出版社，

1996年。

秦国经主编:《中国第一历史档案馆藏清代官员履历档案全编》第5册,上海:华
　东师范大学出版社,1997年。

国家图书馆编:《清代边疆史料抄稿本汇编》第37册,北京:线装书局,2003年。

江日升:《台湾外志》,济南:齐鲁书社,2004年。

李浚之编:《清画家诗史》,杭州:浙江人民美术出版社,2014年。

何以祥:《血路雄关》,北京:解放军出版社,2002年。

(瑞士)薄复礼著,严强、席伟译:《一个西方传教士的长征亲历记》,北京:中国
　画报出版社,2018年。

缪荃孙编:《续碑传集》,上海:上海人民出版社,2019年。

《宫中档光绪朝奏折》,台北"故宫博物院"编印,1974年。

中国第一历史档案馆编:《光绪朝朱批奏折》,北京:中华书局,1995年。

中国第一历史档案馆编:《光绪宣统两朝上谕档》,桂林:广西师范大学出版社,
　1996年。

中国第一历史档案馆编:《嘉庆道光两朝上谕档》,桂林:广西师范大学出版社,
　2000年。

(民国)中央研究院历史语言研究所编:《明清史料》乙编,北京:北京图书馆出
　版社,2008年。

清华大学图书馆、科技史暨古文献研究所编:《清代缙绅录集成》第56册,郑州:
　大象出版社,2008年。

中国社科院近代史研究所编:《近代史所藏清代名人稿本抄本》第2辑,郑州:大
　象出版社,2014年。

谭其骧主编:《中国历史地图集》第7册,北京:中国地图出版社,1982年。

五、今人论著

皮福生:《吉林碑刻考录》,长春:吉林文史出版社,2006年。

马继兴:《马继兴医学文集(1943—2009)》,北京:中医古籍出版社,2009年。

葛剑雄主编,曹树基著:《中国人口史》第5卷,上海:复旦大学出版社,2005年。

罗群：《传播学视角中的艾儒略与〈口铎日抄〉研究》，上海：上海古籍出版社，2012年。
李黔滨主编：《贵州省博物馆藏品集》，贵阳：贵州人民出版社，2013年。
湖北美术出版社编：《中国篆刻字典》，武汉：湖北美术出版社，2013年。
赵伯陶主撰：《明代科举与文学编年》，武汉：武汉大学出版社，2015年。
李细珠：《变局与抉择：晚清人物研究》，北京：北京师范大学出版社，2017年。
禹平、王丽华：《孟继埙藏金石拓片闻见录》，长春：吉林大学出版社，2018年。
徐永斌：《明清江南文士治生研究》，北京：中华书局，2019年。
曹雨：《中国食辣史：辣椒在中国的四百年》，北京：北京联合出版公司，2019年。
任恒俊：《晚清小史》，上海：东方出版中心，2020年。
秦越：《明清时期贵州地方志物产文献集成》，成都：四川大学出版社，2021年。
王丽华、温志宏：《志青故藏墓志拓片及题跋叙录》，《文献》2007年第2期。
李森：《明代石恂墓志考释》，《史学月刊》2008年第4期。
许桂香：《浅谈贵州苗族传统饮食文化》，《凯里学院学报》2009年第5期。
温建明：《祁顺及其〈巽川祁先生文集〉研究》，《东莞理工学院学报》2013年第4期。
侯蔼奇：《明崇祯九年刻〈广金石韵府〉版本再审视》，《文津学志》(第六辑)，北京：国家图书馆出版社，2013年。
何新华：《浅谈清代宫廷高丽纸》，《沈阳故宫博物院院刊》第14辑，北京：现代出版社，2014年。
史小军、杨亚蒙：《吴维岳年谱简编》，《常熟理工学院学报》2015年第3期。
张馨凌：《酸食的地域性研究——以贵州黔东南西江苗寨为例》，《百色学院学报》2015年第5期。
廖肇亨：《明代朝鲜诏使诗世界观探析：以祁顺为例》《四川大学学报》2018年第5期。
胡海琴整理：《石阡成其济自撰年谱(之一)》，《贵州文史丛刊》2020年第3期。
胡海琴整理：《石阡成其济自撰年谱(之二)》，《贵州文史丛刊》2020年第4期。
唐立宗：《明代石阡府的方志及其编纂：兼论黔东地区府志的编刊历程》，《政治大学历史学报》第57期,2022年5月。

六、档案与网站

《内阁大库档案》,网址: https://newarchive.ihp.sinica.edu.tw/mcttpc/mctwebtp?@@
　　0.23258478160660334.

《清代档案检索系统》,网址: https://qingarchives.npm.edu.tw/.

日本国立公文書館デジタルアーカイブ,网址: https://www.digital.archives.go.jp/.

国家图书馆,网址: http://www.nlc.cn/web/index.shtml.

雅昌艺术网,网址: https://auction.artron.net/.

后　记

本书在2021年贵州省民族宗教事务委员会项目《石阡历史文献整理与研究》结题成果的基础上修改而成。

2015年到铜仁学院工作，学校提倡研究铜仁的地方文化，遂根据自己的研究兴趣，初步查阅了资料，结果是关于明清铜仁的文献极少，研究内容也不多，故暂时放弃。在长期的教学中，根据学生喜好撰写关于家乡选题之毕业论文的情况，在日常研究中又不断查阅资料，不断获得贵州、铜仁的新资料，包括不被重视的、已经出版的传统资料。在今铜仁市各区县中，石阡的历史文化保存较完整，县城中的万寿宫、文庙、东岳庙、天主教堂依旧完好，非遗博物馆中的民俗文化丰富多彩，文献中关于石阡的记载也较多，故曾专门搜集石阡的资料。2020年8月，根据以往搜集的石阡资料，笔者填写了关于古籍研究选题的一个表格。时间过去约一年，早已忘记此事。2021年7月突然接到通知，要开展相关研究，资助金额3万元，故进一步搜集资料讨论明清石阡府的文化和文献，于2023年12月提交结题成果，2024年4月通过结题评审。

整体观之，相较于其他省份而言，除文书外，关于明清贵州的文献资料不多，但对明清贵州史的研究，依旧大有可为：一是新资料迭出，可与传统资料相结合进行研究；二是文书资料不断出版，可与传统文献进行整合研究；三是新的研究内容、研究视角不断出现，可在新旧资料基础上进行创新研究。当然，本书仍是传统的研究视角，未使用文书，只是更重视集部文献而已，因为集部文献关于石阡的记载较多。不过，我以为，集部文献本是历史研究的重要参考资料，与其他三部文献相比，没有特别之处，不可偏废。

在撰写结题成果后，西华师范大学周兴副教授、凯里学院吴才茂教授、廊坊师范学院程彩萍教授、西南大学李军讲师先后通读了全文，提出了宝贵的修改意见；铜仁学院历史系史泠歌教授、邵启富副教授、赵文会副教授审核了结题成果；铜仁学院文学与传媒学院民族古籍研究基地主任刘太胜副教授提供了古籍研究的信息和各种支持，汉语言文学系朱存红教授、水汶教授和吕小雷副教授提供了诗歌、音韵方面的建议，暨南大学王荣湟副教授提供了佛教方面的建议；我指导的2023级历史学学生段睿敏审读了部分语句、标点，并增添了优美文辞，学生黄双梅核对了部分引文，在此表示诚挚谢意。

感谢铜仁学院的支持，尤其是科学技术处处长周刚同志、副处长陈俭同志和科研处诸同志为本书的出版提供了宝贵的经费。

感谢上海古籍出版社黄芬编辑的大力帮助，使本书能够在上海古籍出版社出版。

感谢铜仁学院历史系诸同事长期以来的支持和帮助。感谢爱人顾靖霞女士长期的鼓励与督促。感谢父母、妹妹、妹夫等家人多年来的关心。

杨春君

2024年10月1日于铜仁学院历史系办公室

图书在版编目（CIP）数据

何地不生才 ：明清石阡府人物与历史文献研究 / 杨
春君著 . -- 上海 ：上海古籍出版社，2025.5. -- ISBN
978-7-5732-1641-0

Ⅰ. K297.34

中国国家版本馆 CIP 数据核字第 202509JP70 号

何地不生才：明清石阡府人物与历史文献研究

杨春君　著

上海古籍出版社出版发行

（上海市闵行区号景路 159 弄 1-5 号 A 座 5F　邮政编码 201101）

（1）网址：www. guji. com. cn

（2）E-mail：guji1@guji. com. cn

（3）易文网网址：www. ewen. co

上海惠敦印务科技有限公司印刷

开本 890×1240　1/32　印张 12.25　插页 2　字数 296,000

2025 年 5 月第 1 版　2025 年 5 月第 1 次印刷

ISBN 978-7-5732-1641-0

K·3876　定价：78.00 元

如有质量问题，请与承印公司联系